Karl Josef Wallner

Sühne

Karl Josef Wallner

Sühne

Auf der Suche nach dem Sinn des Kreuzes

media
maria

Bibliografische Information: Deutsche Nationalbibliothek.
Die Deutsche Nationalbibliothek verzeichnet diese Publikation in der Deutschen Nationalbibliografie; detaillierte bibliografische Daten sind im Internet über http://dnb. ddb. de abrufbar.

Titelbild auf dem Umschlag:
Bildausschnitt aus dem Isenheimer Altar von Matthias Grünewald

MIX
Papier | Fördert gute Waldnutzung
FSC® C014138
FSC
www.fsc.org

SÜHNE
Auf der Suche nach dem Sinn des Kreuzes
Karl Josef Wallner

ISBN 978-3-9454011-3-2

www.media-maria.de

Inhalt

Vorwort

Ich darf einem fast neunhundert Jahre alten Zisterzienserkloster angehören, das nicht nur seit 1188 die größte Kreuzreliquie nördlich der Alpen aufbewahrt, sondern schon bei seiner Gründung 1133 von seinem Stifter, dem heiligen Leopold III. von Österreich, »nach dem siegreichsten Zeichen der Erlösung« (Gründungsurkunde von 1133) benannt wurde: »Heiligenkreuz«. Von daher hat sich mir seit meinem Ordenseintritt gleichsam automatisch und sehr intensiv die Frage nach der Bedeutung des Kreuzes, nach dem Sinn und Inhalt des Kreuzestodes Christi gestellt. Da gibt es ein Stück Holz, das seit Jahrhunderten von Pilgern verehrt wird, vor dem gerade heute zunehmend mehr Menschen betend verharren. Seit Beginn meines Theologiestudiums hat mich die Frage umgetrieben, was wir Christen denn eigentlich meinen, wenn wir sagen: »Wir beten dich an, Herr Jesus Christus, und preisen dich, denn durch dein heiliges Kreuz hast du die Welt erlöst!« Leiden ist doch an sich etwas Unschönes, etwas Sinnleeres, ja Sinnzerstörendes. Warum sprechen wir dann dem unvorstellbar grausamen Martertod Christi einen Sinngehalt zu, nämlich den Sinngehalt der Erlösung?

In meinem Kloster Heiligenkreuz wird der gregorianische Choral gepflegt und geliebt. Faszinierend ist der Introitus des Gründonnerstags, der einen Vers des Galaterbriefes zum Klingen bringt: *Nos autem gloriari opportet [...]* »Ich aber will mich allein des Kreuzes Jesu Christi, unseres Herrn, rühmen: durch das mir die Welt gekreuzigt ist und ich der Welt« (Gal 6,14). Sich des Kreuzes Christi rühmen? Was meint Paulus damit? Was bedeutet das für mich? In meinem

Theologiestudium bin ich dann auf den Schweizer Theologen Hans Urs von Balthasar gestoßen. Ich kann sagen, dass das meine Berufung gerettet hat, weil Balthasar den Sinngehalt des Kreuzes wie kein anderer neuzeitlicher Theologe bedenkt. Seine Theologie, die im Raum der Dreifaltigkeit atmet, erschließt mit synthetischer Kraft die inneren Zusammenhänge des Glaubens. Sie ist aber stark »spekulativ« und setzt viel katechetisches Grundwissen voraus, das heute nicht mehr vorhanden ist. Balthasar ist einer der wenigen Theologen des 20. Jahrhunderts, der das Geheimnis der »Stellvertretung« und der »Sühne Christi« – bis hin zu seinem Abstieg in das Reich des Todes – thematisiert hat.

Nachdem ich die Professur für Dogmatik an der Hochschule Heiligenkreuz übernommen hatte, kam Pater Benno Mickocki OFM mit der Bitte um eine verständliche Erklärung von »Sühne« auf mich zu: Er stand vor dem Problem, eine geistliche Bewegung leiten zu müssen, die von ihrem Gründer, Pater Petrus Pavlicek OFM, den Namen »Rosenkranz-Sühne-Kreuzzug« erhalten hatte. Der »RSK« war eine große Gebetsbewegung, die nach 1945 die Befreiung Österreichs von der (russischen) Besatzung erbetet hat. Die drei Begriffe, die der Diener Gottes im Titel zusammengefügt hatte, waren aber im Laufe der Zeit alle unpopulär und sogar problematisch geworden: Rosenkranz, Sühne, Kreuzzug! Um Pater Benno zu helfen, habe ich dann ein Buch über die religionsgeschichtlichen, jüdischen und neutestamentlichen Grundlagen des Verständnisses von »Sühne« verfasst: »Sühne – heute aktuell?« Dort habe ich mich bemüht, das Thema so zu behandeln, dass es allgemein verständlich ist und vor allem die Hintergründe und Grundlagen erhellt, ohne schon in innergöttliche Spekulationen abzugleiten, wie dies etwa bei dem geschätzten Franziskanertheologen Norbert Hoffmann, aber auch bei Hans Urs von Balthasar und anderen der Fall ist.

Dieses Buch lege ich nun in leichter Überarbeitung vor. Die Sekundärliteratur hätte einer intensiveren Überarbeitung bedurft, was mir aus zeitlichen Gründen nicht möglich ist. An der grundlegenden Hinführung zum Verständnis des Sühnekultes hat sich aber nichts geändert. Jenen, die eine theologische Vertiefung wünschen, rate ich zur Lektüre des 2. Teils der Jesus-Trilogie von Papst Benedikt von 2010[1] und zu Arnold Angenendts »Revolution des geistigen Opfers« von 2011.[2] Durch die Thesen des evangelischen Religionswissenschaftlers Bertram Schmitz[3] fühle ich mich in der – für die Kirche immer latent selbstverständlichen – Auffassung bestätigt, dass im Verständnis von Eucharistie die Sühnesymbolik des *Jom Kippur* mit der Befreiungssymbolik des Pascharituals zusammengeflossen ist.

Die Beschäftigung mit dem Thema des Sühnetodes Christi war für mich selbst eine Bereicherung. Als Priester darf ich bei der heiligen Messe die gebrochene Hostie erheben und dazu die ausdeutenden Worte sprechen, mit denen Johannes der Täufer Jesus zu Beginn seines öffentlichen Wirkens, seines Offenbarwerdens, begrüßt hat: »Seht, das Lamm Gottes, das die Sünde der Welt hinwegnimmt« (Joh 1,29). Dem Verständnis dieses Geheimnisses läuft unser Verstand immer nach, es ist nie einholbar. Denn der Hintergrund dieses göttlichen Wegtragens von Weltschuld ist die Unergründlichkeit der Liebe Gottes. Es gibt für mich als Christ eine Möglichkeit, in diese erlöserische Liebe Gottes einzuschwingen: Das ist eine Haltung der Hingabe, das ist die Spiritualität der »Sühne«. Ich bin überzeugt, dass sie sinnvoll und wirkungsvoll ist. Zumindest zahlt es sich aus, sich auf die Spurensuche nach dem Sinn des Kreuzes zu machen.

Pater Karl Wallner

1. Kreuz? Leiden? Sühne? – Fragen über Fragen

1.1 Kreuz und Sühne – Gibt es einen Sinn im Sinnlosen?

Das Kreuz ist das zentrale Zeichen des Christentums. Das Kreuz ist nicht irgendein Symbol, das einen abstrakten Inhalt umschreiben soll, sondern es steht für ein reales Ereignis in der Geschichte: Die Angaben der Evangelien lassen eine genaue Datierung zu. Am 7. April des Jahres 30 stirbt gegen drei Uhr nachmittags vor den Mauern Jerusalems auf einem Felsvorsprung namens Golgotha der von Pontius Pilatus kurz zuvor zum Tod verurteilte Jesus, der aus Nazareth in Galiläa stammt, den Kreuzestod. Sein Sterben ereignet sich am Rüsttag, also dem Vortag eines Sabbats, auf den in dem fraglichen Jahr das Paschafest fällt. Das deutsche Wort für Pascha ist Ostern. Am dritten Tag nach der Kreuzigung und übereilten Grablege in einem Felsengrab in nächster Nähe zur Hinrichtungsstätte wird das Grab leer vorgefunden; die Jünger behaupten, dass der Gekreuzigte auferweckt worden sei. Mit dieser Erfahrung beginnt die Verkündigung der Jünger, dass Jesus Christus der von Gott gesandte Messias, der Heiland der Welt, ist. Es beginnt das Christentum.

Das Kreuz steht für schwerstes körperliches und seelisches Leiden, es versinnbildet eine zerstörerische menschliche Grausamkeit und einen sinnlosen, qualvollen Tod. Das Ziel der Kreuzigungsstrafe war die Abschreckung. Darum sollte der Tod möglichst qualvoll und möglichst langsam eintreten.

Zudem bot die Kreuzigung die Möglichkeit, den Delinquenten zur Schau zu stellen. Im Fall von Jesus war dies besonders wichtig, da die Römer offensichtlich einen Aufruhr fürchteten. Zehntausende Juden waren zum Pascha nach Jerusalem gekommen, hatten ihre Lämmer mitgebracht, weil man das Pascha nur in der Heiligen Stadt feiern konnte. Die Kreuzigung war besonders bei jenen Mächten »beliebt«, die eine imperiale Okkupation betrieben. Das Kreuz war eine Methode der Abschreckung, um Rebellion und Aufruhr niederzuhalten. So führt etwa eines der ältesten Zeugnisse über Kreuzigungen ins Jahr 332 vor Christus, als Alexander der Große bei der Eroberung von Tyros über 2 000 Menschen ans Kreuz schlagen ließ. Die Römer exekutierten auf diese Weise vor allem rebellische Sklaven. Bekannt ist der Aufstand unter Spartakus in Süditalien, wo es den Sklaven gelang, einen mehrjährigen Partisanenkrieg gegen römische Legionen zu führen. Eine solche Destabilisierung konnte das Imperium nicht hinnehmen und reagierte entsprechend brutal: Als man den Spartakusaufstand 71 vor Christus endlich niederschlagen konnte, ließ Crassus entlang der Via Appia 6 000 Aufständische ans Kreuz schlagen. Und um noch ein Beispiel zum Thema Kreuzigung hinzuzufügen: Besonders erschütternd ist die Schilderung, die Josephus Flavius vom Judäischen Krieg über den Zeitraum von 67 bis 70 nach Christus hinterlassen hat. Demnach ließ Titus Juden, die dem Hungertod in der belagerten Stadt Jerusalem zu entfliehen versuchten, in verrenkten und sogar obszönen Körperstellungen kreuzigen.[1] Da das Holz knapp war, wurden die Ergriffenen irgendwo und irgendwie angenagelt, wichtig war nur, dass es aus Abschreckungsgründen in Sichtweite der Stadtmauer geschah.

Die Kreuzigung steht für eine der qualvollsten Tötungsmethoden, die der Mensch je entwickelt hat. Das physische Leiden des Jesus von Nazareth am 14. Nisan des Jahres 30 war zwar schmerzhaft, aber doch relativ kurz. Der offensichtlich schon durch die Geißelung zugrunde Gemarterte stirbt nach nur drei Stunden am Kreuz. Das Kreuz hat aber einen Bildwert, eine Symbolkraft, die alle anderen Formen des Leidens und Sterbens übertrifft. Und das Kreuz hat für die Kirche einen theologischen Inhalt. Es beinhaltet zwei Aussagen: eine Aussage über Gott, die da lautet: »Gott ist die Liebe« (1 Joh 4,8.16), denn Gott definiert sich im Kreuz als einer, der liebt: »Es gibt keine größere Liebe [...]« (Joh 15,13).

Die zweite ist eine Zusage Gottes an den Menschen: dass Gott im Kreuzestod seines Sohnes die Sünde der Welt nicht nur er-trägt, sondern weg-trägt. Im Kreuz rechtfertigt Gott den Menschen, er wäscht die Sünden der Menschen ab, er erlöst und versöhnt den Menschen mit sich selbst. Um dieses neue Verhältnis, diesen »Neuen Bund«, den Gott im Blut seines eigenen Sohnes zwischen sich und den Menschen stiftet, geht es hier. Für dieses neue, von Gott aus reiner Gnade gebildete Verhältnis verwendet Paulus den Begriff der Rechtfertigung. Die Rechtfertigung geht aus der stellvertretenden Sühne hervor, die Jesus Christus am Kreuz für uns Menschen auf sich nimmt.

Für uns Christen ist das Kreuz allzu selbstverständlich – und daher allzu unhinterfragt und unverstanden. Dabei hat gerade die Frage nach dem »Logos des Kreuzes«, nach dem »Sinn des Kreuzes« (vgl. 1 Kor 1,18) den Apostel Paulus, ja die gesamte junge Kirche umgetrieben. Die Antwort war: Der qualvolle Tod des Jesus von Nazareth ist die von Gott her gewirkte »Ent-Sühnung« der ganzen Welt. Im Kreuz Christi »versöhnt« Gott die Welt mit sich. Gott schenkt dem Menschen von sich her »Gerechtigkeit und Heiligung«: Nicht der Mensch ist es, der sich durch Gesetzesbefolgung und Werke vor Gott rechtfertigen müsste, sondern Gott tut es von sich aus. Es hilft alles nichts: Der Inhalt des Kreuzes ist die unendliche Sühne, mit der Gott in der Gestalt seines gekreuzigten Sohnes alle Menschen meint und umfasst.

In der Sprache der Theologie gibt es eine klare Unterscheidung zwischen Buße und Sühne. Bei beiden geht es um die Abarbeitung dessen, was wir Sünde nennen. Bei der Buße geht es um meine eigenen Sünden. Bei der Sühne aber geht es um die Abarbeitung der Sünden von anderen Menschen. Sühne bezieht sich nicht auf die eigene Schuld. Der Tod Christi ist selbstverständlich keine »Buße«, da er selbst frei ist von jeder Sünde. Sein Tod ist Sühne, weil er der Tilgung der »Sünden der Welt« dient (Joh 1,29). Darum will Paulus, der nach seiner Bekehrung die Selbstrechtfertigung verachtet, »sich allein des Kreuzes Jesu Christi rühmen« (Gal 6,14).

In diesem Buch möchte ich die Frage nach dem Kreuz Christi als Sühne stellen und zu einer Spurensuche einladen. Es geht mir dabei nicht so sehr um eine nüchterne Abarbeitung eines zentralen theologischen Themas, sondern letztlich um eine Erhellung eines wichtigen Bereiches christlicher Spiritualität. Denn von der »Sühne« Christi aus sind die Glaubenden ja eingeladen, selbst in eine Haltung der Bereitschaft zur »Sühne« einzuschwingen. Dabei ist mir bewusst, dass das Wort »Sühne« heute derjenige Begriff im Bereich der Theologie, aber auch im Bereich der Spiritualität ist, der am wenigsten reflektiert wird. Ein normaler Kirchenchrist wird mit einer Einladung zur »Sühne« wenig anzufangen wissen. Ja schlimmer noch: Die bloßen Worte »Opfer« und »Sühne« lösen bei den meisten beunruhigende Assoziationen von Blut und Schmerzen aus, im besten Fall noch kommt man mit einem stumpfen Gefühl der Unsicherheit davon.

Was ist Sühne? Was ist der Wert des Kreuzes? Warum hat Jesus uns eingeladen, unser Kreuz auf uns zu nehmen und ihm nachzufolgen?

Es gibt viele Ursachen für dieses Unbehagen gegenüber der Sühne. Eine Folge davon ist wieder, dass für gewöhnlich die kirchliche Verkündigung und Bildungsarbeit dieses Thema meidet. Schuld daran sind, wie wir sehen werden, theologische Unsicherheiten, ebenso wie der Umstand, dass Sühne ohnehin dem modernen Lebensgefühl widerspricht.[2] Das unattraktive Thema wird also in der Katechese besser übergangen, was dann eben dazu führt, dass die meisten Gläubigen, wenn sie »Sühne« hören, hilflos ihren Assoziationen und manchmal auch Vorurteilen ausgeliefert sind. Auf der anderen Seite gibt es jedoch nach wie vor bedeutsame kirchliche Bewegungen, deren Spiritualität stark durch Forderungen nach »Sühne« und »Opfer« charakterisiert ist. Diese Bewegungen bringen ihre religiösen Übungen oft ausdrücklich mit dem Sühnebegriff in Verbindung und halten »Sühnemessen« und »Sühnegebete«, »Sühnenächte« und »Sühnekommunionen«. Doch gerade diese starke Akzentsetzung mindert das Unbehagen vieler Kirchenchristen gegenüber dem Sühnegedanken nicht, im Gegenteil. Ja es ist zu befürchten, dass diese Strömungen die Reserviertheit schon deshalb eher fördern, weil sie den Eindruck oft nicht zerstreuen können, sich mehr auf Privatoffenbarungen (wenngleich diese kirchlich anerkannt sind) zu berufen, denn auf biblisch-theologische Fundamente.

Als Priester – und wohl auch als Christ – ist man aber auch oft durch persönliche Erlebnisse vor die Frage nach der Bedeutung von Leiden, Sühne, Stellvertretung und Aufopferung gestellt: Was bedeutet es, wenn eine Mutter ihre Krankheit für die Bekehrung ihres Sohnes »aufopfert«? Was meint ein Sterbender, wenn er sein Siechtum als Sühne für die Kirche erträgt? Welchen Sinn hat es, Leiden heroisch »für andere« zu ertragen? Nützt es etwas? Schließlich sprechen wir ja auch in unserer Kirchensprache davon, dass die heilige Messe in einer bestimmten Intention »aufgeopfert« wird: für Verstorbene oder Lebende oder in einem bestimmten Anliegen. Und in den eucharistischen Hochgebeten wird der

Gedanke des Sühnetodes Christi deutlich zum Ausdruck gebracht. Im 3. Messkanon etwa heißt es: »Schau auf die Gaben Deiner Kirche, denn sie stellt Dir das Lamm vor Augen, das geopfert wurde, und uns mit Dir versöhnt hat.«

Eine nüchterne Beschäftigung mit der Sühne scheint also zunächst einmal schon deshalb angebracht, weil es einen Wissensmangel im Umgang mit diesem Thema gibt. Diese Schrift möchte hier Abhilfe schaffen und gläubigen Menschen die wichtigsten Fragen beantworten: Was ist Sühne im eigentlich christlichen Sinn? Was ist ihr Wesen? Ist der Gedanke der Sühne, der stellvertretenden Sühne, biblisch gedeckt? Wodurch ist sie begründet und sinnvoll? Wie unterscheidet sich die christliche Sühnegesinnung von nichtchristlichen Sühneritualen und Sühnevorstellungen? Oder ist Sühne vielleicht veraltet und deshalb in unserer modernen Zeit verzichtbar? Gehört sie bleibend zur christlichen Frömmigkeit und wie ist sie heute noch verkündbar? Schließlich auch die Frage: Was muss ein Christ bedenken, um die rechte Sühnegesinnung zu haben?

Eine Fülle von Fragen drängt sich also auf. Dabei muss vorweg gesagt werden, dass schon das Wort »Sühne« an sich eine Art »Chamäleon« unter den Glaubensbegriffen ist, der so vielfältig schillert und mit so verschiedenen Vorstellungen versehen ist, dass hier bestenfalls einige Schneisen durch das Dickicht geschlagen werden können. Bevor wir Schritt für Schritt mit der Aufarbeitung beginnen, müssen wir einen Rundgang halten, um einige wichtige Probleme beim Namen zu nennen, die sich aus dem Sühnebegriff ergeben. Woher kommt das Unbehagen an der Sühne, was assoziieren die Menschen damit, welche Vorurteile gibt es? Von Sühne hört man ja eben nicht nur im kirchlichen Raum, Sühne taucht beispielsweise auch in der Rechtsprechung und im Strafvollzug auf. Ferner ist von den Schwierigkeiten zu sprechen, welche die Theologie der Gegenwart mit dem

Verständnis des Todes Christi als »Sühnetod« hat; ebenso davon, dass in der Vorstellung vieler Christen der Tod Jesu als ein »göttlicher Racheakt« verstanden, nein, missverstanden wird. In diesem anfänglichen Rundgang soll schließlich auch auf die Sühnegesinnung vieler neuzeitlicher Heiligen hingewiesen werden, ebenso auf die geistlichen Bewegungen, die in der Gegenwart den Gedanken der stellvertretenden Sühne lebendig halten.

1.2 Sühne als weltliches Thema

Wir beginnen unseren Rundgang vorerst noch außerhalb des religiösen Bereiches. Woher rührt das unangenehme Gefühl beim Wort »Sühne«? Woran denkt ein heutiger Mensch bei diesem Thema? Zwar verstehen glaubensbewusste Menschen unter Sühne meist ganz selbstverständlich ein religiöses Thema, doch zeigt ein Blick in einen Stichwortkatalog – oder ins Internet –, dass Sühne auch im außerreligiösen Bereich ein Thema ist. Und auch von daher werden unsere religiösen Vorstellungen über Sühne beeinflusst, vielleicht sogar Vorurteile geschaffen, die uns den Blick auf das eigentliche Wesen der Sühne verstellen.

Ein Bereich, in dem Sühne die Menschen auch außerhalb der Kirche bewegt, ist die Einstellung zur Bestrafung von Verbrechern. Es gibt offensichtlich zwei unterschiedliche Auffassungen vom Wesen des Strafvollzuges: Auf der einen Seite wird die Bestrafung als Mittel angesehen, den Straftäter zu bessern, ihn zumindest an weiteren Straftaten zu hindern; auf der anderen Seite aber wird Strafe als Vergeltung für das begangene Unrecht verstanden. Diese Vergeltung bezeichnet man dann oft als »Sühne«.

In der öffentlichen Diskussion begegnen wir der Rede von »Sühne« vor allem dort, wo es um die Todesstrafe geht.

Diese ist zwar in fast allen europäischen Ländern abgeschafft, erlebt aber in den USA wieder eine wachsende Akzeptanz. Die Auffassung von Strafe als einer unbedingt zu vollziehenden Sühne kam beispielsweise dramatisch durch die Hinrichtung von Karla Faye Tucker in Texas Anfang Februar 1998 ins Bewusstsein der Öffentlichkeit: Trotz der Bekehrung und inneren Umwandlung der Doppelmörderin wurde die Todesstrafe sowohl von den Behörden als auch von den meisten US-Bürgern gefordert und schließlich mit unerbittlicher Konsequenz durchgesetzt. Die Hinrichtung Tuckers war nach diesem Rechtsverständnis als Sühne für ihre Morde unverzichtbar. Sühne bedeutet hier unentrinnbares »Bezahlen-Müssen« für Schuld aus der Vergangenheit. Von »Wiedergutmachung« kann man ja schwer sprechen, da mit dem Tod der Mörderin nicht wirklich etwas »wieder gut« wird, bestenfalls werden Vergeltungsgedanken damit befriedigt. Im konkreten Fall verstanden die das Todesurteil exekutierenden Behörden unter Sühne eine unerbittliche Vergeltung. Viele Menschen, vor allem Christen, waren erschüttert über eine solche Auffassung von Sühne.

Aber es gibt auch Bereiche in der Gesellschaft, wo das Wort »Sühne« einen positiven Klang erhält. So hat zum Beispiel die 1958 gegründete Aktion mit dem Namen »Aktion Sühnezeichen Friedensdienste« einen angesehenen Platz in der Öffentlichkeit der Bundesrepublik Deutschland: Junge Deutsche, die allesamt lange nach den unbeschreiblichen Gräueln der Naziherrschaft geboren wurden, nehmen freiwillig und unentgeltlich soziale Dienste für jüdische Mitbewohner auf sich oder leisten Arbeitseinsätze in Israel. Die jungen Leute verstehen ihren engagierten Einsatz als Sühne für das Unrecht, das die Eltern- und Großelterngeneration dem jüdischen Volk angetan hat. Sie wollen sich nicht durch die »Gnade der späten Geburt« von den Gräueltaten der Shoa distanzieren, sondern persönlich zumindest

»zeichenhaft« jene Schuld abarbeiten, die nicht unmittelbar die ihre ist. Diese beiden Beispiele zeigen aber doch auch, wie vorbelastet der Begriff »Sühne« ist. Der Gedanke an unentrinnbare Vergeltung wie im Fall der Todesstrafe an bekehrten Mördern lässt uns erschaudern, während wir für die symbolische Aufarbeitung und Wiedergutmachung von fremder Schuld, wie sie bei der »Aktion Sühnezeichen Friedensdienste« zum Ausdruck kommt, durchaus Sympathien empfinden.

Zu dieser Zweideutigkeit der Empfindungen kommt dann auch noch, dass in den großen Dramen der Weltliteratur einige der tragischsten Gestalten vom Begriff der Sühne her zu verstehen sind: etwa König Ödipus bei Sophokles, der sich wegen seiner Sünden selbst blendet, oder Hamlet bei Shakespeare. Und auch dem modernen Film ist der Gedanke der Sühne nicht fremd. Ohne Zweifel also werden beim Thema »Sühne« *zugleich* die dunkelsten und edelsten Lebensbereiche angesprochen: hier ausweglose Verstrickung in Schuld und dort hingebungsvolle Abarbeitung von Sünde, hier mörderischer Holocaust und dort selbstloser Versuch der Wiedergutmachung einer unheilbar zerstörten Situation.

1.3 Das Unbehagen mit dem religiösen Begriff der Sühne

Ein Blick auf den Bereich des Glaubens zeigt, dass es dort ebenfalls eine verwirrende Palette von Empfindungen und Vorstellungen gibt, wenn von Sühne die Rede ist. Wenn ein theologisch interessierter Kirchenchrist »Sühne« hört, dann assoziiert er damit wohl unwillkürlich Themen von großem Ernst: Schuld, Sünde, Vergeltung, Versöhnung, Leiden, Kreuz, Opfer, Tod usw. Das sind allesamt wenig anziehende Themen, die schon aufgrund ihres »blutigen Ernstes« frösteln machen können. Es verwundert also nicht, wenn auch bei gläubigen Menschen zunächst einmal ein dunkler Nebel von negativen Empfindungen das Thema »Sühne« einhüllt.

Es gibt jedenfalls das Gefühl, dass hier ein Aspekt des Glaubens angesprochen ist, der als finster und beängstigend empfunden wird. Sühne entspricht nicht dem modernen Lebensgefühl; der Begriff klingt mittelalterlich und ist für viele Christen nicht mehr nachvollziehbar. Das ist vielleicht auch der entscheidende Grund dafür, warum es in der Verkündigung so still geworden ist um die Sühne. Wir leben in einer Gesellschaft, der es vor allem um eine helle Freude am Leben geht. Wenn der Zeitgeist den Namen *Fit for fun* trägt, dann ist es klar, dass mit dem Thema »Sühne« an etwas erinnert wird, das dieser Lebenseinstellung unmittelbar widerspricht. Von daher wird das katechetische Schweigen verständlich, denn warum soll man als Verkündiger über etwas so Unangenehmes und Unattraktives sprechen? Die Frage wird freilich sein, ob Sühne wirklich nur etwas Dunkles ist, und ob hier nicht vielleicht eine der schönsten Seiten des christlichen Glaubens angesprochen ist. Die Frage ist freilich auch, ob das Leben in Wirklichkeit immer leicht und hell sein kann! Wo man hinter die imaginäre Illusion der immer frohen Welt blickt, eröffnen sich ja oft tiefe Abgründe von Belastung durch Leid und Schuld.

Der Begriff der Sühne schließt notwendig den Begriff der Schuld mit ein. »Schuld und Sühne« sind nicht nur durch den berühmten Romantitel von Fjodor M. Dostojewski als sprichwörtliche Redewendung miteinander verknüpft, sondern sie sind es auch von der Sache her. Schuld und Sühne sind zwei Seiten einer Medaille. Die Sühne Christi hat ja nur den einen Zweck, »die Schuld der Welt hinwegzunehmen« (Joh 1,29). Doch eben diese Verknüpfung mit »Sünde« ist zunächst nur eine weitere Ursache dafür, dass das Thema »Sühne« Unbehagen auslöst, da heute ja nicht gerne von

Schuld oder Sünde gesprochen wird, zumindest nicht von der eigenen. Wenn aber Sünde nicht mehr realisiert wird, wird folglich eine der ältesten Glaubensformeln des Christentums unverständlich, die da lautet, dass »Christus *wegen unserer Verfehlungen hingegeben* wurde und auferweckt wegen unserer Gerechtmachung« (Röm 4,25). Wenn aufseiten des Menschen benennbares Versagen nicht mehr anerkannt, wenn die Sünde geleugnet wird, dann wird folglich auch das *Kreuz* zu einer unentschlüsselbaren Chiffre. Das Symbol für die liebende Sühne, mit welcher Gott den sündigen Menschen mit sich versöhnt, wird letztlich zum Symbol einer Gottesvorstellung, die zunehmend als bedrohlich und absurd empfunden wird, wie der Kruzifixstreit in Deutschland gezeigt hat.

Dass die Leugnung der Sünde, also der Versuch, sich seiner Verantwortung gegenüber Gott und den Menschen zu entziehen, nicht nur eine Selbsttäuschung ist, sondern dem innersten Handeln Gottes in Jesus Christus widerspricht, findet sich schon im 1. Johannesbrief in dramatischen Worten ausgedrückt: »Wenn wir sagen, dass wir nicht gesündigt haben, machen wir ihn [Gott] zum Lügner« (1 Joh 1,10), denn »Wenn aber einer sündigt, haben wir einen Beistand beim Vater: Jesus Christus, den Gerechten. Er ist die Sühne für unsere Sünden, aber nicht nur für unsere Sünden, sondern auch für die der ganzen Welt« (1 Joh 2,1b–2). Im Begriff der Sühne begegnen wir also wirklich der Finsternis der Sünde, aber mehr noch der Befreiung von ihr.

1.4 Die Kritik der Theologie an der Sühne

Bleiben wir im religiösen Bereich: Ein Grund für das Schweigen von Predigt und Katechese über die Sühne liegt wohl auch in der Unsicherheit, welche die Theologie erfasst hat.

Menschliche Sühne kann ja nur dann als etwas Sinnvolles begriffen werden, wenn sie von der Sühne Christi her verstanden wird. Von Christus sagt Paulus, dass er »gestorben ist für unsere Sünden« (vgl. 1 Kor 15,3; Gal 1,14; Röm 4,25); im Großen Glaubensbekenntnis von Nizäa und Konstantinopel heißt es, dass Christus »sogar für uns gekreuzigt worden ist« *(crucifixus etiam pro nobis)*.[3] Durch die Jahrhunderte schien das Bekenntnis dazu, dass in Jesus Christus Gott seinen Mensch gewordenen Sohn zur Sühne für die Sünden der Menschen hingegeben hat, dass Christi Tod am Kreuz folglich ein Sühnetod ist, eine Selbstverständlichkeit! Mit der Selbstverständlichkeit aber ist es in der Theologie schon lange dahin, denn der Glaubenssatz vom Sühnetod Christi gilt nicht nur als fragwürdig, sondern wird von vielen Theologen ausdrücklich abgelehnt. Sie meinen, dass es sich bei der Sühne Christi bloß um eine zeitbedingte, alttestamentliche Vorstellung handle, mit welcher die Jünger – allen voran Paulus, Johannes und der Verfasser des Hebräerbriefes – den Sinn des Kreuzes zu erklären suchten.

Im Leben der Kirche wird die theologische Infragestellung der Sinnhaftigkeit der Sühne Christi auch konkret in der Auffassung von der heiligen Messe deutlich. Bis hin zum II. Vatikanum wurde die Messe ganz selbstverständlich als der sakramentale Nachvollzug des Sühneopfers Christi verstanden, doch davon ist heute kaum noch die Rede. Tatsache ist jedenfalls, dass das Thema »Sühne« in der akademischen Theologie durchaus gegensätzlich diskutiert wird. Sühne als Deutung des Todes Jesu und folglich als Glaubensbegriff stößt seit der Aufklärung auf heftigen Widerspruch und auf Ablehnung in der Theologie.

Natürlich ist an dem dunklen Beigeschmack, den das Thema »Sühne« in der Kirche hat, auch der Umstand schuld, dass man früher in irreleitender Weise darüber gesprochen bzw. Fehlverständnisse von Sühne nicht energisch genug zurückgewiesen hat. Hier ist vor allem Anselm von Canterbury († 1109) mit seiner sogenannten »Satisfaktionslehre« zu erwähnen. *Satisfactio* heißt Genugtuung. Anselm lehrt, dass Gott durch die Sünde des Menschen beleidigt worden ist und ihm deshalb Genugtuung (lateinisch: *satisfactio*) geleistet werden muss. Der sterbliche Mensch ist dazu aber nicht fähig, was könnte der kleine Mensch schon dem unendlichen Gott an Wiedergutmachung geben? Deshalb tritt der Sohn an die Stelle des Menschen und leistet die erforderliche Genugtuung durch seine Lebenshingabe am Kreuz. So versöhnt er den Vater durch das Opfer seiner selbst. Die neuere Theologie[4] versichert uns, dass Anselm hier durchaus den Punkt getroffen hat: Gottes Sohn leistet *aus Liebe* zu uns die unendliche Sühne; die Initiative unserer Rettung liegt bei Gott. Das Traurige jedoch war, dass man Anselms Lehre in primitiver Weise vereinfacht hat. Man schaute plötzlich nicht mehr auf die Liebe des dreifaltigen Gottes, die hinter der Kreuzeshingabe des Sohnes steht, sondern sah nur noch einen beleidigten, zornigen »Himmelsvater«. Und so entstand für die einfachen Gläubigen der Eindruck, als wäre der Vater ein beleidigter Tyrann, der in seinem Zorn sogar das Blut seines eigenen Sohnes brauchte, um sich mit den Menschen zu versöhnen. Es gibt selbst noch heute viele Christen, die im Kreuzestod Christi eine Art grausame Vergeltung, ja Rache des Vaters an seinem Sohn sehen! Das aber ist eine geradezu dämonische Verdrehung der eigentlichen Offenbarung! Joseph Ratzinger hat 1968 dieses Missverständnis in Bezug auf die Sühne Christi in sehr eindringlichen Worten ausgedrückt:

»Für sehr viele Christen und besonders für jene, die den Glauben nur ziemlich von Weitem kennen, sieht es so aus, als wäre *das Kreuz* zu verstehen innerhalb eines Mechanismus des beleidigten und wiederhergestellten Rechtes. Es wäre die Form, wie die unendlich beleidigte Gerechtigkeit

Gottes mit einer unendlichen Sühne (sc. geleistet im Gehorsamstod Jesu Christi) wieder versöhnt würde. Von manchen Andachtstexten her drängt sich dem Bewusstsein dann geradezu die Vorstellung auf, der christliche Glaube an das Kreuz stelle sich einen Gott vor, dessen unnachsichtige Gerechtigkeit ein Menschenopfer, das Opfer seines eigenen Sohnes, verlangt habe. Und man wendet sich mit Schrecken von einer Gerechtigkeit ab, deren finsterer Zorn die Botschaft von der Liebe unglaubwürdig macht.«[5] So muss tatsächlich gefragt werden, ob sich die kirchliche Verkündigung wirklich ausreichend bemüht hat, das christliche Verständnis von Sühne so darzulegen, dass es sich von heidnischen und archaischen Menschenopfer-Vorstellungen unterscheidet.

Die Folge von alldem ist, dass es in der gegenwärtigen Theologie eine Art Widerwillen gibt, zumindest eine lähmende Lustlosigkeit, sich überhaupt mit der Sühne zu beschäftigen. Freilich kann man das Thema nicht wirklich ausklammern, denn es geht hier ja letztlich um die zentrale Frage nach der *Versöhnung*. Das deutsche Wort »Versöhnung« stammt geschichtlich von »sühnen« und nicht, wie in vielen Predigten fälschlicherweise behauptet, von »Sohn«! Versöhnung bedeutet, dass Gott in Christus die Menschen sich »ver-sühnt« hat. Aber was ist »Versöhnung«, wenn es keine Sühne Christi gibt?

Wo die Auffassung, dass der Tod Jesu ein bewusster Sühnetod war, abgelehnt wird, müssen andere Modelle entworfen werden, um überhaupt noch von »Versöhnung« und »Erlösung« durch Christus sprechen zu können. Es fällt dann auf, dass bei diesen neueren theologischen Vorstellungen das Heil zwar immer als Befreiung »zu« etwas bezeichnet wird, aber nie wirklich thematisiert wird, »wovon« der Mensch nun eigentlich befreit worden sei.[6] Versöhnung und Erlösung schließt aber immer auch mit ein, dass man von dem Negativen und Dunklen spricht, von dem der Mensch letztlich befreit, erlöst, versöhnt wird. Dieses Negative nannte man herkömmlich Sünde. Wo es keine Sühne gibt, darf es offensichtlich auch keine Sünde mehr geben, und umgekehrt. Vielleicht ist das auch der Grund, warum die Predigt von unserer Erlösung insgesamt einen so schalen Beigeschmack bekommen hat. Die oft durchaus pathetische Verkündigung vom »befreiten Leben« bleibt schemenhaft und unattraktiv, wenn verschwiegen wird, *wovon* der Christ nun konkret befreit worden ist.

1.5 Wie ist ein liebender Gott mit menschlicher Sühne vereinbar?

Und schließlich soll auf eine letzte bedeutende Schwierigkeit hingewiesen werden, die heutige Kirchenchristen mit dem Sühnebegriff haben. In der Verkündigung hat es in den letzten Jahrzehnten einen starken Wandel der Akzente gegeben, vor allem kam es zu einer Neubesinnung auf das christliche Gottesbild. Durchaus zu Recht stellte man den Begriff der Liebe in den Mittelpunkt der Gottesverkündigung: »Gott ist die Liebe!« (1 Joh 4,8.16). Der Begriff »Liebe« freilich wurde, parallel zur gesellschaftlichen Entwicklung, immer stärker losgelöst von einer moralischen Verantwortung verstanden. »Liebe« wurde immer konturloser: ein schönes Gefühl, das gut ist, solange es Spaß macht. Versteht man »Liebe« in diesem inhaltsleeren Sinn, dann ist der biblische Satz »Gott ist die Liebe« in seiner Radikalität nicht mehr zu verstehen. Er kann dann nur noch in einem oberflächlichen Sinn aufgefasst werden, etwa: »Gott ist bedingungslos und harmlos in seiner Liebe zu uns! Er liebt und verzeiht ganz unabhängig davon, was wir Menschen tun.«

Während man in früheren Zeiten die Strafe und Vergeltung Gottes überbetont hat, so ist heute das Gegenteil der

Fall. Die Liebe Gottes wird als eine vom menschlichen Wohl- oder Fehlverhalten völlig unbeeinflusste Konstante angesehen. Die Folge davon ist, dass man kein Verständnis aufbringen kann für ein *aktives, ja dramatisches Handeln* Gottes gegen die Sünde, wie es der Sühnetod Christi am Kreuz »für unsere Sünden« ja voraussetzt. Wenn es aufseiten des Menschen zu so etwas wie Sünde kommt, so wird von Gott immer schon erwartet, dass er diese Sünde »mit einem sanften Lächeln« übergeht – freilich immer nur die eigene!

Wo man aber glaubt, dass die Sünde von Gott sozusagen charmant übersehen wird, gibt es folglich auch kein Bedürfnis nach Buße für die eigenen Sünden. Und noch weniger Verständnis wird man dafür aufbringen können, dass ein gläubiger Mensch für einen anderen, einen Sünder, aktiv Sühne leistet. Welchen Sinn sollte es auch haben, dass jemand »zur Sühne« für andere Gebet, Fasten und Bußübungen, ja sogar Leiden auf sich nehmen würde, wenn Gott doch ohnehin immer schon alles bedingungslos nachsieht, was man eventuell noch Sünde nennen könnte?

Wir sehen, dass es sich bei der Sühne wirklich um den vielleicht schwierigsten Bereich des christlichen Glaubens handelt. Es gibt hier nicht nur dunkle Assoziationen, sondern auch einen Mangel an theologischer Aufarbeitung und kirchlicher Verkündigung. Dies ist umso bedauerlicher, weil ja die Frage nach der Sühne das Zentrum des christlichen Offenbarungs- und Erlösungsverständnisses, ja das Zentrum der Gottesoffenbarung selbst betrifft: Wie ist Gott? Was bedeutet die Sünde für Gott? Wie verhält sich Gott gegenüber dem Menschen, dem Sünder? Wozu das Kreuz Christi, was nützt es? War Christi Leiden ein Sühneleiden? Schließlich: Ist freiwillige Sühne für andere sinnvoll? Nützt es einem anderen, wenn ich ein Gebet oder ein gutes Werk für ihn »aufopfere«? Unzählige Fragen stellen sich hier, die wir nüchtern im Licht des Glaubens beantworten wollen.

1.6 Heilige aus der Gesinnung der Sühne

Wenn heute in der Theologie von Sühne die Rede ist, was, wie gesagt, selten der Fall ist, dann geht es meistens nur um die Kontroverse über die Sühne *Christi*, die Frage nach dem Wesen der Versöhnung durch Christus. Was in der wissenschaftlichen Theologie fast gar nicht in den Blick kommt, ist die Frage, ob auch *die Gläubigen* befähigt oder vielleicht sogar gefordert sind, für andere Sühne zu leisten. Das ist aber eine durchaus ernst zu nehmende Frage, denn offensichtlich haben sich frühere Generationen keineswegs mit der Idee eines in sich isolierten Sühneleidens Christi zufriedengegeben, sondern die Christen versuchten immer, selbst in der Gesinnung Christi Sühne zu leisten. Und auch der heutigen Zeit fehlen nicht Zeugnisse solcher Sühnegesinnung. Mag auch die Theologie über das sühnende Mitwirken an der Erlösung Christi schweigen, in der Praxis ist der Gedanke an Sühne für andere durchaus lebendig.

Hier ist zunächst auf die Heiligen zu verweisen, deren Frömmigkeit ja immer schon die konkreteste und deutlichste Form der »gelebten Theologie«[7] in der Kirche dargestellt hat. Es ist interessant, dass gerade bei den Heiligen der jüngeren und jüngsten Zeit der Gedanke der stellvertretenden Sühne zu finden ist, vielleicht sogar in einer stärkeren Weise als in der Vergangenheit. Dass Menschen das Geheimnis des »Leidens« als positives Geheimnis ihrer Gottesliebe entdeckt haben, hat es schon im Altertum gegeben: Die Zeugnisse reichen von den ältesten Märtyrerakten bis hin zu den ausgebreiteten Armen, mit denen ein heiliger Franziskus die Wundmale Christi empfing. In der Neuzeit aber scheint die Leidensmystik der Heiligen in eine neue Dimension zu treten: indem man Leiden *bewusst für andere* annimmt und trägt, indem man *Leiden bewusst als Sühne* auf sich nimmt. Sühne ist das Schlüsselwort zum Verständnis vieler neuer Heiligengestalten.

Und ferner ist auffallend, dass es sich bei diesen Heiligen, die aus der stellvertretenden Sühne heraus gelebt haben, oft um jugendliche Menschen gehandelt hat. Besonders ausgeprägt war der Wille zur Leidenssühne zum Beispiel bei dem jugendlichen Heiligen *Dominicus Savio* (gestorben mit vierzehn Jahren), bei der seligen Ordensfrau *Ulrika Nisch* (gestorben mit fünfundzwanzig Jahren) und natürlich bei der heiligen *Therese von Lisieux* (gestorben mit dreiundzwanzig Jahren). Letztere opferte ihre seelischen und körperlichen Leiden ausdrücklich für die Bekehrung der Sünder auf und verstand diese ihre Sühne als missionarisches Werk.

Man kann auch sagen, dass jene unzähligen Christen, welche im 20. Jahrhundert gewaltsam das Martyrium erlitten haben, ohne den Willen zur Sühne nicht denkbar wären. Beachtenswert ist dabei, dass die Qualen und Schmerzen, denen diese Heiligen ausgesetzt waren, oft so dramatisch und brutal waren, dass man sich in die frühe Zeit der Märtyrer zurückversetzt fühlen könnte. Sühnegesinnung finden wir beispielsweise bei *P. Maximilian Kolbe*, der an die Stelle eines Familienvaters tritt und schließlich im Hungerbunker für ein versöhntes Sterben der Mitverurteilten sorgt. Von der heiligen *Edith Stein*, im Karmel Schwester Benedicta a Cruce genannt, wird berichtet, dass sie sich bei ihrer Deportation nach Auschwitz am 2. August 1942 von ihrer Schwester mit den Worten verabschiedete: »Komm, gehen wir für unser Volk!« Die Reihe ließe sich lange fortsetzen. Deshalb sind am Ende dieses Buches einige weitere Zeugnisse und Texte zusammengestellt.

Tatsache ist, dass es in der Kirche nach wie vor die überzeugende Predigt der Heiligen gibt, die – offensichtlich unberührt von theologischen Verunsicherungen und Missverständnissen – die Christusnachfolge in Gestalt von Sühne bejahen. Darüber hinaus gibt es in der konkreten Frömmigkeit einen weiteren Bereich, in dem der Gedanke der Sühne sehr deutlich formuliert, ja diese als christliche Haltung eingefordert wird.

1.7 Die Sühnebewegungen der Neuzeit: Herz-Jesu-Verehrung und Fatima

In der Praxis der katholischen Kirche ist auch heute oft der Appell zur stellvertretenden Sühne zu hören: Bewegungen, die ausdrücklich zu Opfer und Sühne aufrufen, die Sühnegebete und Sühnekommunionen praktizieren, prägen doch stark das Frömmigkeitsleben. Im Wesentlichen scheint dieses Bewussthalten des Sühnegedankens auf zwei Quellen zurückzugehen: Eine davon ist die Herz-Jesu-Frömmigkeit, die andere ist in den Marienerscheinungen zu finden. Da beide Quellen entscheidend durch sogenannte Privatoffenbarungen geprägt sind, stellt sich freilich schon von daher dringend die Frage nach der Authentizität dieser betonten Sühnepraxis.

Von großer Bedeutung ist die Herz-Jesu-Verehrung, die um die Wende vom 19. zum 20. Jahrhundert den Höhepunkt erreichte. Die Entwicklung dieser Frömmigkeitsform verlief organisch. Am Beginn stand der schon in den johanneischen Schriften bezeugte Blick auf den Gnadenstrom, also auf das Heil, das im Symbol von Blut und Wasser aus der geöffneten Seite Christi vom Kreuz ausfließt. Für die Väter war eben dieser Strom, im johanneischen Sinn als sichtbares »Zeugnis« (Joh 19,34; 1 Joh 5,6–8) der Erlösung verstanden, das eigentlich Verehrenswürdige. Im frühen Mittelalter begann man schließlich, das Leiden Christi, ja den gepeinigten Körper selbst und folglich das geöffnete Herz, zum Gegenstand der Verehrung zu machen. Endlich führten die Visionen von Margareta Maria Alacoque im Jahr 1673, als Jesus der Ordensfrau sein aus Liebe zu den Sündern brennendes Herz zeigte, zu einem wahren Frömmigkeitsboom. Schon immer gab es in der Kirche spirituelle Strömungen, die das Leiden Christi in den Mittelpunkt stellten – man denke etwa an die Leidensmystik des heiligen Franziskus. Die Herz-Jesu-Verehrung trug diese Geisteshaltung in breite Schichten des gläubigen Volkes und machte den Begriff des »Mitleidens« populär. Zeugnisse für die Stärke dieser Bewegung im Übergang vom 19. zum 20. Jahrhundert sind heute noch in der damaligen kirchlichen Architektur, aber auch in den zahlreichen Ordensgründungen unter dem Titel des Herzens Jesu fassbar.

Im Zentrum der Erscheinungen von Paray-le-Monial stehen im Wesentlichen die Appelle Christi zu Buße und Sühne; dabei werden auch ganz bestimmte Übungen gefordert, etwa die Weihe an das Heiligste Herz Jesu, womit eine bewusste Übernahme der Sühnegesinnung Jesu gemeint ist. Gefordert wird auch, dass die ersten Monatsfreitage in besonderer Bußgesinnung begangen werden sollen. Man kann sagen, dass der Appell zu einer Gesinnung der Sühne der eigentliche religiöse Impuls der Herz-Jesu-Verehrung ist. Das Symbol, um das es hier geht, ist das verwundete und leidende Herz des Herrn. Seine Verehrung bzw. Anbetung soll den Gläubigen in die Haltung des Sühneleidens Jesu einfügen, wie zahlreiche Gebete bezeugen. Die Bewegung ist auch aus den Zeitumständen heraus zu verstehen: Die Aufklärung erschütterte im 18. und 19. Jahrhundert den Gottesglauben; die Gläubigen empfanden den Glaubensabfall nicht nur als Bedrängnis, sondern auch als religiöse Herausforderung, Gott für die Gottlosigkeit, die Blasphemien und Lästerungen um Verzeihung zu bitten. Sühne verstand man dabei als persönliches »Mitleiden« mit Christus, dessen Herz unter der Gottferne so vieler Menschen leidet. Diese Auffassung von Sühne ist sehr emotionsbezogen, ja affektiv. Sühne bedeutet hier Christusliebe in der Form von »Mitleid mit dem leidenden Herrn und Trost für ihn in seiner bitteren Passion«.[8] Das kirchliche Lehramt hat die Christozentrik dieser Volksfrömmigkeit in den Enzykliken über die Herz-Jesu-Verehrung bestätigt und gefördert.[9] Aus dem Gefühl einer Krisensituation heraus wurde der Sühnegedanke zu einem wichtigen Impuls der katholischen Frömmigkeit.

Seit der Mitte des 19. Jahrhunderts gibt es ferner das Phänomen zahlreicher Marienerscheinungen, deren Auswirkung auf die katholische Frömmigkeitspraxis nicht unterschätzt werden darf. Da der Einfluss dieser Phänomene, die in einigen Fällen kirchlich anerkannt wurden, ein nicht abstreitbares Faktum ist, werden sie auch zusehends von der Theologie wahrgenommen und analysiert.[10] In den meisten Erscheinungen bittet die Gottesmutter direkt um Werke der Buße, um Gebet und Sühne. Der Gedanke an Sühne tritt schon durch das Symbol des Herzens Mariens in den Vordergrund, das seit der Erscheinung von 1830 in der Rue du Bac im Zentrum von Paris neben dem Herzen Jesu dargestellt wird. Auch das Herz Mariens ist durch ein Schwert verwundet (vgl. Lk 2,35); schon so wird die Verbindung zum Sühnegedanken der Herz-Jesu-Frömmigkeit sichtbar.

Von besonderer Bedeutung für die Neubelebung der Sühnegesinnung sind die Erscheinungen von Fatima im Jahr 1917. In Fatima verlangt Maria die Weihe der Welt und Russlands an ihr Unbeflecktes Herz. Wiederholt fordert sie die drei Seherkinder zur Verehrung ihres Herzens auf, und Mahnungen zur Sühne durchziehen all ihre Botschaften. Maria fordert nicht nur eine allgemeine Opfergesinnung, sondern auch konkrete Gebete und Übungen als Sühne für die Sünden. Am 13. Juli 1917 sagt die Erscheinung nach den Aufzeichnungen der Seherin Lucia Folgendes: »Opfert euch auf für die Sünder und sagt oft, besonders wenn ihr ein Opfer bringt: O Jesus, das tue ich aus Liebe zu Dir, für die Bekehrung der Sünder und zur Sühne gegen das Unbefleckte

Herz Mariä.«[11] Als besonderes Mittel der Sühne erbittet Maria die sogenannte »Sühnekommunion« an den ersten Monatssamstagen, die deshalb auch »Herz-Mariä-Sühnesamstage« genannt werden. Diese sind, wie die liturgische Ordnung auch sichtbar macht, als Nachklang zur Übung der Herz-Jesu-Freitage zu verstehen.

Dieser erste Rundblick hat nicht nur deutlich gemacht, wie komplex das Thema ist, sondern auch, dass die Frage nach der Begründung von Sühne in das Zentrum des christlichen Glaubens reicht. Und es scheint auch bereits deutlich zu sein, dass sich ein gläubiger Christ, der mit der Kirche fühlen will, nicht so einfach vom Gedanken der Sühne verabschieden kann. Auch wenn Sühne einen unangenehmen, zumindest aber herausfordernden Beigeschmack hat – wie ja übrigens viele andere Glaubenswahrheiten auch –, so scheint sie doch eine zutiefst kirchliche Spiritualität zu begründen, schon deshalb, weil das leidende Eintreten »für die Kirche« seit apostolischen Zeiten zum geistlichen Profil vieler Heiligen gehört. Bevor wir systematisch den Grundlagen der Sühnehaltung nachspüren, wollen wir einen Blick auf eine berühmte Stelle des Kolosserbriefes werfen, um von der Heiligen Schrift her eine erste Vorstellung von der christlichen Sühnegesinnung zu gewinnen.

2. Eine erste Annäherung an den christlichen Begriff von Sühne

2.1 Eine biblische »Definition« von Sühne: Kol 1,24

Oft spricht die Bibel nur vage und andeutend von den Einsichten, die uns der Glaube schenkt. Manchmal aber haben wir »Glück«, und es finden sich mehr als bloße Hinweise; manchmal erstrahlt aus Formulierungen der Schrift schlaglichtartig die Fülle der göttlichen Weisheit. Ein solcher Glücksfall liegt beim Thema »Sühne« vor. An einer Stelle gibt uns die Heilige Schrift im Kolosserbrief, freilich ohne das Wort »Sühne« zu nennen, eine Definition, wie sie erhellender nicht sein könnte. Der Kolosserbrief wird heute von den meisten Exegeten – ebenso wie der Epheserbrief – für das Werk eines Paulusschülers gehalten.

Der Autor gibt sich als Paulus aus (vgl. Kol 1,1; 4,18), der aus der Gefangenschaft an die Gemeinde von Kolossä in Kleinasien schreibt, einer Gemeinde, die er nicht selbst gegründet hat und der er persönlich nicht bekannt ist (vgl. Kol 2,1). Auch wenn der Autor nicht mit Paulus identisch sein sollte, so bewegt er sich doch ganz in der Geisteswelt des Apostels. Er kennt nicht nur dessen Grundanliegen in der Verkündigung, sondern auch seine persönlichen Erfahrungen bei der Missionsarbeit. Indem sich der Autor auf diese Erfahrungen des Apostels bezieht, bezeugt er, dass die Gestalt des Paulus »unbestrittenes Ansehen und nahezu heilsrelevante Bedeutung gewonnen« hat.[1] Die historische Identität des Autors ist deshalb für uns hier von untergeordnetem Interesse.

Der Autor, nennen wir ihn weiterhin Paulus, eröffnet den Brief mit dem üblichen Gruß und einem Christushymnus (vgl. Kol 1,12–20), um dann zu einem sehr persönlichen Bekenntnis überzugehen, das lautet: »Jetzt freue ich mich in den Leiden, die ich für euch ertrage. Für den Leib Christi, die Kirche, ergänze ich in meinem irdischen Leben, was an den Leiden Christi noch fehlt« (Kol 1,24). Wer wissen will, was gläubige Christen unter Sühne verstehen, der wird in Kol 1,24 wichtige Hinweise finden. Wir werden auf diese bedeutsame Stelle weiter unten noch ausführlich zu sprechen kommen, wenn wir den Sinn der Sühne von Christus her dargestellt haben. Hier wollen wir von dem Wort des Kolosserbriefes her einige erste Hinweise gewinnen.[2] Das Auffälligste ist zunächst der Tonfall. Paulus, der so viel mitmachen musste und von den Leiden seiner apostolischen Tätigkeit so manches Lied zu singen weiß,[3] klingt hier keineswegs entmutigt und niedergeschlagen. Wenn er seine Leiden mit einem *Chairo* – »Ich freue mich!« – zur Sprache bringt, dann nicht in jenem jammernden Ton, mit dem Menschen oft um Mitleid, ja Anerkennung heischen, weil sie sich viel auf ihre Mühen zugutehalten. In der Bewertung seiner Leiden ist bei Paulus überhaupt keine Spur von Sentimentalität oder Bedrückung zu finden: Er stöhnt und jammert nicht über das Leiden, *er jubelt.*

Man hat jedenfalls den Eindruck, dass Paulus diese Worte in einer Art Triumphgefühl, zumindest aber mit Enthusiasmus schreibt: »Jetzt freue ich mich in den Leiden, die ich für euch ertrage. Für den Leib Christi, die Kirche, ergänze ich in meinem irdischen Leben das, was an den Leiden Christi noch fehlt.« So paradox uns auch Freudengefühle über Leiden scheinen, sie sind bei Paulus keine Seltenheit: An anderen Stellen »rühmt« er sich unbekümmert des Kreuzes Jesu Christi (Gal 6,14) oder wünscht sich, dass der »Tod Christi ihn prägen« möge (Phil 3,10). Die Freude, ja der Triumph des Paulus ist aber menschlich gesehen rätselhaft. Wie soll man es verstehen, dass sich hier einer »in den Leiden« freut? Wie ist es möglich, dass einer einen Grund findet, über das eigene Leiden zu jubeln?

2.2 Eine Entdeckung: »Freude im Leiden«!

Woher kommt bei Paulus die »Freude im Leiden«? Bewegend ist die Interpretation, die Papst Johannes Paul II. hierzu gegeben hat. Er deutet die genannte Stelle im Kolosserbrief so, dass Paulus hierin eine *endgültige Entdeckung* ausdrückt, welche er am Ende seines langen persönlichen Weges des Leidens gemacht hat. Die Entdeckung des Paulus besteht demnach in seiner Erkenntnis, dass sein Leiden, dass menschliches Leiden insgesamt Sinn haben kann. Paulus hat begriffen, dass Leiden sogar so sinnvoll zu sein vermag, dass es Freude macht, zu leiden: *Chairo* – »Ich freue mich in den Leiden, die ich für euch ertrage!«

Dieser Sinn des Leidens muss aber von jedem Einzelnen in seiner ganzen Tiefe persönlich entdeckt werden. Papst Johannes Paul II. macht diese wichtige Bemerkung über die »Entdeckung« des Paulus gleich am Anfang seines Apostolischen Schreibens *Salvifici doloris*: »Über den christlichen Sinn des menschlichen Leidens«[4] vom 11. Februar 1984. Durch das Attentat vom 13. Mai 1981 war der Papst selbst in einer unnachvollziehbar persönlichen Weise mit den Abgründen menschlichen Leidens konfrontiert worden. Und ohne Zweifel ist das Apostolische Schreiben selbst die Frucht dieser existenziellen Erfahrung. Johannes Paul II. konnte durch sein Lebensschicksal die »Entdeckung« des Paulus persönlich nach- und mitvollziehen. Das gibt dem päpstlichen Schreiben nicht nur eine faszinierende geistliche Tiefe, sondern auch eine theologische Dimension, die über vieles, was bislang über Leiden, Opfer und Sühne geschrieben wurde, hinausgeht. Was der Sinn des Leidens ist, kann ja auch gar nicht in bloß theoretischen und lebensfernen Spekulationen aufgearbeitet werden, sondern muss durch persönliche Erfahrung gedeckt sein.

Doch zurück zu Paulus, der als Christ fasziniert ist von der Entdeckung des Leidens. Worin gründet nun die Sinnhaftigkeit des Leidens? Auch darauf gibt der kurze Text aus dem Kolosserbrief eine Antwort. Der Ursprung einer Sinnhaftigkeit menschlichen Leidens ist das Vorbild Christi. Von großer Bedeutung ist, dass Paulus nach dem griechischen Text nicht eigentlich von den »Leiden Christi«, sondern von Christi *thlipseis* spricht. Der Autor von Kol 1,24 möchte an Christi *thlipseis* »ergänzen«, was noch fehlt. Die Einheitsübersetzung gibt dies zwar mit »Leiden Christi« wieder, wörtlich ist aber von den »Bedrängnissen« oder »Drangsalen« die Rede. Paulus möchte hier offensichtlich nicht von jenen Leiden Christi sprechen, durch die dieser objektiv und endgültig die Erlösung gewirkt hat. Paulus hat das einzigartige Leiden Christi hier nicht im Sinn, denn die Erlösung an sich ist allein und einzig die Tat Christi, Folge seines Kreuzes.[5]

Bei den »Bedrängnissen Christi«, die Paulus ergänzen möchte, ist also zuerst an die konkreten Mühen des Apostels im Dienst an den Menschen zu denken: Es gehört zum Aposteldienst an Christi statt, im Einsatz für das Evangelium aufgerieben zu werden. Wie die Bedrängnisse Christi sinnvoll waren, so sind es auch die Bedrängnisse des Apostels. Erlaubt ist auch, an die psychologische Dimension dieses mühevollen Heilsdienstes Christi zu denken: an den Schmerz und die Erschütterung über die bleibende Verhärtung der Menschen, die Paulus mit Jesus teilt (vgl. Mt 23,27; Röm 9–11). In Verbindung mit diesen konkreten Drangsalen und Betrübnissen Christi wird das Leiden des Christusjüngers sinnvoll, ja freudvoll. Die Quelle der Sinnhaftigkeit des Leidens ist also das Leiden Christi; dieses ist etwas so Wertvolles, dass von daher jedes menschliche Leiden den Charakter einer ebenso wertvollen »Ergänzung« erhalten kann.

2.3 Leiden »für euch«

Man könnte Paulus hier freilich unterstellen, es handle sich bei diesen Grußworten an die Christen von Kolossä um eine rhetorische Übertreibung, wodurch der Verfasser nur euphorisch seine liebevolle Zuneigung und seinen mühevollen Einsatz für die Adressaten unterstreichen wollte; als ob Zuneigung und Einsatz so intensiv wären, dass sie sogar das Dunkle des Leidens überlagern, das mit dem Apostelдienst verbunden ist; als ob die Freude des Apostels über sein Leiden nur ein psychologisches Selbstablenkungsmanöver oder eine Beschwichtigung der besorgten Leser wäre: »Es ist schon nicht so schlimm ...!« Paulus aber scheint tiefer zu denken. Sein »Ich freue mich im Leiden« ist keineswegs künstliche Euphorie, die bloß die Qualen des Einsatzes verharmlosen soll. Im Gegenteil: Das Leiden wird nicht bagatellisiert, es hat bei Paulus *als Leiden* einen Sinn, ja mehr noch: einen Zweck. Es soll nämlich jemandem zugutekommen, gleichsam für andere wirksam werden. Was Paulus hier ausdrückt, ist eine Art Versicherung, ja Garantie, dass sein Leiden ein sinnvolles »Für-euch-Leiden« ist, ein Leiden »für die Kirche«, das er deshalb mit Freude zu ertragen bereit ist.

Da das Leiden, von dem hier die Rede ist, ein Leiden »für« jemanden ist, muss vorausgesetzt werden, dass der Apostel es bewusst und freiwillig angenommen hat. »Freudig« kann nur das getragen werden, was nicht als Zwang empfunden wird. Deshalb hat dieses »Für-Leiden« zutiefst etwas mit dem freien Willen des Trägers zu tun. Paulus, zwar vom

Leiden manchmal überwältigt und niedergedrückt, fühlt sich jedenfalls von niemandem gezwungen. Ebenso wenig wie er das Leiden selbst gesucht hat, sucht er es abzuschütteln. Vielmehr nimmt er es in Freude als sinnvolle Ergänzung des Leidens Christi an, um es gleichsam als sein freies Geschenk der Gemeinde von Kolossä zu übergeben.

Das zweimalige »für« (griechisch: *hyper*), mit dem Paulus hier die Spitze des Leidenssinnes angibt, ist der springende Punkt für das Verständnis von Sühne. Man könnte ja meinen, dass Paulus es nur deshalb als sinnvoll erfährt, weil es ihn an das Leiden Christi erinnert; als würde das Leiden bloß eine sentimentale Erinnerung an Jesu Kreuz wecken. Aber das trifft nicht den vollen Sinn. Für Paulus ist das Leiden sinnhaft, weil es am Zweck des Leidens Christi teilhat. Das Leiden des Apostels ist gleichsam *religiös wirkungsvoll*. Was wirkt dieses Leiden? Paulus gibt die Antwort in einem Atemzug: Die Wirkung seines Leidens liegt im Heil derer, die zum »Leib Christi«, der Kirche, gehören. Die Wirkung für andere kommt daher, weil Paulus es als Ergänzung des Leidens Christi angenommen hat. Und deshalb kann das Leiden für Paulus zur Freude werden: Es ist ja etwas, das der Kirche, insbesondere den Adressaten in Kolossä, Heil verschafft.

Paulus versteht seinen Einsatz als heilswirksame Mühen »für« die Kirche, »für« die Christen in Kolossä. Wenn wir von der »Zweckhaftigkeit« des Ergänzungsleidens von Paulus sprechen, dann ist freilich ein Unterschied zum heutigen Sühnebegriff zu beachten: Es ist nirgends davon die Rede, dass diese Christen, denen das Leiden des Paulus gilt, Sünder sind; es fehlt in Kol 1,24 sozusagen der unmittelbare Zweck, die Sündhaftigkeit anderer, auf die sich Sühneleiden nach unserem heutigen Verständnis oft beziehen. Zwar gibt es in der angeschriebenen Gemeinde, wie aus dem weiteren Brief hervorgeht, Irrlehren, vor allem Aberglauben, vielleicht auch sittliches Fehlverhalten; doch stellt Paulus sein Leiden hier in einem allgemeinen Sinn der Kirche zur Verfügung. Sühne wird als eine Grundhaltung formuliert und (noch) nicht als ein konkretes Mittel gegen konkrete Missstände oder Sünden oder Beleidigungen Gottes. Dennoch gilt das oben Gesagte, dass dieses Leiden heilswirksam ist. Natürlich ist das keine eigene Wirksamkeit, kein eigenes Tun. Für Paulus liegt die Wirkung des »Für-Leidens« einzig darin, dass es Teil des von Sünden erlösenden Leidens Christi ist. Wenn also kein konkreter Zweck benannt wird, dann deshalb, weil es uneingeschränkt die Sache Christi ist, was dieses Leiden bewirkt.

2.4 *Was ist also Sühne?*

Was in Kol 1,24 in beeindruckender Dichte ausgedrückt ist, ist die Umschreibung dessen, was wir heute im christlichen Sprachgebrauch »Sühne« nennen. Nach dem Verständnis der Kirche ist Sühne die freiwillige Teilnahme an den Leiden Christi, deren letzter Sinn und Zweck in der Erlösung aller Menschen besteht. Sühne ist die freie Offenheit, sein Leben in das Leiden Christi hineinverfügen zu lassen, um anderen das Heil zu ermöglichen.

Deutlich ist auch, dass Sühne nicht identisch mit Buße ist. Die beiden Begriffe sollten auseinandergehalten werden: Buße bezieht sich auf die eigenen Sünden, ist ein Abarbeiten, eine Wiedergutmachung dieser eigenen Sünden. Hingegen sprengt der Sühnebegriff diese Egozentrik und weitet die Gesinnung auf die anderen hin. Die Buße blickt auf die Einordnung des eigenen Lebens in das Leben Christi, die Sühne hat dabei schon »die anderen« im Auge.

Man kann schließlich auch sagen, dass das »Leiden«, von dem Paulus spricht, im weitesten Sinn zu verstehen ist: nicht nur körperliches Leid, sondern ebenso gut seelisches Leid, wie schwere Enttäuschungen und Depressionen, sind mögliche Aspekte dieses Für-Leidens. Sowohl dem körperlichen wie auch dem seelischen Leiden ist eigen, dass man sich diese nicht aussuchen kann. Wir finden bei Paulus auch keinen Hinweis darauf, dass man sich Leiden herbeiwünschen soll, sie ergeben sich vielmehr ohnehin von selbst aus dem unermüdlichen Dienst. Sehr wohl aber kann und soll sich der Gläubige in die geistliche Haltung einüben, die ihn offen macht für die tatsächliche Teilnahme an den Leiden Christi, wobei er es im Letzten Gott überlassen muss, ob, wann und wie solche Leiden kommen oder nicht.

Die religiösen Übungen, die man bewusst und freiwillig als Sühne auf sich nehmen mag, dienen also der Herzenshaltung. Im übertragenen Sinne kann man sie »Leiden« nennen. Durch ein vernünftiges Maß an Verzicht und Abtötung, durch Gebet, Fasten und Almosen (vgl. Mt 6,1–18) können gläubige Menschen freiwillig bezeugen, dass sie offen dafür sind, an den »Leiden« Christi teilzunehmen. Doch darüber wird an späterer Stelle ausführlicher zu sprechen sein.

Nach dieser Annäherung aufgrund des Bekenntnissatzes aus Kol 1,24 ist nicht nur klargemacht, dass es so etwas wie Sühne tatsächlich gibt. Gläubige Menschen verstehen ihre »Freude im Leiden« nicht nur als ein privates religiöses Gefühl, sondern als etwas, das heilsbedeutsam für ihre Mitmenschen ist. Wenn die Sühnegesinnung für etwas so Zentrales und Wichtiges gehalten wird, verdient sie es umso mehr, in einzelnen Stufen sorgfältig analysiert und begründet zu werden.

3. Opfer in der nichtchristlichen Welt

3.1 Die Allgegenwart des Opfergedankens

Der einzige Grund, warum Christen »Sühnefrömmigkeit« für sinnvoll und wichtig halten, kann nur in Jesus Christus liegen. Der Sohn, den Gott »als Sühne für unsere Sünden gesandt hat«, wie es im 1. Johannesbrief heißt (1 Joh 4,10), ist der einzige Sinngrund des christlichen Opfergedankens. Aber was ist mit dieser Sühne, die der Sohn ist, gemeint? Dass uns der biblische Verständnishorizont verloren gegangen ist, zeigt die berühmte Stelle im Römerbrief, wo Paulus schreibt: »Alle haben gesündigt und die Herrlichkeit Gottes verloren. Ohne es verdient zu haben, werden sie gerecht, dank seiner Gnade, durch die Erlösung in Christus Jesus. Ihn hat Gott dazu bestimmt, Sühne zu leisten mit seinem Blut, Sühne wirksam durch Glauben« (Röm 3,23–25a). Wörtlich heißt es: »Ihn hat Gott als ›Sühneplatte‹ (griechisch: *hilastérion*) aufgestellt.« Das ist für uns unverständlich, während *hilastérion* für einen gläubigen Juden ein klarer Begriff ist, der sofort eine Fülle von Vorstellungen weckt. *Hilastérion* bezeichnet nämlich genau jene »Sühneplatte«, die das Allerheiligste des Tempels in Jerusalem darstellte, die jährlich einmal am Großen Versöhnungstag mit Opferblut besprengt wurde, um das Volk zu entsühnen. Das Bild des *hilastérion*, das Paulus verwendet, ruft also den untergegangenen israelitischen Tempelkult mit seinen blutigen Schlacht- und Sühneopfern wach. Es erinnert daran, dass bis zur Zerstörung Jerusalems im Jahr 70 nach Christus die jüdische Religion durch und durch von einem Opferkult unvorstellbaren Ausmaßes geprägt war.

Christus als *hilastérion*, als »Sühneplatte [...] mit seinem Blut«! Diese Anspielung bei Paulus, deren sich Dutzende andere im Neuen Testament finden, ruft auch in Erinnerung, dass der Kult blutiger Opfer nicht nur einst Israel prägte, sondern – vielfach bis heute – eine Ausdrucksform fast jeder Religion darstellt. Die Tempel- und Altarruinen untergegangener Religionen, etwa der orientalischen Mythologie, bezeugen die einstige Bedeutung des Opferwesens. Doch auch in unserer Zeit ist ja in den meisten Religionen die Idee des Opfers verbreitet. Noch heute opfert man in den Naturreligionen den Seelen der Ahnen. Einen ähnlichen Brauch des Ahnenopfers findet man im Konfuzianismus oder Hinduismus; die Veden des Hinduismus schreiben vor, welche Speise- oder Tieropfer bei welcher Gelegenheit den vielfältigen Gottheiten darzubringen sind; sogar der Buddhismus kennt die Pflicht zu Gebet und Opfer, freilich in vergeistigter Weise, denn Tieropfer lehnt der Buddhismus kategorisch ab.[1] Hingegen opfert man im Islam noch heute anlässlich der Wallfahrt nach Mekka Schafe und Kamele; dieses Tieropfer, im Koran *qurban* genannt, bringen auch die Daheimgebliebenen am ersten Tag des Pilgerfahrtsfestes dar. Ferner gibt es den Brauch, dass ein wohlhabender Moslem vor einem Hausbau einen Hammel schlachten und dessen Blut auf den Bauplatz fließen lässt.[2] Sogar bei den Juden, die seit der Zerstörung des Tempels keine Tieropfer mehr haben, wurden verschiedene Ersatzopfer eingeführt, *Kaporoth* genannt. Die Aufzählung von Opferbräuchen in den nichtchristlichen Religionen ließe sich fortsetzen bis hin zu den neuen Sekten und Kulten.

Die Grundstimmung ist überall dieselbe. In all den Opferriten der Religionen scheint es immer um eines zu gehen: um ein Günstigstimmen der Götter angesichts der eigenen Ohnmacht, um eine Beschwichtigung der Götter im Bewusstsein der eigenen Schuld. Kultische Opfer haben also etwas mit dem menschlichen Gefühl von Schuld oder Nichtigkeit zu tun. Schuldgefühle sind keine Erfindung der Religion, vielmehr sind die Religionen deshalb da, um zu helfen, sie zu bewältigen. Die Tiefenpsychologie sieht in der Erfahrung von Sünde eine Grundgegebenheit der menschlichen Existenz, auch wenn sie den Ursprung dieser Schuldgefühle auf verschiedenste Weise zu deuten versucht. Tatsache ist, dass man »geradezu von Schuld als Urgegebenheit und Sühne als Urbedürfnis der Menschen sprechen«[3] kann. Auch der christliche Glaube kennt die grundsätzliche Erlösungsbedürftigkeit des Menschen aus der Situation eines von Grund auf belasteten Gottesverhältnisses und spricht hier von »Erbschuld«. Die Bewältigung von Schuldgefühlen gegenüber den Göttern scheint der Ursprung des Opferkultes zu sein. Im vorchristlichen Raum ist dabei die Reinigung durch Blut von Tieren, manchmal sogar von Menschen, von großer Bedeutung. Jedenfalls ist die Opferpraxis eine der großen Selbstverständlichkeiten der meisten Religionen.

Wir können hier nur einige Blicke auf die nichtchristlichen kultischen Opfer- und Sühneriten werfen, vor allem auf jene der Antike. Dabei fragen wir vor allem, welches Verhältnis zwischen der christlichen Idee von Sühne, von Christus als der »Sühneplatte« (Röm 3,25), und den heidnischen Opferkulten der Religionen besteht. Das ist schon deshalb von Interesse, da ja die heutige Theologie die Sühne nur als eine von vielen Möglichkeiten betrachtet, den Tod Jesu zu deuten.[4] Man behauptet auch, der Opfer- und Sühnebegriff sei eine archaische Form der Religiosität und werde vom heutigen Menschen als heidnisch und mythologisch empfunden und sei deshalb aus der theologischen Sprache zu tilgen.

Wir brauchen also eine gewisse Kenntnis des heidnischen Opferkultes, um im Kontrast dazu das christliche Verständnis zu erfassen. Es möge sich dann erweisen, ob der Opfergedanke wirklich ein heidnisches Relikt ist, das gänzlich auszumerzen ist, oder ob sich hier vielleicht die göttliche Offenbarung zwar der natürlichen religiösen Formen bedient, sie aber durch den Sühnetod Christi im Kern durch und durch reinigt und läutert.

3.2 Der Opferkult in der nichtchristlichen Antike

Zur Zeit Christi sind Opfer eine Selbstverständlichkeit. In Apg 14,8–18 lesen wir, wie die Bevölkerung der kleinasiatischen Stadt Lystra die christlichen Missionare Paulus und Barnabas, nachdem diese ein Heilungswunder vollbracht hatten, für Götter hält. Einem Gott aber gebührt offensichtlich ganz selbstverständlich die Ehre eines Opfers. So lesen wir, dass der Priester des Tempels des Zeus mit Kränzen geschmückte Stiere herbeibringt, um diese den beiden vermeintlichen Göttern zu opfern. Diese Begebenheit belegt, dass in der gesamten antiken Kultur die Opferpraxis eine selbstverständliche Gepflogenheit war.

Zahlreiche Zeugnisse des Opferkultes sind uns aus der griechischen Kultur überliefert. Die Griechen verehrten eine bunte Schar von Gottheiten, von denen jede auf ihre eigene Weise geehrt werden wollte. Man kannte verschiedene Formen von Opfergaben, die man entweder als Sippe oder als Privatperson anlässlich bestimmter Feste dem jeweiligen Gott darbrachte. Für den »normalen« Umgang mit den Göttern dürften unblutige Opfergaben und Weihegeschenke ausgereicht haben: Aus Anlass einer glücklich verlaufenen Reise, eines Sieges bei Wettspielen, der Rückkehr eines verloren geglaubten Sohnes usw. opferte man Erstlingsfrüchte, Honigkuchen, Äpfel und Wein, bei Heilungen auch die Nachbildungen des geheilten Körperteiles. Auch Räucheropfer von Zedernholz oder Weihrauch sind überliefert, ebenso wie Geld und Preziosen.

Die höchste und feierlichste Form bestand in der blutigen Opferung von Tieren. Die Epen Homers, die man die »Bibel der Griechen« nennen kann, schildern uns einige Beispiele solcher Schlachtopfer mit anschließendem Opfermahl, aus denen sich Sinn und Verlauf gut rekonstruieren lassen.[5] Als Erstes wählte man je nach Anlass, je nach Gottheit und vor allem je nach den finanziellen Möglichkeiten des Opfernden ein Tier. Das häufigste Opfertier war sowohl bei Griechen wie Römern das Schaf, aber auch Ziegen, Rinder, Schweine und Geflügel wurden verwendet. So erinnert etwa der sterbende Sokrates noch mit seinen letzten Worten daran, »dass er dem Asklepius noch einen Hahn schuldig ist«.[6] Wichtig war, dass es sich um ein fehlerfreies junges Exemplar einer essbaren Haustierart handelte; Wild war nicht zugelassen. Man bekränzte sich und das Tier, wohl um auszudrücken, dass das eigene Leben mit dem des Opfertieres verbunden ist. Dann wurde das Tier vor den Altar – oft eine Art gemauerte Feuerstelle – gebracht. Man besprengte das Tier mit Wasser, sodass es zurückzuckte; diese Kopfbewegung deutete man als zustimmendes Nicken, so als wäre das Tier freiwillig bereit, für die Umstehenden geopfert zu werden.

Die Tötungsaktion bestand dann darin, dass man dem Tier die Kehle durchschnitt, sodass aus der Halsschlagader das Blut hervorschoss; mit dem aufgefangenen Blut besprengte man den Altar. Unter Gebeten und Anrufungen wurden die wertlosen Teile auf dem Altar verbrannt, meist Knochen und Fett, während man die Fleischteile röstete und bei einem großen Mahl selbst verzehrte. Einen Teil überließ man der Priesterschaft des Tempels, war dann noch Fleisch übrig, wurde es wohl mit nach Hause genommen oder auf dem Markt zum Verkauf angeboten. W. Burkert hat die Tieropfer der Griechen als »ritualisiertes Schlachten mit nachfolgender Fleischmahlzeit« bezeichnet.[7] Das erklärt auch, warum solche Tieropfer nicht nur dann dargebracht wurden, wenn es um die ausdrückliche Sühne von Schuld, von Verstößen gegen den tradierten Sittenkodex oder die religiöse Ordnung ging. Homer etwa erzählt in der Odyssee von einem häuslichen Opfermahl, mit dem der Schweinehirte Eumaios den als Bettler verkleideten, noch nicht erkannten Odysseus bei sich aufnimmt; das »Opfer« ist hier bloß ein ritualisiertes Essen.[8]

3.3 Opfer als magischer Tauschhandel

Was waren die inneren Beweggründe für das Opfer im Heidentum? Das ursprüngliche Motiv solcher Opferhandlungen kommt schon in dem griechischen Wort *hiláskomai* zum Ausdruck, das für die Darbringung von Sühneopfern verwendet und heute mit »sühnen« übersetzt wird. Dieses geht auf das Adjektiv *híleos/hílaos* zurück, was so viel wie »heiter«, »freundlich« bedeutet. Die Erfahrung lehrte den Menschen, wie sehr er von den höheren Mächten abhängig war, ausgeliefert an das Wohlwollen der Götter, die ihm Gesundheit, Wohlergehen und Lebensglück schenken oder entziehen konnten. Eine Grundstimmung der Angst vor der Elementarmacht der unheimlichen Götter beherrschte den vorchristlichen Menschen. Dabei waren es nicht nur die menschlichen Verfehlungen, die den Zorn der allgewaltigen Götter provozieren konnten, nein, die Götter selbst waren launisch und unberechenbar. Sie konnten den Menschen aus reiner Willkür prüfen und strafen. Deshalb musste man von sich aus alles tun, um eine solche Missstimmung zu vermeiden. Man musste die Himmlischen bei Laune halten, sie »heiter« stimmen: *hilaskomai*! Nach Plato, der die Opfer mit trefflichem Spott als Bestechungsversuche hinstellt, ist es die Hauptaufgabe des Kultes, die Götter *híleo poiein* (»heiter zu machen«).[9]

Das Opfer sollte den Fluch der Götter bannen oder ihn vorbeugend abwehren. Das war der magische Verständnishorizont des antiken Opferkultes. Als Magie sind auch die anderen kultischen Handlungen, die von Gebeten, Tänzen, Festbräuchen bis hin zu Menschenopfern reichen konnten, zu verstehen. Menschenopfer waren in verschiedenen Kulturen weit häufiger verbreitet, als man annehmen möchte, wurden freilich nur praktiziert, wenn man aufgrund eines lang anhaltenden Unglücks fürchtete, dass eine Stadt oder ein Land nur durch solche Maßnahmen zu retten sei. Erst in römischer Zeit, nämlich 97 vor Christus, erfolgte ein gesetzliches Verbot von Menschenopfern.[10] Homer erzählt mehrmals von Menschenopfern. Die Begebenheit mit der im letzten Augenblick durch die Göttin Artemis geretteten Iphigenie, welche der eigene Vater Agamemnon opfern wollte, hat viele Dichter von Euripides über Racine und Goethe inspiriert. In der Neuzeit stellte Gerhart Hauptmann ausdrücklich das Ringen um die »Versöhnung« der zürnenden Götter in den Mittelpunkt seines Dramas »Iphigenie in Aulis«.

Wir haben als Motiv schon genannt, dass die Menschen die Götter durch ihre Opfer freundlich stimmen wollten. Interessant ist, dass in einem Text aus dem 6. Jahrhundert vor Christus das Opfertier *pharmakós* genannt ist,[11] was mit »Sündenbock« übersetzt wird, wörtlich aber so viel wie »Heilmittel« bedeutet. Das geopferte Tier ist deshalb »Heilmittel«, weil es die Missstimmung zwischen den Göttern und den Menschen heilen soll. Der Tod des Opfertieres zu Ehren der Gottheit soll den »Zorn« der Himmlischen in »Heiterkeit« verwandeln; es soll magisch auf Gott einwirken und seine Missstimmung heilen.

Doch wie stellte man sich die Wirkung auf die Götter vor? Wodurch werden die Götter eigentlich freundlich gestimmt? Ist es der Wert der dargebrachten Opfergabe? Oder möchte man die Götter mit einem Opfermahl sättigen? Tatsache ist, dass der Gottesanteil bei den heidnischen Tieropfern zur Hauptsache nur aus den unverwertbaren Teilen wie Knochen, Fett und Haut bestand, abgesehen vom Blut, das auf den Altar gegossen oder gesprengt wurde. Der Opferakt der feierlichen Schlachtung mündete in ein opulentes Mahl des Opferfleisches ein, an dem die Opfernden, geladene Gäste und auch die Priesterschaft teilnahmen. Nur sehr selten, nämlich bei besonderen Sühneritualen, wurde das Tier zur Gänze verbrannt. Das Wertvolle an den Opfergaben blieb also ganz den Menschen; den Göttern fiel vom Mahl offensichtlich nur der Rauch des Opferfeuers und der aufsteigende Gestank der verbrannten Gabe zu, der »Genuss«[12] am Mahl kann also nur schwerlich als Götteranteil verstanden worden sein. Man nimmt daher an, dass das Leben des Tieres als die entscheidende Opfermaterie angesehen wurde: Was den Göttern als Geschenk zugedacht war, war die Preisgabe des unschuldigen Lebens durch den Akt der Tötung, nicht das verbrannte Fleisch und auch nicht das Mahl als solches. Freilich spielte die Vorstellung, mit den Göttern beim Opfermahl in einer Art »Tischgemeinschaft« vereint zu sein, eine gewisse Rolle. Das Opfer bewirkte jedenfalls eine Art Lebensgemeinschaft mit den Göttern, durch die man allfällige Konflikte ausräumen wollte.

Den antiken Opferriten liegt eine überaus vermenschlichte Vorstellung über das Verhalten der Götter zugrunde: Sie, die allgewaltig über die Elementarmächte und das Schicksal jedes Einzelnen herrschen, müssen mit Geschenken und Gaben bei Laune gehalten werden. Das Opfer war eine Art Handel mit dem jeweiligen Gott: »Ich gebe dir etwas Wertvolles, damit du mir etwas gibst!« Man hat diese Mentalität mit der lateinischen Kurzformel *do ut des* beschrieben: »Ich gebe, damit du gibst!«[13] Bei diesem Tauschgeschäft opferte man das Leben eines anderen, eines Tieres oder in

Einzelfällen auch menschliches Leben, um sich das Wohlwollen der Götter zu erkaufen. Interessant ist, dass mit dem Aufkommen der Philosophie eine Vergeistigung des Denkens eintrat, die sich auch auf die Auffassung vom Opfer niederschlug. Das grundsätzliche Ja zum Opfer bleibt, aber man fordert »Logos-gemäße Opfer«, also Opfer, die Sinn (griechisch: *logos* – »Sinn, Wort«) machen. Die Opfer sollen der Vernunft entsprechen. Paulus scheint diese Forderung in Röm 12,1 in einem christlichen Sinn aufzugreifen, wenn er die Gemeinde auffordert, sich als lebendige, heilige und gottgefällige Opfergabe darzubringen: »zu einem Logos-gemäßen Gottesdienst«.[14] Das heißt: Der Gottesdienst soll vernünftig und sinnvoll sein. Die frühen christlichen Autoren, die ja den heidnischen Kult radikal ablehnten, konnten sich jedenfalls in ihrer vergeistigten Sicht des Opfers auch schon auf die griechische Philosophie berufen.

Der Wert des Opfers liegt bei den heidnischen Kulten in der stellvertretenden Hingabe von etwas, über das der Mensch keine Verfügung hat, nämlich im Leben des geopferten Tieres. Diese unverfügbare Gabe opfert man den Göttern, weil man dabei etwas haben will: beispielsweise Gesundheit, Geschäftserfolg, Fruchtbarkeit, göttliche Hilfe in einer Notsituation oder auch Abwendung von Schuld. Das Gefühl der Abhängigkeit von einem allgewaltigen Götterhimmel führt somit zu einer Praxis, die man »magisch« nennen muss. Das Opfer ist Mittel der Magie. Im Letzten ist das heidnische Opfer die Verzweiflungstat des Menschen, der die Liebe Gottes nicht kennt, wie Christus sie uns geoffenbart hat. Der Mensch opfert aus dem Gefühl völliger Abhängigkeit heraus: Bedrängt von dunklen Schicksalsmächten, von Dämonen und Totengeistern, von Krankheit und Tod, von unberechenbaren und zürnenden Göttern will er mit dem Opfer die jenseitigen Mächte beschwören. Das Opfer soll ihr Wohlwollen erkaufen und ihre Willkür bannen.

4. Opfer und Sühne im Judentum

4.1 Das Alte Testament als Urbild

Alle religiösen Übungen, die heute den Christen teuer sind und als Sühnewerke gelten, finden sich im Alten Testament vorgebildet: Gebet, Fasten, Ertragen von Leiden, Almosen ... Aus den Wurzeln der ersten Offenbarung Gottes an Israel nährt sich bis heute die Frömmigkeit der Christen. Hier schafft Gott erstmals einen einzigartigen Bund mit den Menschen und gibt seinen Namen kund. Das Alte Testament mündet in die Menschwerdung Gottes in Jesus Christus, der dieses nicht abschafft, sondern erfüllt und überhöht. Da nach der Auffassung der Kirche der Alte Bund nie widerrufen worden ist,[1] muss die Persongestalt Christi, seine Verkündigung und sein Wirken bis hin zu Leiden, Kreuz und Auferstehung, im Licht dieser ersten Gottesoffenbarung begriffen werden. Gerade beim Thema »Sühne« ist der Blick auf die vorchristliche Gottesoffenbarung schlechthin unverzichtbar. Nicht nur, weil alles, was damit verbunden ist, vom Bund *Jahwes* mit den Menschen her verstanden werden muss: Sünde, Stellvertretung und Vergebung, sondern auch weil die frühe Kirche Christus vom Horizont des Alten Testamentes her begriff und nur so begreifen konnte.

Die Urkirche verstand den Schrecken des Kreuzes Christi und die Ereignisse von Ostern ganz von den alttestamentlichen Texten her. Immer wieder zeigt sich der Bezug zur Quelle des Alten Testamentes, etwa wenn es in einer der ältesten Formeln über die Auferstehung heißt, dass dies alles »gemäß der Schrift« (1 Kor 15,3) geschehen sei. Das

Kreuzesleiden Christi wurde ausdrücklich als die Erfüllung der »Schrift« (Mt 26,54) verstanden. Die Schrift, das war aber für die Juden nie ein bloß *abstraktes* religiöses Erbauungsbuch, sondern das »Gesetz«, das über weite Strecken *konkrete* Anweisungen gab, wie man sich im Bund mit Gott zu verhalten habe. Die Schrift formte Israel zu einem religiösen, staatlichen und kulturellen Ganzen. Sie fand ihren Ausdruck in einer umfassenden Lebensform, in der Alltagsleben und Religion eins waren. Man muss diese reale Lebenswelt Israels kennen, um zu verstehen, was es bedeutet, dass Christus die Erfüllung der alttestamentlichen Schriften ist. Sichtbar wird die Bedeutung der jüdischen Lebenswelt schon dort, wo Paulus Jesus als *hilastérion* bezeichnet (Röm 3,25), also mit jenem Fachbegriff, der nur von der Kenntnis des Sühnekultes im Jerusalemer Tempel her verständlich ist. Noch umfangreicher fällt diese Bezugnahme auf das Alte Testament in dem für die Judenchristen verfassten Hebräerbrief aus: Dort wird das Geheimnis Christi überhaupt ganz in den Kategorien der Opferrituale beschrieben, um damit freilich auch zu sagen, dass der alte Kult durch Christi Selbstopfer ein für alle Mal überholt und abgeschafft ist.

Sühne, die Art wie man sich – durch Kult und Frömmigkeit – recht und richtig gegen Gott verhält, war eines der bestimmendsten Themen für die Lebenswelt des Alten Testamentes. Im Opferkult des Tempels wurde die Sühne über Jahrhunderte zeremoniell vollzogen. Und wir werden zeigen, dass die Logik des Kreuzes (vgl. 1 Kor 1,23) etwas war, das dem frommen Juden auf den ersten Blick zur Verstörung, ja zum Ärgernis werden musste; auf den zweiten Blick sich aber gerade als die Erfüllung dessen zeigte, was eben schon – und nur – in der alttestamentlichen Offenbarung vorhanden war, nämlich die endgültige Versöhnung mit Gott. Das Alte Testament ist daher für das Verständnis des Neuen unverzichtbar, das gilt gerade beim Thema »Sühne«.

Mit dem alttestamentlichen Sühnegedanken sind auch viele andere Bereiche verquickt: das besondere *Gottesverhältnis*, das sich aus der Offenbarung des einen und einzigen Gottes *Jahwe* ergab; die *Bundestreue*, die der Sünde eine neue Qualität gab; schließlich der *Opfergedanke* und der konkrete rituelle *Opferkult*. Opfer wurden in Israel schon von Anfang an praktiziert, aber nach dem Exil im Zweiten Tempel bis zu dessen Zerstörung im Jahr 70 nahm der Kult ungeheure Ausmaße an. Typisch für die Glaubenswelt Israels war es auch, dass es eine *Priesterkaste* gab. Ein eigener Priesterstamm, die Leviten, hatte den Opferdienst im Tempel zu versehen. Auch der Begriff des *Altares* stammt aus dem Alten Testament und wurde von dort in die christliche Liturgie übernommen. Auf dem Altar verbrannte man das Fleisch der Opfertiere, zumindest bestrich man die erhöhten Ecken der Altarplatte, die sogenannten »Hörner des Altares«, mit Blut. Das hebräische Wort für Altar, *mizbeach*, bedeutete ursprünglich »Schlachtstätte«. Tatsächlich ist die Welt des Alten Testamentes gerade dort, wo sie die christliche Vorstellung von Opfer und Sühne zutiefst geprägt hat, vielfach unbekannt; auch das ist ein Grund, warum Sühne unseren heutigen religiösen Vorstellungen so fremd geworden ist. Ohne den Rückgriff auf den Glauben Israels ist es nicht möglich, den Sinn der christlichen Sühne zu begreifen.

4.2 Die Nähe Gottes und der Bund

Zunächst muss das Einzigartige betont werden, das mit dem Alten Testament anhebt: Es ist das Einbrechen der Offenbarung Gottes. Von außen gesehen hat Israel viel gemeinsam mit anderen Religionen: Kultstätten, Priester, Opfer, Schriften, Gebete und religiöse Erfahrungen, die weitertradiert werden. Und doch ist etwas anders, etwas, das die

Religiosität von allen anderen unterscheidet: »Welche große Nation hätte Götter, die ihr so nah sind, wie *Jahwe*, unser Gott, uns nah ist, wo immer wir ihn anrufen?« (Dtn 4,7). Das ist der Kern des Glaubens Israels: Gott kommt in einer Art Selbstbewegung dem Menschen ganz nahe. Diese Nähe zum Menschen geht von Gott aus. Er ist es, der von sich her an den Menschen herantritt und die Initiative ergreift: Er *offenbart* sich dem Menschen, gibt sich einen Namen, zeigt Interesse und Sorge für dieses Volk, indem er es »mit starkem Arm« leitet und mit Worten der Weisung beschenkt. Anders als in den Religionen, in denen der Mensch sich tastend und transzendierend aufmacht, die Rätsel des Jenseits zu lösen, ist der Gott Israels immer selbst initiativ. Im Alten Testament wird Gott »erfahren«, weil er den Menschen selbst »anfährt«. Von den meisten Führungsgestalten und Propheten überliefert die Schrift sogar, wie sie im Innersten überrascht, berührt und erschrocken sind, als Gott an sie herantritt.[2] Die persönliche und fürsorgende Nähe, die Gott in eigener Initiative – und das scheint das Wesen der biblischen Offenbarung – sucht und herstellt, wird von Israel mit Stolz als Bund verstanden.

Von großer Bedeutung ist, dass die Initiative von Gott ausgeht; sie stellt aber den Menschen in die Pflicht der Antwort; nur der ist dieser Nähe Gottes würdig, der in eine antwortende Beziehung mit *Jahwe* tritt und seine Weisungen befolgt. Diese persönliche Beziehung, in der sich jeder Israelit Gott gegenüber verpflichtet weiß, trägt den Namen »Bund« (hebräisch: *berit*). Der Bund wird als etwas so Einzigartiges begriffen, dass er das »Leben« Israels bedeutet; ohne den Gottesbund wäre für den Gläubigen nur das »Nichts«, die sinnlose Verfallenheit an nichtige Mächte. Den Göttern der Heiden hält der Prophet Jesaja entgegen: »Seht, ihr seid nichts, euer Tun ist ein Nichts; einen Gräuel wählt, wer immer euch wählt« (Jes 41,24). Leben hat Israel nur in der

Gottesgemeinschaft, weshalb es immer wieder heißt, dass der Mensch, der die Gebote hält, »durch sie leben« wird. Gott hat durch seinen Bund Israel vor die Wahl gestellt; es mag nun »Tod und Leben« wählen: »Hiermit lege ich dir heute das Leben und das Glück, den Tod und das Unglück vor!« (Dtn 30,15). Der Tod ist der Fluch, der im Bruch des Bundes liegt; hier setzt der Begriff der »Sünde« an.

Israel steht also unter der Faszination, dass Gott sich ihm genähert hat. Jene Macht, die dem religiös suchenden Menschen so unbekannt und fern, so dunkel und bedrohlich scheinen muss, hat sich hier als einer geoffenbart, der die Nähe, ja mehr noch: der einen Bund mit Israel sucht. Zwischen dem *Jahwe*-Gott und dem Menschen herrscht kraft dieses Bundes *Schalom*, was weit mehr bedeutet als »Frieden«. *Schalom* ist der Ausdruck für das religiös erfüllte Lebensglück schlechthin. Der *Schalom*-Friede bedeutet die Gewissheit, dass im Jenseits keine feindliche und beängstigende Macht lauert, sondern der eine Gott *Jahwe*, der der Schutzherr Israels sein will, der mit starkem Arm für sein Volk sorgt und ihm Ruhe vor all seinen Feinden garantiert. In diesem Bund gibt es freilich kein Gleichgewicht, denn Gott bleibt immer der mächtigere Partner; dennoch macht sich Gott durch die persönliche Nähe und Sorge, die er hier für Israel übernommen hat, verletzlich; in gewisser Weise liefert er sich den Menschen aus.

4.3 Die Wucht der Sünde

Die personale »Intimität« des Bundes ermöglicht erst den Bruch und damit das, was »Sünde« von bloßer »Schuld« unterscheidet. »Schuld« gibt es in allen Kulturen und Religionen, wo eine sittliche Ordnung oder ein konventionelles Wertesystem Geltung hat. Wenn man sich gegen diese Ordnung verfehlt, lädt man »Schuld« auf sich: Schuld gegenüber der Gesellschaft, Schuld gegenüber dem System. Die Ordnung, gegen die man verstößt, ist etwas Unpersönliches; deshalb sieht man die negativen Auswirkungen eines Vergehens immer aufseiten des »Selbst«: Schuld ist »Selbstbelastung« und nicht etwa Beleidigung der Ordnung. »Sünde« hingegen setzt einen persönlichen Gott voraus, ist ein Vergehen innerhalb einer personalen Beziehung. Hier wirkt sich das Vergehen nicht bloß beim Sünder aus, sondern es trifft auch das Gegenüber, also Gott: Es beleidigt ihn, stößt ihn zurück. Hans Urs von Balthasar hat darauf aufmerksam gemacht, dass es »Sünde« deshalb nur in den »biblischen« Religionen gibt, die einen personalen Gott kennen.[3] In der östlichen Religiosität, wo das Gegenüber von Gott und Mensch fehlt, gibt es keine Sünde, sondern nur Schuld: Wer die Gesamtharmonie der kosmischen Kräfte stört, lädt »Schuld« auf sich. Als schlechtes Karma haftet diese so lange an ihm, bis er sich selbst davon gereinigt hat. Weil es in dieser östlichen Weltsicht kein göttliches Gegenüber gibt, gibt es nur Schuld und keine »Sünde«; jedoch gibt es ebenso wenig eine von Gott gewährte Vergebung der Sünde. Mit dem schlechten Karma muss man selbst fertig werden.

Es ist wichtig, das Wesen der Sünde von dieser Bundesnähe her zu begreifen: Je tiefer eine Beziehung ist, je näher man sich steht, desto mehr kann man sich auch enttäuschen und verletzen. Gerade weil Gott in diesem Offenbarungsereignis den Menschen personal gegenübergetreten ist, haben sie die Möglichkeit, ihn zu treffen und zu verwunden. Das bedeutet: Israel hat eine Ordnung, ein »Gesetz«, doch dieses ist keine unpersönliche Wertordnung, sondern hinter dem »Gesetz« steht der lebendige Gott selbst; deshalb ist jede Übertretung des Gesetzes »Sünde« im eigentlichen Sinne. Die Verletzung des Gesetzes ist Verletzung Gottes. Der beste Bürge für diese Sicht von Sünde ist Paulus, der den Bund geradezu als Voraussetzung für die Möglichkeit von Sünde versteht! Für Paulus gilt gleichsam: Wo kein Bund, da keine Sünde! So kann Paulus etwa von den Heiden außerhalb des Bundes nur deshalb sagen, dass auch sie »unter der Sünde« (Röm 3,9.23; vgl. 5,12) sind, weil er auch für sie ein bundesähnliches Verhältnis zu Gott annimmt: Er argumentiert, dass auch die Heiden in einer naturhaften Beziehung zu Gott stehen, sodass sie Gott aus den Schöpfungswerken erkennen konnten (vgl. Röm 1,20); außerdem hat Gott ihnen von Natur aus ein sittliches Gesetz ins Herz geschrieben (vgl. Röm 2,15). Nur weil es diese Art von naturhaftem »Bund« Gottes mit den Heiden gibt, kann Paulus auch sie als Sünder verstehen (vgl. Röm 7,7–12). Diese »Umständlichkeit« beweist, wie bedeutungsvoll das Gottesverständnis Israels für das Verständnis von Sünde ist. »Sünde« – im Unterschied zu »Schuld« – gibt es nur, weil Gott persönlich ist und sich im Bund frei in eine Beziehung mit den Menschen einlässt.[4]

Der biblische Sündenbegriff ist gerade wegen der Bundesnähe Gottes dramatisch zugespitzt: Dem heutigen Verständnis von Sünde widerspricht er völlig. Sünde ist im Alten Testament nicht der Verstoß gegen bürgerliche Bravheit oder das Übertreten konventioneller Tabus, »das niemandem wehtut«. Sünde trifft nach dem biblischen Verständnis direkt das Herz Gottes, ist ein Schlag in sein Gesicht, ist eine Verletzung seiner Heiligkeit. Aus der positiven Erfahrung des Bundes erwächst also die Möglichkeit des negativen Verhaltens, die Möglichkeit der Sünde. Gerade die intime Nähe, die Gott kraft seiner Offenbarung hergestellt hat, macht diesen Sündenbegriff so scharf.

Es hängt nun gerade auch vom Menschen ab, ob der Zustand des Gottesfriedens erhalten bleibt oder nicht. Wenn der Mensch sich in Untreue von den Weisungen und Geboten Gottes abwendet, bricht er von sich her den Bund und beschwört damit einen Konflikt mit seinem göttlichen

Bundespartner herauf. Der Bruch geht vom Sünder aus und stellt gleichsam einen »Angriff« auf den Friedenszustand dar, der nur zuungunsten des Menschen ausgehen kann. Jeder Verstoß gegen die Bundessatzungen ist deshalb für den Menschen »tödlich«. Paulus spricht in diesem Zusammenhang vom »Tod«, den die Sünde gebracht hat (Röm 5,12–14). Sünde ist ein Todeszustand. Gott aber will nicht den Tod des Sünders, sondern seine Bekehrung (vgl. Ez 33,11); deshalb reagiert er heftig auf die Sünde.

Die Reaktion Gottes auf den Bundesbruch ist der Zorn. Dies ist ein weiterer Aspekt der biblischen Theologie, der uns heute schwer verständlich ist. Es ist zuerst wichtig, den Zorn Gottes nicht als Willkür und Rachelust zu verstehen, sondern als Reaktion des Verletztseins. Gott kennt die Mäßigung und den Großmut; er versteht es, auf seine Macht, Vergeltung zu üben, zu verzichten (vgl. Hos 11,8 f.; Weish 11,21–12,2). Entscheidend ist aber, dass die Bundesnähe den Menschen verpflichtet, von sich her zu handeln, damit der Bund geheilt wird. Der Mensch ist in die Pflicht genommen, die Verletzungen Gottes wiedergutzumachen; er muss selbst aktiv werden, um das geschehene Unrecht zu entkräften. Einen glücklichen Ausweg gibt es für den Sünder nur dann, wenn er von sich her die verwundete Liebe Gottes heilt, Zeichen setzt, um den Zorn zu versöhnen. Da sich Sühne auf das Abtragen von Sünde bezieht, ist es unerlässlich, den geschärften Sündenbegriff der Bibel zu erfassen; sonst bleibt die tiefe Sehnsucht nach Buße und Sühne unverständlich. Das Alte Testament ist voll von reuigen Geständnissen, Bußpsalmen und Bußgebeten, die den tiefen Schmerz über die Untreue zu Gott bezeugen.

Der Sünder wiederum weiß, dass der Zorn Gottes eine Form von dessen Versöhnlichkeit ist, denn er weiß, dass Gott von sich her Frieden stiften will. Er weiß sich deshalb nicht nur in die Pflicht genommen, alles zu tun, diesen

Gottesfrieden wiederherzustellen, sondern auch die Mittel zu ergreifen, die Gott ihm dazu bietet; denn der Gott Israels kommt dem Sünder entgegen und schenkt ihm etwas, um von sich her auf Vergebung hinzuwirken: Das ist die Sühne. Norbert Hoffmann drückt dieses Angebot Gottes so aus: »*Jahwe* vergibt (im alttestamentlichen Vollsinn) die Sünde, indem er dem Sünder die Möglichkeit gibt, sie zu sühnen.«[5] Es gehört deshalb zur Frohbotschaft des Alten Testamentes, die gerade in der dunklen Zeit nach dem Exil besonders laut wird, dass Gott dem Menschen ermöglicht, wieder mit ihm ins Reine zu kommen. Der Ursinn von Sühne leuchtet hier auf: Sie bedeutet nicht, wie im bürgerlichen Strafrecht, eine Übel zufügende Strafvergeltung, sondern die barmherzige Errettung durch Gott aus dem drohenden Verderben. Sühne ist der Weg zu Vergebung und neuem Leben. Die Perspektive ist die der Hoffnung, dass nicht nur die drohende Strafe abgewendet, sondern auch neues Leben in der Gottesbeziehung geschaffen wird.

In der sogenannten »Priesterschrift«[6], deren Urform aus der Zeit nach dem babylonischen Exil stammt, wird die Sühne besonders betont. Das ganze »Buch Levitikus« ist priesterschriftlichen Inhalts und besteht fast ganz aus Vorschriften für den Kult für die Priester aus dem Stamme Levi. Dem Sühnekult kam nach dem Exil eine besondere Bedeutung zu, denn der Fall Jerusalems und die Zerstörung des Tempels unter Nebukadnezar wurden als Folge der Untreue Israels verstanden (vgl. Jer 7,12–15; Ez 9–10). Wie kann man künftig solche Katastrophen verhindern? Wie kann man Gott in rechter Weise dienen? In der Priesterschrift wird Gott in auffälliger Weise mit dem Begriff der »Heiligkeit« in Verbindung gebracht: »Seid heilig, denn ich, der Herr, euer Gott, bin heilig« (Lev 19,2), heißt es im sogenannten »Heiligkeitsgesetz« (Lev 17,1–26,46). Gott ist »heilig«, bedeutet einerseits die Transzendenz Gottes, seine Erhabenheit und

Überweltlichkeit; die »Heiligkeit« Gottes ist aber noch mehr die »Herrlichkeit« Gottes, an der Israel durch Gesetzestreue teilhaben darf.

Es geht im Tempelkult daher nicht nur darum, Gottes gewalttätigen Zorn zu beschwichtigen. Vielmehr weiß sich der endliche Mensch, der dem erhabenen »heiligen« Gott gegenübersteht, eingeladen und verpflichtet, durch die von Gott angebotene Befolgung der Rituale an der Heiligkeit Gottes teilzuhaben. Dazu muss er kultisch rein sein, und das soll durch eine Fülle ritueller Regeln, vor allem aber durch den großen Opferkult im Tempel bewerkstelligt werden. Entscheidend ist, um es nochmals zu betonen, die Theologie des Bundes, denn nur innerhalb des verletzlichen Miteinanders von Gott und Mensch wird die Dramatik der Sünde einsichtig; nur innerhalb dieses freien Gegenübers von Gott und Mensch wird erkennbar, warum Israel die Sühne nicht als niederdrückende Last, sondern als ein Angebot der Barmherzigkeit Gottes freudig annehmen und bejahen konnte.

4.4 Der Opferkult in Israel

Schon in der vorexilischen Zeit kannte die Religion Israels den Brauch der Opfer, sowohl der unblutigen Trank- und Speiseopfer als auch vor allem der blutigen Tieropfer. Die Belegstellen sind zahlreich;[7] sie zeigen auch, dass es zunächst verschiedene Kultorte, Altäre, Heiligtümer und Tempel gab, an denen Gott geopfert wurde. Der Abfall Israels von *Jahwe* bestand meist darin, dass man fremden Gottheiten Opfer brachte. Auf diese schlimmste Form des Bundesbruches und der Blasphemie stand der Tod.[8] Es gab verschiedene Anlässe und Sinnebenen des Opfers im Alten Testament und folglich auch verschiedene Arten von Opfern. So gibt es für jede Form des Opfers sogar eigene hebräische Ausdrücke: *zebach* für Schlachtopfer, *schelem* für Heilsopfer, *olah* für Brand- oder Ganzopfer, *minchah* für Speiseopfer, *todah* für Dank- oder Lobopfer, schließlich *chat'at* bzw. *ascham* für Sünd- und Schuldopfer. Schon die Fülle der verschiedenen Ausdrücke lässt die lebensprägende Bedeutung des kultischen Opferwesens erahnen.[9]

Bereits in den ältesten Schriften des Alten Testamentes finden sich Beschreibungen von Opfern, etwa die Opferkonkurrenz zwischen dem Ackerbauern Kain und dem Schafhirten Abel in Gen 4,1–24. Dieses Opfer endet mit dem Brudermord, weil Gott zwar das Tieropfer Abels angenommen hatte, nicht aber das Opfer von Feldfrüchten, das Kain darbrachte. Diese Stelle wird dem sogenannten »Jahwisten« zugeschrieben; sie dürfte darauf hinweisen, dass die blutigen Tieropfer immer mehr zur Hauptform des Opfers in Israel wurden.[10] Es gab aber auch eine Reihe von unblutigen Opfern, bei denen man Mehl, Kuchen, geröstete Körner, Honig, Brot und Ähren, Salz und Olivenöl usw. darbrachte. Bald aber wurde das Lamm zum wichtigsten Opfertier. Heute nehmen die meisten Forscher an, dass dem Brauch des *Paschalammes* ein alter Hirtenbrauch zugrunde liegt: Im Frühjahr, beim Weidewechsel, habe man rituell ein erstgeborenes Lamm geschlachtet und geopfert. Nach der Landnahme bildeten sich schon bald Heiligtümer, Tempel mit eigener Priesterschaft, an denen ein reger Opferbetrieb herrschte. Ursprünglich durfte man nach Ex 20,24–26 wohl überall Opfer darbringen; im Laufe der Zeit gingen aber viele Heiligtümer unter. König Joschija zentralisierte den Kult im Rahmen einer großen religiösen Reform im Jahr 621 vor Christus in Jerusalem.[11] Es setzte sich die Meinung durch, dass es für *ein* Volk nur *einen* Altar geben dürfe (2 Chr 32,12).

Zum Ritual der Tieropfer, die im Tempel dargebracht wurden, gehören von frühester Zeit an folgende Elemente: Der Gläubige musste dem Opfertier seine Hände auf den

Kopf legen, um damit anzudeuten, dass er sich mit dem Opfer identifizierte, das er darbrachte. Dann schnitt er dem Tier die Kehle durch und ließ das Blut auslaufen. Nur am Versöhnungstag schlachtete ein Priester selbst das Opfertier. Normalerweise nahm der Priester nur das getötete Tier samt dem ausgelaufenen Blut in Empfang; Letzteres goss er auf den Altar oder besprengte ihn damit, während Fett und Fleisch zumindest teilweise verbrannt wurden. Ein Teil des Opferfleisches wurde den Priestern überlassen (vgl. Lev 7,28–34), den Rest verzehrte man. Vom formalen Ablauf her gab es also nur geringfügige Abweichungen von den heidnischen Ritualen der Antike.

Das Sündopfer war die wichtigste Form des Opfers; es sollte ja das durch Sünde und Gesetzesübertretung verletzte Bundesverhältnis wiederherstellen. In diesem Fall musste der Opfernde auch ein Sündenbekenntnis ablegen (vgl. Lev 3,2.8; 4,15; 5,1 ff.): Der Priester, der das Sündopfer entgegennahm, fragte, für welches Vergehen der Betreffende Vergebung suche, und dieser hatte daraufhin seine Sünden zu bekennen. Danach ermahnte ihn der Priester zur Reue. Hatte jemand gestohlen oder einen anderen geschädigt, dann musste er erst den Schaden gutmachen, bevor das Sündopfer vollzogen werden konnte. Weil beim Sündopfer das Tier das Leben symbolisierte, das durch die Sünde verwirkt war, wurde das ganze Opferfleisch restlos auf dem Altar verbrannt. Warum wurde also die Opfergabe »zerstört«? Die Gabe wurde vor allem deshalb zerstört, um sie für den Menschen unbrauchbar zu machen und sie so ganz in Gottes »Besitz« zu überführen. Beim Sündopfer hatte die völlige Vernichtung des Opfertieres eine Bedeutung, die noch weitergeht: Die Vernichtung des Opfers sollte die Vernichtung der Sünde ausdrücken. Paulus will ganz offensichtlich auf diesen Sinn anspielen, wenn er davon spricht, dass Gott in Christus »den, der keine Sünde kannte, für uns zur Sünde gemacht hat« (2 Kor 5,21).

4.5 Die Opferkritik der Propheten

Schon im Ersten Tempel, den König Salomo als Ablöse für das Bundeszelt der Wüstenwanderung erbauen ließ, herrschte ein pompöser und regelmäßiger Opferbetrieb.[12] Da dieser genau reglementierte Opferkult in Äußerlichkeiten abgleiten konnte, die seinem eigentlichen Sinn, der beständigen Erhaltung des Gottesbundes, widersprachen, wirkten noch vor dem Exil die Propheten dem entgegen. Das erklärt die massive Kultkritik im 8. und 7. Jahrhundert vor Christus: Der Grundtenor war, dass ein äußerlicher Kult nicht dazu taugt, Versöhnung zwischen Gott und Israel zu stiften; die Propheten drängten vielmehr auf Verinnerlichung: Sie griffen dabei die Gewalttätigkeit und Gesetzlosigkeit der Kultteilnehmer an, die sie außerhalb des Kultes an den Tag legten, sodass Kultsinn und Kultgesinnung einander widersprachen.[13] »Hat der Herr an Brandopfern und Schlachtopfern das gleiche Gefallen wie am Gehorsam gegenüber der Stimme des Herrn? Wahrhaftig, Gehorsam ist besser als Opfer, Hinhören besser als das Fett von Widdern« (1 Sam 15,22; vgl. Micha 6,8). Der springende Punkt dieser Mahnung hin zur Vergeistigung des Opfergedankens ist in Psalm 51 ausgedrückt, der als »Bußpsalm« bis heute in der Liturgie der Kirche verwendet wird: »Schlachtopfer willst du nicht, ich würde sie dir geben; an Brandopfern hast du kein Gefallen. Das Opfer, das Gott gefällt, ist ein zerknirschter Geist, ein zerbrochenes Herz wirst du, Gott, nicht verschmähen« (Ps 51,18–19).

Das Opfer soll das rechte Bundesverhältnis herstellen, indem es dem Menschen die notwendige Entlastung schafft, selbst dann, wenn man sich keines ausdrücklichen Gesetzesbruches bewusst war (z. B. Num 15,22–28; 2 Sam 24,25; Micha 6,6 f.). Jedoch ist das Opfer kein Automatismus, da man es ja mit dem Gott des Bundes zu tun hat, der nur das eine einfordert: die Treue zum Bund. Es geht also nicht an, dass man zwar Tempelopfer aufsteigen lässt zur Vergebung der Sünden, zugleich aber keine Anstrengungen unternimmt, diese Sünden konkret zu beseitigen. In der Weisheitsliteratur klingt dies nach: »Das Opfer der Frevler ist dem Herrn ein Gräuel, am Gebet der Rechtschaffenen aber hat er Gefallen« (Spr 15,8; 21,27).[14]

Die prophetische Opferkritik ist aber auch von Bedeutung, weil sie einer Auffassung widerspricht, die das Opfer im heidnischen Sinn versteht: als müsse man Gott etwas geben, damit er sich wohlverhält. Hier verweisen die Propheten auf das souveräne Schöpfertum Gottes, auf seine göttliche Herrlichkeit. Das Opfer kann nicht bedeuten, Gott etwas zu geben, da er ohnehin schon alles hat. In Psalm 50 heißt es: »Höre, mein Volk, ich rede. Israel, ich klage dich an, ich, der ich dein Gott bin. Nicht wegen deiner Opfer rüge ich dich, deine Brandopfer sind mir immer vor Augen. Doch nehme ich von dir Stiere nicht an, noch Böcke aus deinen Hürden. Denn mir gehört alles Getier des Waldes, das Wild auf den Bergen zu Tausenden. Ich kenne alle Vögel des Himmels, was sich regt auf dem Feld ist mein eigen. Hätte ich Hunger, ich brauchte es dir nicht zu sagen, denn mein ist die Welt und was sie erfüllt. Soll ich denn das Fleisch von Stieren essen und das Blut von Böcken trinken? Bring Gott als Opfer dein Lob, und erfülle dem Höchsten deine Gelübde! Rufe mich an am Tag der Not; dann rette ich dich, und du wirst mich ehren« (Ps 50,7–15).

Alles, was Israel ist und bedeutet, ist es durch die Macht und Gunst *Jahwes*. Ein Opferkult ohne die Haltung des Hinhörens auf die Stimme Gottes ist »ein Gräuel« (Jes 1,13) und wird von den Propheten mit scharfer Polemik zurückgewiesen (Jer 7,22). Solches Tun ist Widerspruch zum eigentlichen Sinn des Opferns. Das biblische Opfer wird ja nicht, wie bei den Heiden, einem bedürftigen oder launischen Gott dargebracht, der es als Leistung der Menschen braucht, um heiter gestimmt zu sein. *Jahwe* ist dem Volk von sich her wohlgesonnen aufgrund seines von ihm frei gewährten Bundes. Die Opfer müssen Gott nicht besänftigen; es ist vielmehr Gott selbst, der den Opferkult gegeben hat als Möglichkeit, Vergehen gegenüber seinem Bund aufzuarbeiten und eine Gesinnung der Reue zu zeigen. Dieser Gedanke ist in Jes 43,22–28 treffend zum Ausdruck gebracht, wo Gott seinem Volk vorhält, dass er eigentlich von den Menschen nichts geschenkt bekommt, weder Tieropfer noch Speiseopfer; höchstens Sünden und üble Taten erhält er von Israel! Und dennoch: Er vergibt, doch nicht wegen der Opfer, sondern um seinetwillen: »Ich, ich bin es, der um meinetwillen deine Vergehen auslöscht!« (Jes 43,25a). Das bedeutet: Opfer gibt es nicht, weil *Jahwe* sie braucht, um dem Menschen zu verzeihen. Gott vergibt »um seinetwillen«. Aber der Mensch braucht die äußeren Riten und Formen zu seiner inneren Bekehrung. Daher kann man die Kritik der Propheten auf die Formel bringen: Opfer ohne rechte Gesinnung sind Opfer ohne rechten Sinn. Die Propheten vertiefen so das Verständnis von Opfer als gottgeschenkte Möglichkeit des Lobes, der Bitte und der Sühne.

4.6 Der Sühnekult nach dem babylonischen Exil

Nach dem Exil entwickelte sich der Opfer- und Sühnekult zur tragenden Säule der alttestamentlichen Frömmigkeit, getragen von der Opfertheologie der Priesterschrift. Der Tempel in Jerusalem war durch den babylonischen König Nebukadnezar 586 vor Christus zerstört, die jüdische Oberschicht, darunter auch die Priester, nach Babylon deportiert worden. Inmitten dieser nationalen Katastrophe muss Israel mit neuer Klarheit einsehen, dass das Heil und die Errettung allein von Gott abhängen. Man begreift die Zerstörung Jerusalems und das babylonische Exil als Folgen der Untreue gegenüber dem Bund. Hier wird wieder der alttestamentliche Sündenbegriff in seiner religiösen Tiefe deutlich: Sünde ist nicht in erster Linie moralisches Versagen oder Verstoß gegen einen gesellschaftlichen Sittenkodex; Sünde wird vielmehr ganz auf Gott bezogen: als Störung und Zerstörung des Gottesverhältnisses. Durch diesen Bruch, so interpretiert man die Katastrophe von 586, hat Israel sein Leben verwirkt; es ist dem »Tod«, also der Ferne von Gott, verfallen. In der Verbannung, an den »Strömen von Babylon«, gedenkt man weinend des Tempelberges Zion in Jerusalem (Ps 137). Es ist die eigene Sünde, die in diese ausweglose Situation geführt hat, abgeschnitten zu sein vom Leben mit Gott. Von dieser Erfahrung wird Israel fortwährend geprägt sein, sodass man in der Zeit nach dem Exil besonders das Mittel betont, das Gott seinem Volk zur Aufarbeitung der Sünde gibt: und das ist die rituelle Sühne, der Sühnekult im wieder aufgebauten Tempel.

Im Jahr 538 erobern die Perser unter König Kyros Babel; Kyros zeigt sich gegenüber den deportierten Israeliten betont tolerant und lässt sie in ihr Land zurückkehren; in der Folge erlaubt er sogar, dass der Tempel in Jerusalem wieder aufgebaut wird. Von diesem religiösen Neuanfang Israels nach dem Exil berichten die alttestamentlichen Bücher Esra und Nehemia. In der nachexilischen Zeit institutionalisiert sich der vom Priesterstamm der Leviten versehene Opferdienst im Tempel. Das 3. Buch des Pentateuchs mit dem bezeichnenden Namen »Levitikus« reglementiert auf das Genaueste die rituellen Dienste des Priesterstammes der Leviten, vor allem die Opfer. »Aaron und seine Söhne verbrannten die Opfer auf dem Brandopferaltar und dem Rauchopferaltar. Sie besorgten jeden Dienst am Allerheiligsten und vollzogen die Sühne für Israel« (1 Chr 6,34). Ein reger Wallfahrtsbetrieb setzt ein und macht den Zweiten Tempel in Jerusalem zum geografischen Zentrum der Frömmigkeit Israels. Das große religiöse Thema des Tempels war der Sühnekult. Für uns ist das deshalb so bedeutungsvoll, weil dieser blutige Kult den Hintergrund für das Christusereignis abgibt, wie man heute neu entdeckt.[15] Wenn ein Reisender zur Zeit Jesu nach Jerusalem gekommen wäre und dort einen Blick auf die Tempelzeremonien hätte werfen dürfen, er wäre mit Sicherheit von der feierlichen Art und der großen Zahl der Opfer beeindruckt gewesen. Die so gewirkte beständige Sühne sollte dazu dienen, Israel von jeder Unreinheit der Sünde zu befreien; es sollte als ein Reich von Priestern und als ein »heiliges Volk« Gott gehören, dem »Heiligen Israels« (Ex 19,6): »Rede zur ganzen Gemeinde der Israeliten und sag zu ihnen: Seid heilig, denn ich, *Jahwe*, euer Gott, bin heilig!« (Lev 19,2).[16]

Beachtenswert ist auch, dass der zwischen 520 und 515 vor Christus wieder erbaute Zweite Tempel in Jerusalem, in dem sich nach den Regeln der »Priesterschrift« ein gigantisches Opfersystem entwickelte, zum einzigen Opferheiligtum Israels wird. Nach dem Exil gibt es außerhalb Jerusalems keine Kultstätten des *Jahwe*-Gottes mehr.[17] Das ist auch der Grund, weshalb sich für die entfernt lebenden Juden eine völlig neue Form des Gottesdienstes entwickelte: Man versammelte sich in sogenannten Synagogen und hielt reine Lese- und Gebetsgottesdienste ohne jegliche Opfer. Jerusalem mit dem Tempel auf dem Zionsberg wurde nicht nur zum Zentrum eines theokratischen Staatsgebildes, sondern vor allem zum Inbegriff der Gottessehnsucht eines jeden gläubigen Israeliten (vgl. Ps 84; 122; Hag 2,1–9; Jes 60,7–11). Der Tempel gewann noch an Bedeutung als Nationalheiligtum aufgrund seiner Entweihung durch den Seleukidenkönig Antiochus IV. Epiphanes (175–164 v. Chr.). Dieser verfolgte die thoratreuen Juden. Da er selbst die griechischen Götter verehrte, verbot er bei Todesstrafe den gesamten jüdischen Opfergottesdienst (1 Makk 1,41–51) und zwang zur Darbringung heidnischer Opfer. Antiochus wagte es auch, als unbeschnittener Nichtjude den Tempel zu betreten und dessen Altargerät zu plündern. Am Höhepunkt dieses »Gräuels der Verwüstung« (Dan 11,31; 12,11), am 6. Dezember des Jahres 167, ließ er einen Altar des Zeus auf dem großen Brandopferaltar des Tempels errichten. Daraufhin brach der Makkabäeraufstand los, der mit der Befreiung Jerusalems von der hellenistischen Herrschaft endete. Am 14. Dezember 164 konnte der Tempel feierlich wieder eingeweiht werden, was bis heute im jüdischen Chanukka-Fest gefeiert wird.[18]

Die Bedeutung des Zweiten Tempels als Opferstätte wird auch vom Neuen Testament bezeugt: Jesus macht schon als Jugendlicher mit seinen Eltern eine Wallfahrt dorthin; seine prophetische Verkündigung soll sich gemäß seinen Leidensvoraussagen in Jerusalem erfüllen; in der Stadt angekommen, reinigt er den Tempel von der Profanierung durch Händler und Geldwechsler, vor allem aber vergleicht er sich selbst, sein Leben, mit diesem Tempel, den er niederreißen und in drei Tagen wieder aufbauen will.[19] Über die Bedeutung der »Konkurrenz« mit dem Tempel, in die Jesus offensichtlich bewusst eintritt, wird noch zu sprechen sein. Jener nachexilische Tempel, den Jesus erlebte, war durch *König Herodes* wenige Jahrzehnte vor dem Auftreten Jesu prachtvoll ausgebaut worden. Seit 63 vor Christus stand Palästina unter römischer Herrschaft, seit 37 vor Christus regierte Herodes, ein judaisierter Idumäer, in einer Art Sonderstellung, die ihm Rom einräumte, als »verbündeter König« *(rex socius)*. Herodes wollte nicht nur die Gunst Roms gewinnen, sondern sich auch bei den Juden einschmeicheln. Aus diesem Grund ließ er ab 20 vor Christus die Tempelanlage prachtvoll ausbauen. Josephus Flavius hat die Pracht des Herodianischen Tempels, der eines der größten Bauwerke der damaligen Welt war,[20] ausführlich mit Stolz und Staunen beschrieben. Die erhaltenen Ruinen, darunter die sogenannte »Klagemauer«, lassen noch heute die beeindruckenden Dimensionen erahnen.

4.7 Die Sühneplatte des Allerheiligsten

Es wurde schon mehrfach darauf hingewiesen, dass Jesus von Paulus in Röm 3,25 als *hilastérion* bezeichnet wird, als »Sühneplatte durch sein Blut zu unserer Rechtfertigung«.[21] Die Formulierung dürfte Paulus vermutlich schon vorgeformt in der christlichen Urgemeinde vorgefunden haben: »Alle haben gesündigt und die Herrlichkeit Gottes verloren. Ohne es verdient zu haben, werden sie gerecht, dank seiner Gnade, durch die Erlösung in Christus Jesus. *Ihn hat Gott als Sühneplatte aufgestellt durch den Glauben in seinem Blut.* So erweist Gott seine Gerechtigkeit durch die Vergebung der Sünden, die früher in der Zeit seiner Geduld begangen wurden« (Röm 3,23–25).[22] Das Thema, um das es hier geht, ist die Sündenvergebung, die Gerechtigkeit, die durch Christi Kreuz geschenkt wird. In diesem Zusammenhang nennt Paulus Christus die »Sühneplatte« *(hilastérion)*. Was bedeutet *hilastérion*? Welche Assoziationen sollten bei einem gebildeten Juden durch diesen fachspezifischen Begriff geweckt werden?

Hilastérion ist die griechische Übersetzung des hebräischen *kaporeth*, was wörtlich so viel wie »Versöhnendes«, »Sühnemittel« oder »Sühnegabe« bedeutet. Wörter aus dem Wortstamm *hilaskomai/hilasmos* kommen im Neuen Testament nur selten vor.[23] Die hebräische Wortform *kipper* muss übersetzt werden mit »wegwischen« bzw. »veranlassen, dass man wegwischt«. Gemeint ist das Wegwischen der Sünde, weshalb die Wortgruppe im Deutschen mit »sühnen« übersetzt wird. Vor allem im Buch Levitikus meint *kipper* immer die Sühne durch das kultische Opfer. Auch mit *kaporeth* bzw. *hilastérion* bezeichnet das Alte Testament etwas sehr Kultspezifisches, das jedem Juden in der Zeit vor der Zerstörung des Tempels ein Begriff war (vgl. Hebr 9,1–5): *Hilastérion* bzw. *kaporeth* heißt nämlich die goldene Platte im Allerheiligsten des Tempels, die für einen Bestandteil der Bundeslade gehalten wurde[24] und im Sühnekult des Tempels die denkbar bedeutendste Rolle spielte.

Die lateinische Bibel übersetzte den Begriff *kaporeth* bzw. *hilastérion* mit *propitiatorium*, also »Sühnemittel«, Martin Luther in seiner deutschen Bibel mit »Gnadenstuhl«. Die heutige Einheitsübersetzung verwendet das neutrale Wort »Deckplatte«, die Jerusalemer Bibel wieder »Versöhnungsplatte«; Martin Buber einfach »Deckel«. Schon diese vielen Bezeichnungen für *kaporeth* – Deckel, Deckplatte, Sühneplatte, Versöhnungsplatte, Sühnemittel usw. – zeigen, dass es sich dabei um etwas ebenso Bedeutungsvolles wie Geheimnisvolles handelt. Sicher ist, dass diese Platte aus purem Gold war, links und rechts von zwei Cherubim bedeckt; die engelhaften Gestalten breiteten ihre Flügel nach oben hin aus und überdachten so die *kaporeth* (Ex 25,17–25; 1 Kön 8). Da die Bundeslade selbst bei der Zerstörung Jerusalems 586 verloren gegangen war (Jer 3,16), diente die *kaporeth* in dem nach dem Exil errichteten Zweiten Tempel gleichsam als deren Ersatz. Ob sie je ein Bestandteil der verlorenen Bundeslade gewesen war oder immer schon ein eigenes Kultobjekt, ist ungewiss.[25] Es ist sogar umstritten, ob es das *kaporeth* als real existierenden Gegenstand jemals wirklich gegeben hat.[26] Nach dem Zeugnis der Schrift jedenfalls wurde diese Platte im Allerheiligsten, also im innersten Raum des Tempels aufbewahrt: In 1 Chr 28,11 wird dieser Raum, der von niemandem betreten werden durfte und durch einen Vorhang verhüllt war, einfach »Raum des *kaporeth*« genannt, also »Raum der Sühneplatte«. Diese Platte wurde als der heiligste Ort der Gegenwart Gottes betrachtet (Lev 16,2.13); das *hilastérion* galt als »Schemel der Füße Gottes«, als der Ort, an dem Gott selbst seinen Thron auf Erden aufgeschlagen hatte (Ps 99,1).

4.8 Die Entsühnungsriten am ***Jom Kippur***

Die beste deutsche Übersetzung für *kaporeth* ist im Anschluss an das griechische *hilastérion* und das lateinische *propitiatorium* wohl das Wort »Sühneplatte«, denn der Zweck dieser Platte lag vor allem in der kultischen Entsühnung des Volkes am großen Versöhnungstag. Einmal im Jahr fand dieser Feiertag der Sühne statt, der auch im heutigen Staat Israel noch als strengster Ruhetag (Lev 23,27 f.) begangen wird. Im Hebräischen heißt dieser Tag *Jom ha-Kippurim* oder *Jom Kippur,* was mit »Tag der Sühne« übersetzt werden müsste, heute üblicherweise mit »Versöhnungstag« übersetzt wird. An diesem Tag vollzog man die kultische Versöhnung des ganzen Volkes mit Gott durch eine feierliche Liturgie, die in Lev 16 geschildert wird. Der *Jom Kippur* war der einzige Tag im Jahr, an dem der Hohepriester durch den Vorhang hindurch in den Raum des Allerheiligsten treten durfte, also vor das *kaporeth.* Zuerst freilich musste er ein Weihrauchopfer darbringen, damit eine Rauchwolke die Sühneplatte verhüllte. Denn es galt: Wer Gott sieht, muss sterben (Ex 33,20, Jes 6,1–7). Weil die Sühneplatte Ort der Gegenwart Gottes war, ging von ihr auch eine Gefahr aus (Lev 16,2.12). Es ist deshalb klar, dass die Sühneplatte nicht nur Symbol der Versöhnung ist, sondern gleichsam »den göttlichen Partner selbst vertritt«.[27]

Der Hohepriester vollzog an der Sühneplatte im Allerheiligsten den großen Sühneritus, indem er die Platte siebenmal mit dem Blut eines Stieres und dann einmal mit dem Blut eines Bockes besprengte (Lev 16,14 ff.). Man muss wissen, dass auch sonst Entsühnungsriten durchgeführt wurden: Immer dann, wenn das Volk oder der gesalbte Priester gesündigt hatten, wurde der Vorhang vor dem Allerheiligsten mit Blut besprengt, aber die Sühneplatte im Inneren einzig am Versöhnungstag. Die Bedeutung war die, dass vom *hilastérion* eben nicht nur die Vergebung einzelner Vergehen ausging, sondern das umfassende Erbarmen, die universale »Ver-Sühnung« aller mit Gott. Es geht um »die Ausrottung aller Sünden«,[28] also um eine Art göttliche »Generalamnestie«. Beachtenswert ist, dass die Entsühnung des übrigen Heiligtums, der Priester und des Kultpersonals erst nach diesem Ritus im Allerheiligsten erfolgt (Lev 16,18). Erleichtert und unbelastet von der Sorge, die Gunst Gottes verloren zu haben, konnte das Leben nach dem allgemeinen Sühnungsritus weitergehen.

4.9 Der Sündenbock

Nach dem Besprengen der Sühneplatte durch den Hohenpriester folgte ein weiterer beachtenswerter Sühneritus, der zweite Teil der Liturgie des *Jom Kippur.* »Hat er [Aaron bzw. der Hohepriester] so die Entsühnung des Heiligtums, des Offenbarungszeltes und des Altars beendet, soll er den lebenden Bock herbeibringen lassen. Aaron soll seine beiden Hände auf den Kopf des lebenden Bockes legen und über ihm alle Sünden bekennen. Nachdem er sie so auf den Kopf des Bockes geladen hat, soll er ihn durch einen bereitstehenden Mann in die Wüste treiben lassen, und der Bock soll alle ihre Sünden mit sich in die Einöde tragen« (Lev 16,20–22). Von Interesse ist, dass der Ziegenbock vorher ausgelost wird; es wird zwischen zwei Tieren gewählt. Der erste Bock, auf den das »Los für den Herrn« fällt, wird als Sühnopfer im

Tempel dargebracht; sein Blut wird auf die *kaporeth* gesprengt.[29] Der zweite Bock, auf den das »Los für *Asasel*« fällt, wird durch Handauflegung zum Sündenträger gemacht, zum Stellvertreter des sündigen Volkes (Lev 16,7–10). Die Forschung vermutet, dass es sich bei *Asasel* um den archaischen Namen eines bösen Wüstendämons handelt, dem der Bock gleichsam ausgeliefert wurde, denn das Schicksal des Tieres war der sichere Hungertod in der Wüste. Der »Bock für *Asasel*« ist als »Sündenbock« sprichwörtlich geworden.

Josef Blank hat die Meinung vertreten, dass der Priester beim Aufstemmen seiner Hände auf den Kopf des Bockes auch den heiligen Gottesnamen *Jahwe* ausrief und die ganze Gemeinde dazu auf die Knie sank, wie dies in einer frühen jüdischen Schrift, dem *Midrasch Joma* erwähnt wird.[30] Die Handauflegung bedeutete jedenfalls nicht nur, dass die Sünde gleichsam materiell übertragen werden sollte, wie man lange Zeit annahm. Vielmehr sollte das verwirkte, *todgeweihte Leben des Sünders übergehen in das des Tieres.* Dann vertritt das in den Tod gegebene Leben des Tieres das dem Tod verfallene Leben des Sünders; der Opfertod ist *die stellvertretende Vernichtung* des Todeswürdigen.[31]

4.10 Blut als Sühnemittel

Wir haben bisher den geschichtlichen Hintergrund zu beleuchten versucht. Die Religion Israels, von der her allein die Bedeutung Christi zu verstehen ist, entwirft sich nicht in einem abstrakten und luftleeren Raum theologischer Spekulationen, sondern lebt von der Sinnlichkeit des Kultes. Es ist eine Religiosität des Wortes, aber auch eine Frömmigkeit der Gesten, Zeichen und Rituale. Wir fragen jetzt nach dem Grund, warum den Tempelopfern ein so hoher Wert im

Bundesverhältnis beigemessen werden konnte. Wieso konnte man den Opfern eine sühnende Wirkung durch den stellvertretenden Tod von Tieren zuschreiben? Etwas Licht in die geheimnisvolle Opfertheologie Israels bringt der Blick auf das, was als eigentliches »Mittel« der Sündenreinigung galt: auf das Blut.

Blut hat im Glauben und Aberglauben der Menschheit immer als etwas Besonderes gegolten.[32] Die Bedeutung des Blutes für das vorchristliche Israel lässt sich aus dem Zeugnis der Schrift gut erheben: Blut ist Sitz des Lebens und daher unverfüglich und unantastbar: »Beherrsche dich und genieße kein Blut, denn Blut ist Lebenskraft, und du sollst nicht zusammen mit dem Fleisch die Lebenskraft verzehren!«[33] (Dtn 12,23). Leben zu geben und zu nehmen ist ausschließlich Sache Gottes, weshalb das Blut auch unmittelbar von Gott kommt, dem Herrn des Lebens. Im Alten Testament finden sich deshalb sehr strenge Verbote, das Blut von geschlachteten Tieren zu verzehren. Da das Blut Eigentum Gottes ist, ist sein Genuss unter Todesstrafe verboten.[34] Man muss vielmehr das Blut bei der Schlachtung vollständig auf die Erde rinnen lassen,[35] nur dann verunreinigt der Fleischgenuss nicht. Dieses Verbot des Blutgenusses wird von gläubigen Juden noch heute genauestens beachtet; das Apostelkonzil im Jahr 49 machte es sogar den frühen Christen zur Pflicht (vgl. Apg 15,29), freilich ohne nachhaltige Wirkung.

Blut ist unmittelbar von Gott geschenktes »Lebensblut« und steht also in einem religiösen Kontext. Es gehört Gott. Weil es als unverfügbare Gabe Gottes gilt, ist das Vergießen von Blut etwas Sakrales. Es drückt immer eine Verbindung mit Gott aus. Neben den Tieropfern gab es noch andere Blutriten: etwa die Bestreichung des Türpfostens mit dem Blut des Paschalammes vor dem Auszug aus Ägypten (Ex 12,7–13) oder die Bestreichung des rechten Ohrläppchens, des rechten Daumens und der rechten großen Zehe mit Opferblut bei der Priesterweihe (Lev 8,24; 14,14). Wegen seiner unmittelbaren Beziehung zum lebensschaffenden Gott kommt das Blut auch als »Bundesblut« (Ex 24,8) zur Verwendung: Moses besprengt die Israeliten mit Opferblut, um auszudrücken, dass ihr Leben auf immer mit dem Leben *Jahwes* verbunden ist.

Zum einen lässt sich darin wieder der Gedanke der Stellvertretung erkennen. In der Schlachtung und Verbrennung wird das Leben eines jungen und gesunden Tieres unwiederbringlich dahingegeben. Dieser Tod eines Lebewesens wäre sinnlos, stünde er nicht stellvertretend für den Zustand, der durch die Sünde zwischen Gott und dem Sünder eingetreten ist. Das Töten des Opfertieres drückt den Tod der Sünde aus. Das Lebensblut der Opfertiere, das auf den Altar gegossen wird, ist die Gabe Jahwes (vgl. Lev 17,13) an den Menschen; im Opfer wird das Lebensblut an Gott zurückgegeben. Man erwartete, »dass das in den Sühnebräuchen verwendete Opfertierblut kraft des in ihm enthaltenen Tierlebens die Erhaltung des sonst verfallenen Menschenlebens wirkt«.[36] Das hingegebene Leben vertritt die Stelle des durch die Sünde verwirkten Lebens. Man kann also sagen, dass die Rückgabe durch eine bewusste »Vernichtung« der Opfergabe erfolgt. Das erklärt auch, warum zwar bei den Speise- und Trankopfern die Gaben nur zu einem Gutteil ausgegossen oder verbrannt wurden, die Sühnopfer aber immer aus Tieropfern bestanden, bei denen die ganze Opfergabe restlos verbrannt wurde. Die stellvertretende Lebenshingabe des Tieres für den Menschen, der eigentlich sein »Leben« gegenüber Gott verwirkt hat, wird deutlich durch die Handauflegung und vollständige Vernichtung der Opfergabe: Man legt dem Tier die Hände auf und bekennt die Sünden (vgl. Lev 5), dann werden die Tiere vor dem Altar geschlachtet und ihr Blut vergossen. Die Perspektive ist aber nicht nur die Abtragung von vergangener Schuld, sondern auch die Erlangung neuer Reinheit von Gott. Deshalb opferte man »Reines«, um »Reinheit« zu erlangen. Das ist der Grund, warum das geschlachtete Tier ohne Fehler und Makel sein musste, je edler das geopferte Tier, desto besser. Die Beschaffenheit des Opfertieres sollte jene religiöse Qualität ausdrücken, die der Opfernde zu erlangen suchte. Nur das Beste vom Besten durfte zum Gottesopfer verwendet werden.

Doch der zweite Aspekt ist ebenso wichtig: Das ausgeflossene Blut des Opfertieres, das das stellvertretende, durch die Sünde verwirkte Leben des Sünders darstellt, wird auf den Altar gegossen oder an dessen Hörner gestrichen. Am *Jom Kippur* wird dieses Blut auf das *hilastérion* selbst gesprengt, um die umfassende Sühne zu wirken. Da Altar, Allerheiligstes und Sühneplatte Symbole der Gegenwart Gottes sind, hat es den Anschein, als ob beim Entsühnungsritual das Blut gleichsam Gott unmittelbar aufgebracht werden sollte. Die Besprengung der Gottessymbole erweckt den Eindruck eines realen Blutpaktes zwischen Mensch und Gott. Das tilgende Blut wird so zum schöpferischen Blut, da es neues Leben schafft: Es stellt den Bund zwischen Gott und seinem Volk wieder her. Dies ist ein wichtiger Aspekt: Wo das Alte vergangen ist, die Sünde »gestorben« ist in der Gestalt des vergossenen Lebensblutes, da beginnt zugleich neues Leben. Leben im Sinne des wiedererrichteten Bundesfriedens. Nach dem Vollzug der Sühnerituale trat der Hohepriester vor die im Vorhof wartende Menschenmenge; durch den Ruf *Schalom* verkündete er den erneuerten Gottesfrieden.

4.11 Blutsühne als Geschenk Gottes

Sühnerituale und Opfer gibt es in allen archaischen Religionen; auf den ersten Blick gibt es nicht allzu viele Unterschiede zwischen den Opferriten der altorientalischen Religionen und dem Opferkult des Tempels. In der äußeren Gestalt gibt es weitgehend Übereinstimmung: Auch anderswo gibt es Tieropfer, Priester und Altäre, Tempel und Weihestätten. Und doch wird aus dem Zeugnis der Schrift deutlich fassbar, dass sich die kultische Sühne in Israel vom Wesen her von anderen Sühneritualen unterscheidet. »Nach dem alttestamentlichen Zeugnis und den Ergebnissen der Archäologie waren Opfer durch die Umwelt vorgegeben [...] Der Jahwismus wählte das zu ihm Passende aus, war durch mangelnde Regelung zeitweilig gefährdet und stellte das Wesentliche unter Gottes Gebot.«[37]

Die viel diskutierte Schlüsselstelle, in der die innere Besonderheit des jüdischen Opfers greifbar wird, findet sich im »Heiligkeitsgesetz« des Buches Levitikus. Dort wird nämlich eine Begründung angegeben, warum das Blut von Tieropfern entsündigend wirken kann: »Jeder Mann aus dem Haus Israel oder jeder Fremde in eurer Mitte, der irgendwie Blut genießt, gegen einen solchen werde ich mein Angesicht wenden und ihn aus der Mitte seines Volkes ausmerzen. Die Lebenskraft des Fleisches sitzt nämlich im Blut. *Dieses Blut habe ich euch gegeben, damit ihr auf dem Altar für euer Leben die Sühne vollzieht;* denn das Blut ist es, das für ein Leben sühnt« (Lev 17,10–11). Nach diesen Worten besteht zwischen dem Blut auf dem Altar und der Vergebung der Schuld ein Zusammenhang, den *Gott selbst gesetzt hat.* Es mag sein, dass Israel in der Opferpraxis äußerlich Anleihen bei anderen Kulten gemacht hat. Ein magisches Verständnis wird aber eben dadurch abgewehrt, dass man erkennt, dass das Blut nur durch Gottes Setzung reinigende Wirkung hat. Daraus folgt, dass auch die Versöhnung, die daraus entsteht – bei allem kultischen Tun des Menschen – immer »eine voraussetzungslose Setzung« Gottes bleibt.[38] Diese Erkenntnis, wonach nur Gott es ist, der entsündigt, indem er das Blut als Mittel der Entsündigung »gibt«, war tief in das

Bewusstsein Israels eingedrungen. Ein Zeugnis dafür stellt noch der neutestamentliche Hebräerbrief dar. Dort wird die Entsühnung durch Blutbesprengung geschildert: »Fast alles wird nach dem Gesetz mit Blut gereinigt, und ohne dass Blut vergossen wird, gibt es keine Vergebung!« (Hebr 9,22). Doch das Blut wirkt weder aus sich selbst wie ein magischer Automatismus noch wirkt es »für immer« (Hebr 10,1). Daher, so argumentiert der Hebräerbrief, müssen die Sühneopfer immer neu vollzogen werden, »weil das Blut von Stieren und Böcken unmöglich Sünden wegnehmen kann« (Hebr 10,4).

Gott selbst also »schenkt« ein Sühnemittel: »Ich habe euch dieses Blut gegeben!« Daraus folgert vor allem die neuere Bibelforschung im evangelischen Bereich, dass Gott als der eigentlich Handelnde gilt.[39] Israel kann sich nicht selbst entsühnen; es kann nicht durch eigenes Tun freundlich stimmen; die Sühnerituale sind nicht Selbsterlösung. Israel kann nur die Mittel ergreifen, die Gott ihm anbietet und muss sich diese Mittel schenken lassen von dem, der allein von sich her gerecht macht. Hierin liegt tatsächlich ein wesentlicher Unterschied zum heidnischen Opfer, das dem zweifelhaften Versuch entspringt, die Götter von sich her freundlich zu stimmen, indem man sie nach dem *do ut des*-Prinzip mit dem Opfer besticht. Das heidnische Opfer ist ein zwar schmerzhafter und kostspieliger, aber letztlich doch listiger Handel des Menschen zugunsten seiner selbst. Die biblische Sühne hingegen ist eine voraussetzungslose Gabe Gottes. Gott gibt das Blut, weshalb bei Sühnungen im Hintergrund »das Subjekt stets Gott ist, der den Menschen im Heiligtum von seiner Sünde befreit«.[40]

Weil Gott der Herr ist über die Weise, wie der Mensch vor ihm recht tut, so kann Gott auch die Sünde »abwandeln«, wie dies in der Prophetenkritik anklingt: »Womit soll ich vor den Herrn treten, wie mich beugen vor dem Gott in der Höhe. Soll ich mit Brandopfern vor ihn treten, mit einjährigen Kälbern? Hat der Herr Gefallen an Tausenden von Widdern, an zehntausend Bächen von Öl? Soll ich meinen Erstgeborenen hingeben für meine Vergehen, die Frucht meines Leibes für meine Sünde? – Es ist dir gesagt worden, Mensch, was gut ist und was der Herr von dir erwartet: Nichts anderes als dies: Recht tun, Güte und Treue lieben, in Ehrfurcht den Weg gehen mit deinem Gott« (Micha 6,6–8).

Gott gibt das Gesetz, damit der Mensch es als Bundespartner erfüllt; ebenso gibt Gott Sühne, damit der Mensch gegen seine eigene Sünde handeln kann und Gott ihm Barmherzigkeit erweist (vgl. Dtn 21,8). Diese Verschränkung, dass Gott Sühne schenkt, damit der Mensch handle und Gott dann erst vergeben kann, klingt kompliziert; sie entspricht aber dem dialogischen Wesen des Bundes: Der Mensch wird in seiner Freiheit zu sündigen ernst genommen; da er mit Freiheit gesündigt hat, erhält er von Gott die Chance, mit derselben Freiheit seine Sünde wiedergutzumachen. So bleiben sowohl die Souveränität Gottes als auch die Freiheit des Menschen unangetastet. Wichtig ist das »Zuerst« Gottes: Gott bietet voraussetzungslos Verzeihung an; gleichzeitig aber muss Israel diese Möglichkeit annehmen, um die Gemeinschaft mit Gott wiederherzustellen. Sühne ist also biblisch eine wunderbare Gabe des verzeihenden Gottes.[41] Auf den Punkt gebracht: Man opfert Gott, weil Gott den Bund gegeben hat und dem Menschen an seiner Erhaltung gelegen ist. An die Stelle des heilsegoistischen *do ut des* ist eine neue Haltung getreten: Das alttestamentliche Opfer hat in erster Linie den Charakter der gläubigen Antwort. Es ist nach Bernd Janowski ein *do quia dedisti*: »Ich gebe, weil Du gegeben hast!«[42]

4.12 *Dankbarkeit für die Möglichkeit zu sühnen*

Wir haben gesehen, dass die Notwendigkeit, Gott für die Sünden beständig rituell Sühne zu leisten, in der Religiosität Israels tief verwurzelt ist. Es handelt sich nicht nur um das Bewusstsein, für die eigenen Sünden Buße zu tun und sich zum Gott Israels hinzuwenden, wie dies Johannes der Täufer unmittelbar vor dem Auftreten Jesu verkündet hat. Es ist vielmehr ein tiefgründiges Wissen darum, dass der Bruch und die Kluft, die zwischen dem heiligen Gott und dem versagenden Menschen besteht, nur von Gott her zu überbrücken ist. Für das alttestamentliche Denken ist es ganz entscheidend, dass Gott der Verzeihende und Barmherzige ist, also der, der von sich her den Bund immer wieder aufrichtet und erhält.

Im jüdischen Midrasch wird sogar der Gottesname *Jahwe* im Sinn von »der Erbarmende« verstanden. Dort spricht Gott: »Wenn ich die Menschen richte, heiße ich *Elohim*, wenn ich Krieg gegen die Frevler führe, heiße ich *Zebaot*, wenn ich über die Sünden der Menschen Strafen verhänge, heiße ich Gott, der Allmächtige, und wenn ich mich der Welt erbarme, heiße ich *Jahwe*, denn dieser Name drückt nichts anderes als die Eigenschaft der Barmherzigkeit aus.«[43] Die barmherzige Sündenvergebung ist gleichsam die Wesenseigenschaft des *Jahwe*-Gottes. Und deshalb hat Israel die Sünde immer von dieser positiven Wendung her begriffen, die Gott ihr geben wollte: nicht als Fluch und Verderben, sondern als Möglichkeit, die Barmherzigkeit Gottes zu erfahren, die Tiefe seiner Nähe. Israel ergreift jedenfalls mit Dankbarkeit die rituelle Sühne durch die Opfer im Heiligtum, aber auch die Übungen von Gebet, Fasten und Almosen als die von Gott geschenkte Möglichkeit, Verzeihung zu erlangen. Diese Dankbarkeit, dass Gott Sühne und Vergebung wirkt, findet sich in der Zeit nach dem Exil auch schon in

Form der persönlichen Opferbereitschaft. Es findet sich eine Haltung der Lebenshingabe, die in der Bereitschaft zur stellvertretenden Sühne gipfelt: So findet sich im Danielbuch, das erzählerisch über die Zeit des babylonischen Exils und der Gefangenschaft unter König Nebukadnezar reflektiert, das »Gebet des Asarja« (Dan 3,24–50 LXX), das die Hingabe des Frommen gut ausdrückt. Mitten in den Flammen betet Asarja mit seinen Gefährten: »Ach, Herr, wir sind geringer geworden als alle Völker. In aller Welt sind wir heute wegen unserer Sünden erniedrigt. Wir haben in dieser Zeit weder Vorsteher noch Propheten und keinen, der uns anführt, weder Brandopfer noch Schlachtopfer, weder Speiseopfer noch Räucherwerk, noch einen Ort, um dir die Erstlingsgaben darzubringen und um Erbarmen zu finden bei dir. Du aber nimm uns an! Wir kommen mit zerknirschtem Herzen und demütigem Sinn. Wie Brandopfer von Widdern und Stieren, wie Tausende fetter Lämmer, so gelte heute unser Opfer vor dir und verschaffe uns bei dir Sühne. Denn wer dir vertraut, wird nicht beschämt« (Dan 3,37–40).

Auch wenn in der Erzählung des Danielbuches die Männer letztendlich aus der Todesgefahr gerettet werden, so sind sie doch wegen dieser Opfergesinnung eine Art Prototyp des frommen Märtyrers. Ein Teil dieses Textes wird bis heute in der katholischen Messliturgie als Priestergebet während der Gabenbereitung verwendet.[44] Im Spätjudentum wird bereits die sühnende Kraft betont, die im unschuldigen Tod der Märtyrer liegt,[45] in der nachchristlichen rabbinischen Literatur wird immer wieder über die Bedeutung des Opfers nachgedacht; sogar dem – letztlich nicht vollzogenen – Opfer des Isaak wird sühnende Wirkung zugeschrieben.[46]

5. Das urkirchliche Verständnis vom Tod Christi

5.1 Im Bann der alttestamentlichen Sühnefrömmigkeit

Wie imposant der Tempelkult noch zur Zeit Jesu und der jungen Kirche gewesen sein muss, zeigt die Beschreibung einer Opferhandlung im 50. Kapitel des Weisheitsbuches Jesus Sirach, das um 175 vor Christus verfasst worden ist: Zur Darbringung der Opfer warfen sich alle Versammelten mit dem Gesicht zur Erde nieder, um den Herrn anzubeten. »Alles Volk jubelte im Gebet vor dem Barmherzigen, bis der Priester den Dienst des Herrn vollendet und ihm die vorgeschriebenen Opfer dargebracht hatte. Dann stieg er herab und erhob seine Hände über die ganze Gemeinde Israels« (Sir 50,19–20a; vgl. auch Ez 40–48). Eine so prachtvolle Liturgie wie die der Darbringung der Opfer im Tempel muss das religiöse Bewusstsein zutiefst geprägt haben. Es kann kein Zweifel bestehen, dass die rituellen Tempelopfer zur Frömmigkeit Israels gehörten wie das Amen zum Gebet; sie waren die Freude der Gottesfürchtigen (vgl. Ps 66).

Der Kult prägte und bestimmte aber auch das ökonomische Leben in Jerusalem; man entrichtete die Tempelsteuer, man profitierte von den Wallfahrern, die zu den großen Festtagen heranströmten, man lebte vom Handel mit Opfertieren und vom Umwechseln des heidnischen Geldes in Tempelmünzen. Vor allem war der Tempel Ort der »Rechtfertigung«, der göttlichen Sündenvergebung. Man ging hin, um sündenfrei wieder heimgehen zu können, wie auch das

Gleichnis in Lk 18,13 vom stolzen Pharisäer und vom reuigen Zöllner zeigt. In den Lehren der Rabbinen findet sich die bemerkenswerte Auffassung, dass noch kein Mensch in Jerusalem übernachtet habe, an dessen Hand eine Schuld geklebt hätte. Warum? »Das tägliche Morgenopfer schaffte Sühnung für die Sünden, die in der Nacht geschahen, und das tägliche Abendopfer für die Sünden, die am Tage geschahen. So übernachtete kein Mensch in Jerusalem, in dessen Hand eine Schuld gewesen wäre.«[1]

Der Tempel war die heilige Stätte der Sündenvergebung. Josephus Flavius berichtet von der ersten Eroberung Jerusalems unter Pompeius im Jahr 63 vor Christus eine Episode, die viel über die jüdische Haltung zum Opferkult aussagt. Man muss dazu wissen, dass es tägliche Tempelopfer gab, die man »Tamid-Opfer« nannte, was so viel bedeutet wie »das beständige Opfer«.[2] Tag für Tag, sowohl am Morgen wie am Abend, mussten je ein Brandopfer, ein Speiseopfer und ein Trankopfer dargebracht werden (vgl. Ex 29,38–42; Num 28,3–8). Das Tamid-Opfer galt als lebenswichtig für das Heil und Wohl Israels; es stellte gleichsam sicher, dass die Beziehung zwischen Gott und Israel intakt blieb. Deshalb durfte es auf keinen Fall unterlassen werden. Josephus Flavius berichtet nun, wie die Priester mitten im Hagel der Geschosse ihr Tamid-Opfer in gewohnter Weise durchführten: »Als wenn die Stadt sich des tiefsten Friedens erfreute, wurden die täglichen Opfer, die Reinigungen und Kultverrichtungen dem Gott zu Ehren aufs Genaueste vollzogen. Selbst als der Tempel gestürmt wurde und die Leichen sich um den Altar auftürmten, ließen sie von dem gesetzlichen Gottesdienst nicht ab. Dabei blieben viele Priester, obwohl sie die Feinde mit gezogenem Schwert auf sich zukommen sahen, unerschrocken beim heiligen Dienst und wurden, während sie Trank- und Rauchopfer darbrachten, getötet. Die Verehrung der Gottheit galt ihnen mehr als ihre eigene Rettung.«[3]

Sühne, um Sündenvergebung zu erlangen und das Bundesverhältnis, auf das man so stolz war, aufrechtzuerhalten, war also kein Randthema der alttestamentlichen Frömmigkeit, sondern ein bestimmender Wesenszug. Jerusalem mit seinem Tempel war die Sühnestätte schlechthin. Man hat die ritualisierten Tempelopfer deshalb treffend mit der Bedeutung von »Elektrizität« für den modernen Menschen verglichen, denn die Sühnefrömmigkeit war in der Tat die Energie der Religion Israels![4] Bedenkt man also, dass es diesen Opferkult während der ganzen Zeit des Zweiten Tempels bis hin zur Zerstörung Jerusalems 70 nach Christus gab, dass darüber hinaus Opfer auch schon vor dem Exil selbstverständlich waren, muss man davon ausgehen, dass das Bewusstsein der Gläubigen von den damit verbundenen Sühnevorstellungen tief durchdrungen war, als Jesus auftrat.

5.2 Der Tod Jesu als Grund des Heiles

Ein Blick in das Neue Testament zeigt, dass die junge Christengemeinde nach Ostern Not hatte, die Hinrichtung und die Auferstehung Jesu zu begreifen und zu deuten. Vor allem der Kreuzestod Christi ist etwas so Ungeheuerliches, dass es einer tiefen Reflexion und Aufarbeitung bedarf: Wie soll das zu verstehen sein, dass einer, der am Schandpfahl des Kreuzes hingerichtet wurde, der Messias, der Gesalbte Gottes, sein soll? Durch die Auferweckung sollte eben dieser Hingerichtete als der Kyrios beglaubigt sein? Hier hatte sich etwas ereignet, das weder alttestamentlichen Messiaserwartungen entsprach noch in sonst ein Schema herkömmlichen religiösen Denkens passte. Paulus lässt dies deutlich werden, wenn er im 1. Korintherbrief den »Logos vom Kreuz« – was eigentlich mit »Sinn des Kreuzes« zu übersetzen wäre – als ein »Ärgernis für die

Juden« und eine »Torheit für die Griechen« bezeichnet (1 Kor 1,18–31).

Der Kreuzestod Christi war für die Juden ein *skandalon*, da ein Hingerichteter nach dem Gesetz als »verflucht«, als Gotteslästerer galt, dessen Leichnam das Land »verunreinigte«: »Verflucht ist jeder, der am Pfahl hängt!«, zitiert Paulus im Galaterbrief das Gesetz.[5] Anspielungen auf die Anstößigkeit des Kreuzestodes finden sich auch in der Apostelgeschichte.[6] Einem alttestamentlich denkenden Menschen hätte das Kreuz nur dann als »messianisch« gelten können, wenn Jesus die zweimalige Aufforderung der Volksführer befolgt hätte (Mk 15,30.32), vom Kreuz heruntergestiegen wäre, um den Schandtod in einen Triumph zu verwandeln. Wie unbegreiflich der Kreuzestod wirkte, ist noch in der Verteidigungsschrift des Origenes aus dem 3. Jahrhundert gegen den Juden Kelsos greifbar.[7]

Noch mehr musste es den Griechen, gemeint sind die nichtjüdischen Heiden, als eine »Torheit« erscheinen, wenn hier ein gekreuzigter Aufrührer und Agitator als Herr und Gott verkündet wurde.[8] »Für Juden ein Ärgernis, für Heiden eine Torheit.« Ohne Zweifel schildert Paulus in diesen Worten schon seine konkreten Erfahrungen, wie Juden und Heiden reagierten – und aufgrund ihrer religiösen Einstellung reagieren mussten –, wenn ihnen ein gekreuzigter Christus, ein gekreuzigter Sohn Gottes verkündet wurde. Von der Strategie des Missionserfolges her schien eine Betonung des Kreuzes also nicht angeraten. Und doch fährt Paulus fort: Für die Gläubigen, die »Berufenen«, ist eben gerade der Gekreuzigte »Gottes Kraft und Gottes Weisheit« (1 Kor 1,23–24). Die Internationale Theologische Kommission drückt es so aus: »Die Kreuzigung, eine würdelose Todesform, ist zum ›Evangelium‹ geworden.«[9]

Warum konnte Paulus, der ausgebildete Pharisäer, in so betont positiver Weise vom Kreuz sprechen? Die Antwort darauf ist eindeutig: Weil er – und mit ihm die ganze nachösterliche Gemeinde – den Tod Christi als etwas zuhöchst Positives begreifen durfte: als stellvertretenden Sühnetod, der endgültiges Heil geschaffen hat. Der Tod am Kreuz war genau der entscheidende Punkt im Handeln Christi, durch den die umfassende und endgültige Rettung der Welt erfolgte. Der »Sinn des Kreuzes« liegt dann darin, dass Gott in Christus eine Sühne bereitet hat, die im umfassenden Sinn »Gerechtigkeit, Heiligung und Erlösung« (1 Kor 1,30) schenkt. Um es auf den Punkt zu bringen: Die Initialzündung des Jüngerglaubens liegt gerade darin, das Kreuz als Ursache und Grund der Erlösung zu begreifen. Der tragische Tod Jesu ist nicht zufällig passiert, sondern er ist ein von Gott gesetzter Heilstod. Er ist auch der Schlüssel zum ganzen Lehren und Handeln Christi. Dabei spielt für Paulus und die anderen Autoren der alttestamentliche Hintergrund mit seinen ausgeprägten Sühnevorstellungen und Opferritualen, wie wir sie schon umrissen haben, eine wesentliche Rolle.

5.3 Der Sühnetod Jesu bei Paulus

Die junge Gemeinde, die sich nach Tod und Auferstehung Christi bildete, lebte in einer Gedankenwelt, in der die Sühne eine Selbstverständlichkeit war. Es darf deshalb nicht verwundern, wenn das Neue Testament – freilich nachösterlich – Jesu Tod als ein Sühneereignis, ja als *das* Sühneereignis schlechthin interpretiert. Ein ganzes Repertoire von Fachbegriffen, Bildern und Anspielungen verweist in diese Richtung und bringt das Wirken Jesu in den Zusammenhang mit dem Sühnekult des Tempels: Fachbegriffe aus der alttestamentlichen Opfertheologie wie Blut, Lamm, Sühneplatte, Tempel und Tempelvorhang werden auf den Kreuzestod bezogen. Allem voran aber steht die Theologie des

Paulus, dem als ausgebildeten Pharisäer der Umstand, dass der Messias am Kreuz gestorben sein sollte, auch persönlich zunächst unüberwindliche Glaubensschwierigkeiten bereitete. Aber gerade ihm wird der Fluchtod dann zum Schlüssel, durch den er das Wirken Christi als »Rechtfertigung, Heiligung und Erlösung« (1 Kor 1,30) erkennt.

»Christus starb für uns.« In diesem kurzen Satz kristallisiert sich nach Ansicht der Exegeten schon der entscheidende Inhalt der urkirchlichen Verkündigung. Ja, weniger noch: Die kurze Formulierung *hyper hemon* (»für uns«), die sich so oft bei Paulus findet, lässt schon den ganzen Hintergrund der alttestamentlichen Sühnevorstellungen aufklingen. Es handelt sich dabei um eine Formel, die typisch für Paulus ist, und die er schon selbst vorgeformt übernommen haben dürfte.[10] »Christus [ist] für uns gestorben« (Röm 5,8).[11] Man könnte das *hyper* – »für« – auch übersetzen mit »zugunsten«, »uns zugute«. Vielleicht ist der Ursprung der *Hyper*-Formeln bei Paulus der Bericht vom Letzten Abendmahl, den Paulus in 1 Kor 11,24 wiedergibt. Dort heißt es, dass Jesus in der Nacht vor seinem Tod das Brot als Leib bzw. den Kelch als Bundesblut »für euch« gibt: *hyper hymon* (1 Kor 11,24; vgl. Lk 22,19). Diese Formel – bei Markus findet sich der vielleicht noch urtümlichere Ausdruck »für die vielen« (Mk 14,24) – »gehört wohl der ältesten Überlieferungsschicht der Evangelien an und lässt unter dem griechischen Wortlaut eine aramäische Grundform erkennen«.[12] Drastisch ist die Ausdrucksweise in Gal 3,13 und 2 Kor 5,21, wo Paulus formuliert, dass Christus »zum Fluch« *(katára)* bzw. »zur Sünde« *(hamartía)* gemacht wurde. Der Grund wird angegeben durch das »Für uns«. Das »Für uns« gibt den Sinn dieses Geschehens an: Es ist zu unseren Gunsten, denn Jesus tritt hier an die Stelle der Sünder.[13] Er wird zum Träger des Fluches. Dieselbe Anspielung wird sich im so kultorientierten Hebräerbrief[14] finden. Und im theologisch durchdachten

Johannesevangelium ist es schon völlig selbstverständlich, dass Jesus sein Leben »für das Volk« (Joh 11,50.51 f.; 18,14) hingibt, ja sein Fleisch ist »für das Leben des Kosmos« (Joh 6,51).

Hatte es im Heiligkeitsgesetz des Levitikus geheißen: »Ihr sollt heilig sein, denn ich bin heilig, der Herr, euer Gott!« (Lev 19,2), so formuliert Paulus offensichtlich vor diesem Hintergrund: »Denn das ist der Wille Gottes, eure Heiligung!« (1 Thess 4,4). Die Heiligung ist jetzt aber nicht mehr die Folge asketischer und kultischer Sühne, menschlicher Rituale und Leistungen. Warum? Das Heil kommt nicht mehr aus der Befolgung des alttestamentlichen Gesetzes. Dieses ist von Gott selbst »aufgehoben« durch eine neue und vollkommenere Weise, wie er die Heiligung wirkt. Und dies ist in dem Satz zusammengefasst: »Christus starb für uns, für unsere Sünden.« Der Bogen, der sich von der alttestamentlichen Heiligkeitsvorstellung ins Neue Testament spannt, ist offensichtlich.

Paulus begreift das Kreuz Christi also eindeutig als stellvertretenden Sühnetod: Wie das Opfertier mit den Sünden beladen wird und die Sünde durch seinen Tod in Sühne verwandelt, so sandte Gott seinen Sohn »in der Gestalt des sündigen Fleisches« (Röm 8,3), ja Gott macht »ihn, der die Sünde nicht kannte, für uns zur Sünde« (2 Kor 5,21; vgl. Gal 1,4), damit wir in Christus zu Gottes Gerechtigkeit werden. Im stellvertretenden Charakter sieht Paulus den allein entscheidenden Grund, der unser Heil begründet. Martin Luther hat später – durchaus paulinisch – vom »fröhlichen Wechsel und Streit« gesprochen, der zwischen Christus und dem Sünder eintritt: Die Sünde wechselt zu Christus, während die Gerechtigkeit Christi dem gläubigen Sünder angerechnet wird.

Da es bei Paulus um die existenzielle Erfahrung der Gnade geht, gibt es bei ihm viele Begriffe, die ausdrücken, wodurch uns das Heil Gottes nahegekommen ist; seine ganze Theologie ruht in dem Gedanken einer umfassenden Erlösung durch Christus. Paulus hat verschiedene Ausdrücke, um von der Heilswirkung zu sprechen, welche das *skandalon* des Kreuzes hat. Er spricht von Rechtfertigung, von Loskauf, von Gnade, von Versöhnung, von Geistausgießung usw. Die Theologie muss darauf aufmerksam machen, dass diesen Begriffen, die wir in der Umgangssprache oft synonym verwenden, oft sehr unterschiedliche erlösungstheologische Modelle zugrunde liegen. Tatsache ist aber, dass all diese Vorstellungen »immer noch im stellvertretenden (Sühne-) Tod Christi aufgipfeln bzw. diesen Gedanken in noch helleres Licht rücken«.[15]

Wie ist die persönliche Einstellung von Paulus zum Tempelkult? Dass er selbst im Tempel geopfert hat, ist durchaus möglich (Apg 21,26; 24,17 f.),[16] weil er um des Evangeliums willen bereit war, »den Juden ein Jude zu werden, um die Juden zu gewinnen« (1 Kor 9,20). Andererseits ist Paulus ein typisch pharisäischer Schriftgelehrter, der lieber den geistigen Sinn der Schrift erklärt als den priesterlichen Kult in Jerusalem. Es fällt auf, dass Paulus an sich nicht viel an einem kulttechnischen Vokabular liegt. Um auszudrücken, was Christus gewirkt hat, spricht Paulus beispielsweise niemals von *hilaskomai* (»sühnen«), sondern vom kultneutralen *aphiemi* (»vergeben«) oder *katalasso* (»versöhnen«). Der Tempelkult ist für ihn ein Werk des Gesetzes und daher durch den Tod Christi hinfällig geworden. Das Gesetz ist aufgehoben, weil Gott in Christus eine neue Gerechtigkeit schenkt. Paulus war es ja, der die neu getauften Heiden nicht mehr an den Jerusalemer Kult band; sein Einsatz galt, wie es der Römerbrief und der Galaterbrief bezeugen, der Emanzipation der Christusgläubigen von einer Rückversicherung in den »Werken des Gesetzes«. Jene Judenchristen, die weiterhin die gesetzlich vorgeschriebenen Riten beachten, darunter auch die Sühneopfer, nennt er »die Schwachen« (z. B. 1 Kor 8,7), »denn durch die Werke des Gesetzes wird niemand gerecht« (Gal 2,16).

Gerade weil Paulus schon so sehr in innerer Distanz zum gesetzlichen Tempelkult steht, ist es beachtenswert, wenn gerade er nicht darauf verzichtet, das Kreuz in Begriffen der Sühnetheologie als ein Sühnegeschehen »für uns« auszudeuten. Und ausgerechnet Paulus ist es dann auch, der in Röm 3,25 Jesus mit dem Fachbegriff *hilastérion (kaporeth)* als jene »Sühneplatte« bezeichnet, durch deren Besprengung am *Jom-Kippur*-Tag die nationale Entsühnung vollzogen wurde. Doch die Wirkung des *hilastérion*, das Gott in Christus Jesus gesetzt hat, ist umfassender: »Alle haben gesündigt und die Herrlichkeit Gottes verloren. Ohne es verdient zu haben, werden sie gerecht, dank seiner Gnade, durch die Erlösung in Christus Jesus. Ihn hat Gott dazu bestimmt, Sühne zu leisten [wörtlich: ihn hat Gott als Sühneplatte aufgestellt] mit seinem Blut, Sühne, wirksam durch Glauben. So erweist Gott seine Gerechtigkeit durch die Vergebung der Sünden, die früher, in der Zeit seiner Geduld, begangen wurden« (Röm 3,23–26). Der Pathos, mit dem die Entsühnung im Heiligtum vollzogen wurde, wird hier zum Verständnishorizont für das Große und Gnadenhafte des Kreuzes: dass Gott hier endgültig die Rechtfertigung des Menschen vollzogen hat.[17]

5.4 *Das Blut Christi und Christus als Paschalamm*

Der Grundgedanke bei Paulus war: Der Schandtod Christi am Kreuz war ein heilsschaffender Tod, weil er ein Sühnetod »für uns« war. Weil Jesus als »Sühneplatte« von Gott gesetzt wurde, kommt alle Rechtfertigung »in seinem Blut« (Röm 3,25). Gerade für den christlichen Glauben spielt von daher das Blut Christi eine wichtige Rolle. Blut ist im Alten Testament das Sühnemittel *par excellence*. Es ist schlechthin das, was Gott gegeben hat, um Sühne zu ermöglichen (Lev 17,10–11). Wo im Neuen Testament vom Blut Christi die Rede ist, da klingt diese ganze Opfertradition auf, die Vorstellung, dass wir »durch sein Blut gerecht gemacht sind« (Röm 5,9), weil dieses Blut die Vergebung der Sünden wirkt (Kol 1,13.20). Der Hebräerbrief setzt das Blut Christi direkt in Verbindung mit dem Opferritual des Tempels: »Ihr seid hinzugetreten [...] zum Mittler eines neuen Bundes, Jesus, und zum Blut der Besprengung, das mächtiger ruft als das Blut Abels« (Hebr 12,24). Von einer entsühnenden Besprengung mit Christi Blut spricht auch der 1. Petrusbrief (vgl. 1 Petr 1,2).[18]

Die Bedeutung des Blutes umfasst das innerste Zentrum des Tuns Jesu, denn in der Nacht vor seinem Leiden spricht er über dem Kelch die Worte: »Dieser Kelch ist der Neue Bund in meinem Blut, das für euch vergossen wird« (Lk 22,20; 1 Kor 11,25). Nach den beiden anderen Einsetzungsberichten bezeichnet Jesus den Kelch als »das Blut des Bundes, das für viele vergossen wird« (Mk 14,24; Mt 26,28). Weil der Rahmen des Abendmahls vermutlich ein Paschamahl war (Lk 22,15–20), aber nirgendwo vom Essen eines Paschalammes berichtet wird, hat man die Einsetzungsworte auch so gedeutet, als ob sich Jesus hier direkt als Paschalamm hingibt. Seine Worte hätten dann den Sinn: »Ich gehe als das wahre Paschaopfer in den Tod.«[19]

Dass der Tod Christi einen »neuen Bund« herstellt, besagen auch jene beiden Stellen, die von einer »Besprengung« durch das Blut Christi sprechen: 1 Petr 1,2 und Hebr 12,24. Der Hintergrund ist der Bundesschluss am Sinai in Ex 24,7 f., bei dem Mose das Volk zur Besiegelung mit dem Blut des Opfertieres besprengt hat. Die Frage, warum es sich um einen neuen Bund handelt – nach dem Hebräerbrief sogar um einen »ewigen Bund« (Hebr 13,20) –, ist schon beantwortet: weil hier Gott selbst in einer endgültigen Weise gehandelt hat, weil Gott hier die universale Versöhnung anbietet. Es ist nicht ein Tod unter vielen Toden, der da gestorben wird am Kreuz, auch nicht ein Opfer unter vielen, sondern der umfassende Sühnetod. Dieses Blut ist »mächtiger« (vgl. Hebr 12,24) als alle menschlichen Sühnerituale.

Aus dem Bezug zum Opferkult ergibt sich auch der Vergleich Christi mit dem *Lamm*. Das Lammsymbol ist bereits in der frühchristlichen Kunst nachweisbar und hat wie kaum ein anderes christliches Symbol in der Sakralkunst Verbreitung gefunden;[20] die Lammsymbolik ist bis heute in Liturgie, Brauchtum und Theologie erhalten.[21] Zu beachten ist, dass das Paschalamm an sich nicht als Sündopfer verstanden wurde, doch wissen wir, wie wichtig das 4. Lied vom Gottesknecht in Jes 52,12–53,12 für die Interpretation des Leidens und Sterbens Christi war. Und dort fließt beides ineinander: der Vergleich mit dem Lamm und der Bezug auf das freiwillige Sündopfer, als das sich der Gottesknecht darbringt: »Doch der Herr lud auf ihn die Schuld von uns allen. Er wurde misshandelt und niedergedrückt, aber er tat seinen Mund nicht auf. Wie ein Lamm, das man zum Schlachten führt, und wie ein Mutterschaf angesichts seiner Scherer, so tat auch er seinen Mund nicht auf« (Jes 53,6b–7). Es lag daher nahe, den Tod Christi nach der Art des Todes des Opferlammes zu verstehen, zumal dann in Jes 53,10 noch ausdrücklich gesagt wird, dass der Gottesknecht »sein Leben als Sühnopfer« hingab.[22] Die Symbolik des sühnenden Osterlammes ist deshalb vermutlich sehr früh anzusetzen. Schon Paulus dürfte einen gebräuchlichen Ruf – aus der Liturgie? – zitieren, wenn er in 1 Kor 5,7 schreibt: »Denn als unser Paschalamm wurde Christus geschlachtet!«[23] Beachtenswert ist der Zusammenhang: Paulus behandelt an dieser Stelle einen Fall von Blutschande in der Gemeinde von

Korinth; er fordert zu entschlossenem Vorgehen gegen den Sünder auf, indem er an die Heiligkeit erinnert, welche der Gemeinde durch die Sühne des »Paschalammes Christus« geschenkt wurde.

Am deutlichsten wird die Anspielung auf Jesus als »Paschalamm« im Johannesevangelium. Dort steht der gesamte Kreuzigungsvorgang im Kontext der rituellen Schlachtung der Paschalämmer, die am Nachmittag des 14. Nisan, am Tag vor dem Paschafest, erfolgte. Johannes ist dieser Symbolismus des »Paschalammes« so wichtig, dass er eine eigene, von den Synoptikern abweichende Chronologie der Leidensereignisse bietet.[24] Jesus stirbt an dem Tag, an dessen Abend man das Paschamahl hält (Joh 18,28), und zwar um die neunte Stunde (Joh 19,34). Exakt zur selben Zeit werden in der Stadt oben im Tempel, wie wir durch Josephus Flavius wissen, die Opferlämmer für das Mahl geschlachtet.[25] Weiterhin wird nach Johannes die Seite Christi aufgestoßen, Blut und Wasser fließen hervor (Joh 19,34). Auch hier legt sich eine bewusste Bezugnahme auf das Blut der Opfertiere nahe, das man nach der Vorschrift von Dtn 12,23 ausfließen lassen musste. Dass der Evangelist auf diese Symbolik abzielt, kann man schließlich auch aus dem »Schriftwort« erschließen, das er als Begründung für das unübliche Durchbohren anführt: »Man soll kein Gebein an ihm zerbrechen« (Joh 19,36). Hier dürfte es sich um eine freie Wiedergabe von Ex 12,46 handeln: »Und ihr sollt keinen Knochen des Paschalammes zerbrechen.« Christus erfüllt hier den Typos des Opferlammes. Sein Blut ist Opferblut, das auch schon unmittelbar heilend wirkt, indem es die Bekehrung von dem wirkt, was nach der Theologie des Johannesevangeliums die eigentliche Sünde ist: der Unglaube. Deshalb wird unmittelbar die Wirkung des Sühnopfers greifbar in Gestalt des Soldaten, der die Durchbohrung vornimmt: »Er hat es gesehen, und er bezeugt es, und sein Zeugnis ist wahr. Und er weiß, dass er Wahres berichtet, damit auch ihr glaubt« (Joh 19,35).

In der Kreuzigung Jesu geht jedenfalls in Erfüllung, was Johannes der Täufer am Anfang des Evangeliums schon im Ton einer programmatischen Ankündigung gesprochen hat: »Seht das Lamm Gottes, das die Sünde der Welt hinwegnimmt!« (Joh 1,29.36). Die Theologie des Johannesevangeliums ist eine Theologie des »Lammes Gottes«. Weil Christus dieses besondere »Lamm« ist, das sich selbst in der Erhöhung des Kreuzes hingibt, hat sein ausfließendes Blut die Kraft zur Sühne. In der Offenbarung des Johannes wird das »Lamm« zum Symbol für den endzeitlich herrschenden Christus: Das geschlachtete Lamm steht aufrecht da (Offb 5,6) und ist Subjekt des siegreichen Handelns Gottes.[26] Der trostreiche Sinn dieses apokalyptischen Bildes ist, dass der Sieg der jungen verfolgten Kirche über den Drachen »durch das Blut des Lammes« (Offb 12,11)[27] geschieht.

5.5 Was bewirkt das Blut Christi?

Was bewirkt die Sühne Christi? Die Wirkungen werden in den neutestamentlichen Schriften verschieden beschrieben; es geht in diesen Vorstellungen aber immer um die Bewältigung der Sünde. Bei Johannes entsteht aus dem ausfließenden Blut und Wasser das »Zeugnis« der Wahrheit, »damit auch ihr glaubt« (Joh 19,35). Bei Paulus ist das Blut »gerecht machend« (Röm 5,9); der 1. Petrusbrief spricht mit deutlichen Bezügen zum priesterschriftlichen Heiligkeitsgesetz (1 Petr 1,16; Lev 19,2) vom Losgekauftsein »durch das kostbare Blut Christi« (1 Petr 1,18–19). Auch im Epheserbrief wird die von Sünden befreiende Wirkung des Blutes Christi betont: »Durch sein Blut haben wir die Erlösung, die Vergebung der Sünden nach dem Reichtum seiner Gnade«

(Eph 1,7). In der Offenbarung des Johannes ist von der Erlösung »durch sein Blut« die Rede (Offb 1,5); schließlich haben die christlichen Märtyrer ihre Gewänder gewaschen und »im Blut des Lammes weiß gemacht« (Offb 7,14).

Ein besonderes Zeugnis findet sich im Epheserbrief. Während es für Judenchristen aufgrund der Sühnetheologie unmittelbar verständlich gewesen sein muss, dass »durch sein Blut« die Vergebung der Sünden geschenkt ist, wendet sich der Brief mit einer anderen Argumentation an jene, die »einst Heiden waren und äußerlich unbeschnitten sind« (Eph 2,11): »Jetzt seid ihr, die ihr einst in der Ferne wart, durch Christus Jesus, nämlich durch sein Blut, in die Nähe gekommen. Denn er ist unser Friede. Er vereinigte die beiden Teile (Juden und Heiden) und riss durch sein Sterben die trennende Wand der Feindschaft nieder. Er hob das Gesetz samt seinen Geboten und Forderungen auf, um die zwei in einer Person zu einem neuen Menschen zu machen. Er stiftete Frieden und versöhnte die beiden durch das Kreuz mit Gott in einem einzigen Leib. Er hat in seiner Person die Feindschaft getötet« (Eph 2,13–17).

Die Tempelopfer Israels sollten den »*Schalom*-Zustand« mit Gott sichern; jetzt wird ein neues Bundesverhältnis durch Christus hergestellt, eine neue Form des *Schalom*. Gott wollte »alles versöhnen« in Christus, »der Friede gestiftet hat am Kreuz durch sein Blut« (Kol 1,20). Das Thema des Gottesfriedens, das auch im Kolosserbrief kurz aufklingt, ist im Epheserbrief gleichsam die entscheidende Wendung: Es geht um eine neue Dimension des »Friedens«, es geht um einen Frieden, den Gott in Form eines neuen Gottesverhältnisses schenkt. Das Blut bewirkt keineswegs nur die individuelle Erlösung des Sünders, auch nicht nur den *Schalom* für das Volk Israel, sondern es hat die Kraft, eine neue Gemeinschaft zu bilden, es hat kirchenbildende Kraft. Wie die Sühne Christi umfassend ist, so ist auch das Volk, das auf diese Weise »erworben« wird, universal, ohne ethnische, rassische oder nationale Grenzen: »Du hast dich schlachten lassen und durch dein Blut Menschen aus allen Stämmen, Sprachen, Völkern und Nationen für Gott erworben« (Offb 5,9).

Schließlich ist der 1. Petrusbrief anzuführen, wo vom »kostbaren Blut« Christi die Rede ist: »Ihr wisst, dass ihr nicht mit vergänglichen Werten, mit Gold und Silber, von eurem verkehrten Wandel losgekauft seid, sondern mit dem kostbaren Blute Jesu Christi als des unschuldigen und fleckenlosen Lammes« (1 Petr 1,18). Hier wird auch auf die Einmaligkeit des Opfers Christi angespielt: Das Gesetz verlangte nur gesunde Opfertiere und es herrschte die allgemeine Überzeugung, dass die Sühne umso wirksamer sei, je wertvoller das Opfertier war. Die Qualität des Kreuzesopfers aber übertrifft alles; es ist das »unschuldige und fleckenlose Lamm«; sein Blut ist kostbarer als das der anderen Opfer.

5.6 War Jesu Tod ein bewusster Sühnetod?

Wir haben bisher gesehen, dass der alttestamentliche Sühnekult schon vorchristlich eine Liturgie der Sühne durch den stellvertretenden Tod eines Tieres entfaltet hatte, die es den neutestamentlichen Autoren, vor allem Paulus (»Sühneplatte«, »für uns«, »Blut«) und Johannes (»Lamm Gottes«, »Schlachtung«, »Blut«) ermöglichte, den anstößigen Tod Jesu als etwas Positives zu begreifen, ja in ihm sogar das Heilsereignis der Vergebung schlechthin zu erkennen. Dass das Neue Testament den Tod Jesu als stellvertretenden Sühnetod »interpretiert«, darüber gibt es unter den Theologen weitgehend Übereinstimmung. Doch stellt sich die Frage, ob Jesus selbst seinen Tod so verstand. Dass die Frage nach dem

Todesverständnis, das Jesus selbst hatte, von größter Bedeutung ist, wurde bereits dargelegt. Ohne freiwillige Todesannahme wäre jede Rede vom Sühnetod hinfällig. Denn es muss zugegeben werden, dass es sich um eine glatte Fehlinterpretation handeln würde, wenn man ein zufälliges und gänzlich unfreiwilliges Lebensende als Liebeshingabe des Sohnes Gottes für unsere Sünden (Gal 3,20) gedeutet hätte.

Konnte sich Jesus selbst als *hilastérion* (Röm 3,25) verstehen, als Sühneplatte, als welche ihn Paulus der ersten Christengemeinde in Rom vorstellt? Konnte Jesus sein Ende in Jerusalem tatsächlich als das Schicksal eines Opfertieres, als das Schicksal des »für uns geopferten Paschalammes« (1 Kor 5,7) verstehen? War sein Sterben auch nach seinem eigenen Verständnis, wie Paulus dies immer wieder formuliert, ein Tod »für uns« bzw. »für unsere Sünden«? Ohne freiwilliges Lebensopfer Christi wäre dem christlichen Glauben das Fundament entzogen, in der Folge davon natürlich auch alle Sühnefrömmigkeit hinfällig. Man versteht deshalb die Sorgfalt und Mühe, welche die Theologie in den letzten Jahren für diese Frage aufgewandt hat.

Die Tatsache, dass es dieses Verständnis vom Sühnetod von Anfang an in der jungen Kirche gab, kann von niemandem bestritten werden. Es ist ein historisches Faktum, dass die nachösterliche Gemeinde den Tod Christi als stellvertretenden Sühnetod interpretierte; Tatsache ist auch, dass die Idee der erlösenden »Sühne Christi« von Anfang an eine der wichtigsten Glaubensvorstellungen des Christentums war. Und dennoch wird seit der Aufklärung eben diese Vorstellung, dass die Existenz Christi, die in Leiden und Kreuz aufgipfelt, Sühne für unsere Sünden gewesen sein soll, von vielen Theologen abgeschwächt, von manchen verworfen und von einigen sogar bekämpft.

Der evangelische Bibelwissenschaftler Rudolf Bultmann etwa hat eingewandt, dass die Vorstellung, jemand könnte durch seinen Tod andere von Sünden befreien, auf alten mythischen Gedankengängen beruhe und man eine solche Vorstellung heute einfach nicht mehr nachvollziehen könne.[28] Das ist überhaupt eines der Grundanliegen der Bibelinterpretation Bultmanns und anderer: Alles, was dem heutigen Menschen fremd geworden ist und dem gegenwärtigen Denken zu widersprechen scheint, aus dem Neuen Testament zu eliminieren; hinter den »Schalen« der zeitbedingten Glaubensvorstellungen, mit welchen die frühe Kirche Jesus umgeben hat, den eigentlichen »Kern« zu entdecken. Bultmann hat diese Grundoption selbst so ausgedrückt: »Man kann nicht elektrisches Licht und Radioapparat benutzen, in Krankheitsfällen moderne medizinische und klinische Mittel in Anspruch nehmen und gleichzeitig an die Geister- und Wunderwelt des Neuen Testaments glauben.«[29] Diese Argumentation bedeutet aber, dass hier vorweg eine grundsätzliche Entscheidung getroffen wird, wonach alles objektive Handeln Gottes, das als übernatürlich scheinen könnte, von vornherein als unmöglich abgelehnt werden *muss*! Bultmann wird sich also fragen müssen, ob er hier nicht ein Vorurteil in die theologische Argumentation trägt, weil er ja den eigenen Denkhorizont zum Maßstab für die Wahrheit des Evangeliums voraussetzt.

Aber das eigentliche Problem setzt noch viel tiefer an. Bultmann und viele andere lehnen die Vorstellung des stellvertretenden Sühnetodes Christi nicht nur deshalb ab, weil sie der modernen Vorstellungswelt fremd geworden sei, sondern auch aus einem bibelwissenschaftlichen Grund. Die Exegese unterscheidet zwischen einem »vorösterlichen Jesus« und einem »nachösterlichen Jesus«. Der »nachösterliche Jesus« ist der, welcher von den Jüngern und den Verfassern der Evangelien schon mit den Augen des Glaubens gesehen wurde. Da alle Schriften des Neuen Testamentes – auch die Evangelien – nach den Osterereignissen aufgeschrieben wurden, hält man sie für Produkte dieses Osterglaubens. Die historisch-kritische Forschung meint, man habe aus dem Glauben heraus Jesus viele Worte in den Mund gelegt, die er selbst vor Ostern nicht gesagt haben könne. Konkret bezieht sich dies auf die Leidensvorhersagen Jesu. Nach den Evangelien geht Jesus nämlich sehr bewusst und zielstrebig auf Jerusalem zu und kündigt seinen Jüngern – nach den synoptischen Evangelien sogar dreimal – ausdrücklich an, dass er dort leiden und sterben werde.[30]

Doch eben dies ist für Bultmann eine nachösterliche Interpretation: »Die größte Verlegenheit für den Versuch, ein Charakterbild Jesu zu rekonstruieren, ist die Tatsache, dass wir nicht wissen könnten, wie Jesus sein Ende, seinen Tod, verstanden hat. Es ist symptomatisch, dass so gut wie allgemein angenommen wird, Jesus sei bewusst in Leiden und Tod gegangen und habe diesen als den organischen bzw. notwendigen Abschluss seines Wirkens verstanden. Aber woher wissen wir das, wenn die Leidensweissagungen von der kritischen Forschung als *Vaticinia ex eventu* [Vorhersagen, die erst nach dem Vorhergesagten gemacht wurden] verstanden werden müssen?«[31]

Eine solche Kritik rührt natürlich an das Fundament des christlichen Verständnisses von Erlösung und Heil. Wenn Jesus seinen Tod nicht wirklich als Sühne verstanden hat und bloß menschlich gescheitert ist, wenn der Tod nicht Wesensbestandteil seines Lebens, Lehrens und Wirkens war, sondern bloß ein unbeabsichtigter »Unfall«, dann verliert die apostolische und kirchliche Auffassung, dass wir »durch den Tod Christi mit Gott versöhnt wurden«, sowohl Halt wie Inhalt. Tatsächlich hat die Kritik Bultmanns eine ernste und breite Diskussion unter Theologen ausgelöst. Wenn man diese Kritik widerlegen will, dann muss man ehrlicherweise zugeben, dass kein Historiker mit letzter Sicherheit sagen kann, was Jesus nun genau gewusst und gefühlt hat. Aber man kann mithilfe der historisch-kritischen Methode durchaus aufweisen, dass Jesus sein bevorstehendes Sterben als universale Sühne verstehen konnte. Nach dem Glauben der jungen Kirche, den die Schrift bezeugt, hat Jesus seinen Tod tatsächlich als Gabe »für das Leben der Welt« (Joh 6,51) verstanden.

5.7 Jesu Todesgeschick ist das Kommen des Reiches Gottes (Heinz Schürmann)

Für die Tatsache, dass Jesus seinem Tod bewusst entgegengeblickt hat, gibt es eine Fülle von Argumenten, die als Antwort auf die Anfragen der historischen Kritik vor allem von Heinz Schürmann in wissenschaftlicher Feinarbeit zusammengetragen wurden.[32] Die Ergebnisse dieser subtilen Untersuchungen sind inzwischen im Bereich der katholischen Theologie fast allgemein akzeptiert worden.[33] Schürmann geht davon aus, dass es nach dem Neuen Testament zwei Deutungen des Leidens Jesu gibt: Die eine Auffassung versteht das Leiden Christi als bewussten Opfertod eines göttlichen Mittlers, wie hier bereits dargestellt wurde. Dies ist zugleich die Deutung, welche die historisch-kritische Methode ablehnt, weil es sich dabei allein um eine fromme Interpretation der nachösterlichen Gemeinde handeln solle. Es gebe aber eine andere Verstehensweise Jesu, die nicht vom Kreuzestod ausgeht, sondern allein von seinem irdischen Wirken, das in der prophetischen Verkündigung des Gottesreiches bestanden habe. Bei dieser zweiten Auffassung muss man noch nicht an eine übernatürliche Göttlichkeit Christi glauben; es ist jenes Verständnis von Jesus, das auch die historisch-kritische Exegese gelten lässt. Man versteht Jesus als durchaus menschlichen, freilich auf Gott hin lebenden Propheten; die Auffassung, wonach der Kreuzestod für Jesus etwas Sinnvolles oder gar Erwartetes gewesen sein soll, lehnte man, wie gesagt, ab.

Heinz Schürmann hat nun in seinen Untersuchungen zunächst diese Vorgaben der Bibelkritik übernommen und geht vom zweiten Modell aus, also von einem rein prophetischen Jesus als dem Verkünder der Gottesherrschaft (griechisch: *basileia*). Diese Verkündigung der nahen Gottesherrschaft führt ihn aber in einen Konflikt mit den religiösen Machthabern, jedenfalls in eine Situation, in welcher dem Menschen Jesus »der Vernichtungswille der Pharisäer und Schriftgelehrten kaum verborgen bleiben konnte«.[34] Das Entscheidende ist nun für Schürmann der Nachweis, dass der Prophet Jesus spätestens in der Nacht vor seinem drohenden Tod das angekündigte »Kommen der Gottesherrschaft« mit seinem eigenen Tod gleichsetzt. Spätestens beim Letzten Abendmahl habe Jesus erkannt, dass das Kommen des Gottesreiches und sein eigenes Lebensgeschick zusammenfallen. Er habe erkannt, dass die Herrschaft Gottes eben gerade durch seinen Tod kommen werde. Das bedeutet also, dass Jesus seinen drohenden Tod nicht nur voraussehen, sondern ihm sogar von sich her einen »erlösenden« Sinn zusprechen konnte. Es gibt also nach Schürmann sowohl eine Todes*bereitschaft* als auch eine Todes*gewissheit* Jesu.

Ausschlaggebend sind die Worte Jesu in den Abendmahlstexten. Jesus bezieht sich hier auf den alttestamentlichen Hintergrund von Jes 53, auf den leidenden Gottesknecht, »der sein Leben hingibt als Lösepreis für die vielen«. Diese Worte können keinesfalls bloß nachösterliche Erfindungen sein. Wenn Jesus über seinen bevorstehenden Tod nachgedacht hat, dann musste ihm auch vor Augen stehen, dass schon das Judentum das Martyrium als Sühnetod kannte. So ist in den Makkabäerbüchern, vor allem aber in 4 Makk 17,21, vom »sühnenden Tod« *(hilastérios thánatos)* der Märtyrer die Rede.[35] Das »Für euch« der Gottesherrschaft, das

Jesus in seiner Verkündigung bezeugt hat, wird also konkret in dem »Für euch« seiner eigenen Todeshingabe! Jesus »stiftet« tatsächlich seinen Tod als Heilsereignis, indem er diesen mit der nahegekommenen Gottesherrschaft identifiziert![36]

5.8 Jesu Sühnetod ersetzt die Opferstätte des Tempels (Josef Blank)

Die Argumentation Schürmanns ist in sich bestechend, doch nach der Meinung von Josef Blank erreicht auch sie nicht die wahre Tiefe des Selbstverständnisses, das Jesus von sich und seiner Sendung gehabt haben muss. Es ist für Blank eine falsche Vorgabe, dass Jesus immer nur gleichsam abstrakt von der Theorie seiner prophetischen Gottesherrschaft-Verkündigung verstanden wird. Dabei werden aber die konkreten geschichtlichen Umstände übersehen oder zu wenig reflektiert. Dass man Jesus als den Ankündiger der Gottesherrschaft darstellt, ist ohne Zweifel korrekt, doch man darf dabei nicht vergessen, dass eben diese Gottesherrschaft zur Zeit Jesu mit dem Tempelkult in Jerusalem in Verbindung gebracht wurde. Die Verbindung mit Gott, seine verzeihende Nähe und gnädige Zuneigung – also inhaltlich das, was Jesus unter »Reich Gottes« verkündigt hat – wurde ja als etwas verstanden, was durch den Kult des Tempels schon sinnfällig in Israel aufgerichtet war. Die Barmherzigkeit und Sündenvergebungsmacht Gottes wurde ja durch die Erfüllung der Opfergesetze in Israel vergegenwärtigt, und zwar konkret eben im Sühnekult des Jerusalemer Tempels.

Josef Blank schreibt daher: »Ich habe den Eindruck, dass in dieser Diskussion viel zu analytisch-abstrakt und zu wenig historisch-konkret gedacht wird; dass man zu wenig die jüdische Welt, in der Jesus gewirkt und gelebt hat, in Betracht zieht. Begreift man jedoch, welch große Bedeutung gerade der kultischen Sühne und dem Sühnegedanken sowie dem Interesse an der ›Sündenvergebung‹ in Verbindung mit dem *Jom Kippur* im damaligen Judentum zukam, dann versteht man auch, welche Resonanz einer Botschaft zukommen musste, welche die Sündenvergebung so großzügig, frei und offen praktizierte, wie wir dies bei Jesus sehen. Man darf also nicht von jener abstrakt-theoretischen Betrachtungsweise ausgehen, wie sie dem modernen westlichen Denken entspricht, wo man kaum noch weiß und versteht, wovon die Rede ist, wenn es um Sühne und Sündenvergebung geht; vielmehr muss man davon ausgehen, dass im jüdischen Milieu zur Zeit des Zweiten Tempels (und nicht nur damals) jedermann wusste, welche Bedeutung dem Sühneritual des Tempels zukam und wofür die täglichen Opfer dargebracht wurden.«[37]

Und hier ist nun entscheidend, dass Jesus nicht bloß theoretisch in eine Auseinandersetzung mit dem Sühnekult des Tempels tritt, sondern durch sein praktisches und fassbares Tun. Doch zunächst ist festzuhalten, dass Jesus das Gesetz kennt; daher kennt er auch den Tempel und die Bedeutung der Sühne- und Opferpraxis (Mt 5,23 f.; Lk 19,45–57par.). Jesus wiederholt auch die Kritik der Propheten an einer veräußerlichten Praxis eines herzlosen Opferautomatismus; und er wiederholt die alte Forderung: »Barmherzigkeit will ich und nicht Opfer!« (Mt 9,13; 12,7.33: von Hos 6,6). Die Propheten forderten eine Haltung der Wahrhaftigkeit: dass die Haltung der Versöhnung, die man im Kult gegenüber Gott zum Ausdruck brachte, auch im Leben verwirklicht wird. Es geht nicht an, Gottes Barmherzigkeit zu erbitten, aber in Unbarmherzigkeit gegenüber den Mitmenschen zu verharren. Der Tempelkult als solcher war damit nicht infrage gestellt, bloß die zugrunde liegende Haltung.

Doch Jesus geht es bei genauem Hinsehen nicht nur um diese gleichsam formale Kritik; seine Konfrontation mit dem

Tempel geht weit über alles Bisherige hinaus: Er fordert nicht bloß nach der Art der Propheten von seinen Hörern Versöhnungswillen, sondern er selbst schenkt von sich her die wirkliche Versöhnung! Jesus selbst gibt diese Versöhnung, indem er von Sünde und Krankheit erlöst. Es muss den Juden wie eine Gotteslästerung vorgekommen sein, wenn Jesus, auf sich selber weisend, von sich sagte: »Hier ist mehr als der Tempel!« (Mt 12,6). Und welche Provokation musste es schon bedeuten, wenn er nach seinem Einzug in Jerusalem »im Tempel« selbst die Kranken heilte (Mt 21,14). Er setzt sich also nicht nur mit der Gottesherrschaft gleich, sondern mit der heilschaffenden Versöhnung, die Gott schenkt: »Das von Jesus gepredigte Heil wäre buchstäblich ohne ihn nicht vorhanden.«[38]

Aber gerade der Sinn des Tempels bestand darin, das Heil, die Versöhnung Gottes, für die Sünden des Volkes zu erlangen. Jesus verkündigte in seiner irdischen Botschaft die Barmherzigkeit Gottes. Seine Botschaft gleicht einem neuen Bundesangebot Gottes an die Menschen, eines Gottes, der wie ein Vater die Menschen liebend annehmen will. Was Jesus nicht nur verkündigt, sondern durch seine Handlungen auch persönlich ausdrückt, ist eben diese neue Verzeihensbereitschaft des göttlichen Vaters. Weil er sich als der bevollmächtigte Gesandte, als der Sohn dieses Vaters schlechthin begreift, beansprucht Jesus deshalb auch für sich, ohne Vorleistung und von Gott her Sünden zu vergeben: »Deine Sünden sind dir vergeben!« (Mk 2,5.7). Er stellt damit in einer für fromme Juden empörenden Weise den Sinn der heiligsten Institution, eben des Tempels, infrage. Das Sünden vergebende Wirken Jesu war tatsächlich eine Provokation, wie die Evangelien auch deutlich bezeugen. Nach Josef Blank muss Jesus um diese Dimension seines Wirkens auch selbst gewusst haben. Denn dass er bewusst und zielstrebig seinen »Weg hinauf nach Jerusalem« gegangen ist, wie Lukas dies betont (Lk 9,31.51; Mt 16,21), ist historisch unbezweifelbar.[39] Das Ziel dieses Hinaufziehens war die Feier des Paschafestes. Jesus hat offensichtlich den Tempel auch als Sühnestätte anerkannt, denn warum sollte er, der ja schon mit seinen Eltern (vgl. Lk 2,41) und später mit seinen Jüngern (vgl. Joh 2,13; 12,12) zum Paschafest hinaufgezogen war, diesmal nach Jerusalem gehen, »wenn nicht in der Überzeugung, dass ein rituelles Pascha ohne den Tempel unmöglich sei?«[40] Und schließlich wusste Jesus auch, dass Gott vom Tempel her seinem Volk die Versöhnung gewährte; dort war ja der Ort seiner heiligen Gegenwart. Die Reinigung der Vorhallen des Tempels, die Jesus nach seinem Einzug in Jerusalem vollzogen hat, diente eben diesem Zweck: der Heiligkeit des Tempels als »Haus des Gebetes«. Wenn Jesus den Sinn des Tempels also kennt und schätzt, warum provoziert er dann selbst gegen den Tempel mit seinen Ankündigungen (vgl. Mk 14,58; Mt 26,61; Joh 2,19), dass er ihn niederreißen wolle?

Der Tempel mit seinem Opferbetrieb galt den Juden als sakrosankt. Jesus musste wissen, dass Prophezeiungen gegen den Tempel lebensgefährlich waren, wie etwa eine Episode aus dem Leben des alttestamentlichen Propheten Jeremia zeigt. Zur Zeit Jeremias, also unmittelbar vor der Zerstörung Jerusalems im Jahr 586, hatte sich ein geradezu abergläubisches Vertrauen auf den Tempel entwickelt: »Der Tempel des Herrn, der Tempel des Herrn, der Tempel des Herrn ist hier!« (Jer 7,4), wiegte man sich vor den heranrückenden Feinden in Sicherheit. Als Jeremia den Untergang des Tempels voraussagt, wird er von den Priestern vor ein königliches Gericht gebracht, um zum Tod verurteilt zu werden.[41] Der Tempel war auch als Gebäude tabu, Kritik am Tempelkult galt als todeswürdiges Verbrechen. Die in Mk 14,58 wiedergegebene Anschuldigung, Jesus wolle den Tempel niederreißen, war also schwerwiegend und ein wichtiges Argument für die Hinrichtung Jesu.

Warum hat Jesus das Ende des Tempels verkündigt? Josef Blank gibt hier die Antwort, wenn er sagt, dass Jesus selbst sich als die Erfüllung des Sühnekultes verstanden haben muss. Er selbst tritt mit seinem Lebensopfer an die Stelle des alten Kultes. Jesus, die personalisierte Versöhnung Gottes, der sich selbst als die nahegekommene Gottesherrschaft verstand, begriff sich auch als die personalisierte Versöhnung Gottes. Er trat damit in »Konkurrenz« zum Sühnekult des Tempels und nahm seinen bewusst erwarteten Tod als Vollendung aller Sühne auf sich. Das Johannesevangelium stellt daher die Reinigung des Tempels – im Unterschied zu den Synoptikern – gleich an den Anfang des Wirkens Jesu. Der Satz »Reißt diesen Tempel nieder, in drei Tagen werde ich ihn wieder aufrichten!« (Joh 2,19) erhält somit den Charakter einer programmatischen Antrittsrede, die in den nachfolgenden Versen auch gleich ausgedeutet wird: Es heißt, Jesus habe mit dem Niederreißen nicht den steinernen Tempel gemeint, sondern den »Tempel seines Leibes«. Das bedeutet also: Jesu Leib, der am Kreuz »niedergerissen« wird, ist das Opfer, das vollkommene Sühne wirkt und deshalb an die Stelle des menschlichen Opferwesens in Jerusalem tritt. Auch Gerhard Lohfink deutet die neutestamentlichen Passionsberichte so, »dass Jesus in seinem Tod zum Ort der endzeitlichen Sühne für Israel wurde, und das bedeutet, dass nicht mehr der Tempel der legitime Ort der Sühne ist, sondern Jesus selbst mit seiner Lebenshingabe bis in den Tod«.[42]

Der Tempelkult ist damit hinfällig geworden, die umfassende Versöhnung ist gewirkt. Das ist dann wohl auch der Grund, warum die synoptischen Evangelien berichten, dass beim Tode Christi der innere Vorhang im Tempel (vgl. Ex 26,33), der die so wichtige Sühneplatte den Blicken entzog, entzweireißt (Mk 15,38; Mt 27,51; Lk 23,45). Bis zu diesem Augenblick durfte nur der Hohepriester am Großen Versöhnungstag hinter diesen Vorhang treten, um das *kaporeth* mit Blut zu besprengen und so die jährliche Sühne für das Volk zu leisten. Das Zerreißen des Vorhanges muss folglich so verstanden werden, dass der Zugang ins Allerheiligste, in die nächste Nähe Gottes, endgültig für alle geöffnet ist. Der Tod Christi öffnet das Innere Gottes für jedermann; es ist keine Wand, kein Schleier oder Vorhang mehr zwischen Gott und dem Menschen. Gott hat sein innerstes Wesen allen enthüllt und seine Barmherzigkeit ist allen frei zugänglich. Nicht mehr der Tempel aus Stein schafft das Heil, sondern der »Tempel« des Leibes Christi (Joh 2,21).

Am Ende des großen Sühnerituals stand der Segen, den der Hohepriester den im Vorhof versammelten Gläubigen gab, indem er ihnen das *Schalom* zurief, während alle niederfielen und Gott anbeteten: Gott ist versöhnt, der *Schalom*-Zustand ist hergestellt. Das ist offensichtlich der Hintergrund, vor dem auch die oftmaligen *Schalom*-Grüße des auferstandenen Herrn im Johannesevangelium verstanden werden müssen. »Er trat in die Mitte seiner Jünger und sprach: ›Der Friede sei mit euch!‹« (Joh 20,19.21.26; auch Lk 24,36). Er, welcher noch die Tötungsmale an sich trägt und nachweislich vorzuweisen vermag, ist tatsächlich die Erfüllung des Wortes des Täufers: Er ist das »Lamm Gottes, das die Sünde der Welt hinwegträgt« (Joh 2,29.36).

6. Das Opfer Christi als Ende aller Opfer in der frühen Kirche

6.1 Das »Ein-für-alle-Mal« des Opfers Christi

Wir dürfen also annehmen, dass Jesus auch nach seinem menschlichen Ermessen seinen bevorstehenden Tod durchaus im Sinne eines Sühneopfers verstehen konnte und wollte. Die frühe Kirche hat sofort den stellvertretenden Sühnetod als den springenden Punkt der Erlösung begriffen und im Kreuz ein Opfer gesehen, freilich mit einer beachtenswerten Pointe: Man begreift das Kreuz als Sühneopfer, durch welches zugleich das Ende aller anderen Opfer gekommen ist! Die Beendigung des Opferkultes durch Christus ist das beherrschende Thema im Hebräerbrief, dem der unbekannte judenchristliche Autor mehrere Kapitel widmet (Hebr 9–10). Den Ritualien des Alten Bundes stellt er das »Einmal« und Ein-für-alle-Mal« Christi entgegen.[1] Wie keine andere Schrift des Neuen Testamentes wird hier die Bedeutung Jesu direkt vor dem Hintergrund des Sühnekultes im Tempel geschildert. Das Ziel des Hebräerbriefes ist es, den bisherigen Kult zu relativieren: Er ist nur noch ein »Schatten« dessen, was in Christus übererfüllt ist (Hebr 10,1).

Das Alte ist nur noch die Form: Christus erfüllt diese Form, indem er sie endgültig aufsprengt. Deshalb muss der Hebräerbrief zuerst zeigen, wie Gott in Christus die »Reinigung von den Sünden« (Hebr 1,3) tatsächlich ganz nach der Art sühnender Opferung bewirkt. Das Opfer Christi überholt den Kult auf allen Sinnebenen: Es ist in der Zeit und umfasst doch alle Zeiten, sodass es einen »ewigen Bund« wirkt; es ist ein Opfer an einem bestimmten Ort, nämlich »vor den Mauern« Jerusalems, und wirkt doch universal durch Raum und Zeit.

Um das aufzuzeigen, stellt der Hebräerbrief den brutalen Tod Jesu vor den Mauern Jerusalems sogar auf dieselbe Ebene wie die Schlachtung der Opfertiere im Tempel: »Denn die Körper der Tiere, deren Blut vom Hohepriester zur Sühnung der Sünde in das Heiligtum gebracht wird, werden außerhalb des Lagers verbrannt. Deshalb hat auch Jesus, um durch sein eigenes Blut das Volk zu heiligen, außerhalb des Tores gelitten« (Hebr 13,11–12). Der Autor bringt hier den Umstand, dass Jesus »außerhalb des Tores« (Joh 19,20; Mt 21,39) hingerichtet wurde, in Verbindung mit den Tieropfern des *Jom Kippur*: Nach Lev 16,27 mussten der Sündopferstier und der Sündopferbock außerhalb des Lagers verbrannt werden. Dass Jesus als Sündopfer verstanden wird, zeigt aber auch schon der vorangehende Vers in Hebr 13,10, wo es heißt: »Wir haben einen Altar, von dem die nicht essen dürfen, die dem Zelt dienen.« Das Sündopfer musste ja vollständig verbrannt werden, während bei sonstigen Opfern ein Gutteil des genießbaren Fleisches den Priestern überlassen wurde.

Das Hauptanliegen des Hebräerbriefes ist es aber, die Ähnlichkeit zu den alten Opfern nur deshalb aufzuzeigen, um von daher die Andersartigkeit, die Einzigkeit und Einmaligkeit der Sühne verständlich zu machen, die in Christi Tod geschehen war. Der Opferkult im Tempel fand im Rhythmus des Jahres statt; immer neu musste geopfert werden, um das Bundesverhältnis aufrechtzuerhalten. Im Unterschied zu den vielen Opfern des levitischen Tempelkultes hat Christus »nur ein *einziges Opfer* für die Sünden dargebracht und sich dann für immer zur Rechten Gottes gesetzt« (Hebr 10,12). »Denn durch ein einziges Opfer hat er die, die geheiligt werden, für immer zur Vollendung geführt« (Hebr 10,14). Gerade weil das Opfer Christi einzig ist, entfaltet es doch gerade in dieser Einmaligkeit eine umfassende Wirkung: »Wie dem Menschen bestimmt ist, ein einziges Mal zu sterben [...], so hat sich auch Christus ein einziges Mal geopfert, um die Sünden *aller* hinwegzunehmen« (Hebr 9,27 f.). Das Resultat der alten Opfer ist bestenfalls die kurzfristige Beschwichtigung Gottes, die Frucht des Opfers Christi aber ist die »ewige Erlösung« (Hebr 9,11).

Eine wichtige Folge dieses einzigen und einmaligen Opfers liegt darin, dass alle weiteren Sühnopfer überflüssig geworden sind. Denn das Opfer Christi ist unüberbietbar, unwiederholbar und vollständig: »Wo die Sünden vergeben sind, da bedarf es keines Opfers mehr für die Sünde!« (Hebr 10,18). Mit anderen Worten: Der Kult ist abgeschafft, weil er überflüssig geworden ist![2]

Warum ist das Opfer Christi einzigartig, warum hebt es den Tempelkult auf und macht alle anderen Opfer hinfällig? Der Hebräerbrief gibt darauf Antwort. Er nennt als Grund für die Unüberbietbarkeit des Kreuzesopfers das Wesen dessen, der diese Sühne vollzieht. Es ist ja Christus, der ewige Sohn, der einen Leib angenommen hat, um in diesem Leib sich selbst als Opfer darzubringen.

Schon in den Psalmen betete man die Worte: »An Schlacht- und Speiseopfern hast du kein Gefallen, Brand- und Sündopfer forderst du nicht. Doch das Gehör hast du mir eingepflanzt; darum sage ich: Ja, ich komme. In dieser Schriftrolle steht, was an mir geschehen ist« (Ps 40,7–8). In der griechischen Übersetzung steht: »einen Leib hast du mir geschaffen«. Deshalb kann der Hebräerbrief diesen alttestamentlichen Text, der vermutlich von einem Beter aus der Zeit nach dem Exil stammt, übernehmen und ihn als Gebet in den Mund Christi »bei seinem Eintritt in die Welt« legen (Hebr 10,5–7). Es geht hier um eine freie Entscheidung des präexistenten Christus, einen Leib anzunehmen, um zum endgültigen Opfer werden zu können.

Der Hebräerbrief vollzieht hier bereits eine Verlagerung des Opfergedankens auf eine geistige Ebene. Das Entscheidende am Opfer Christi ist nicht so sehr die äußere Form seines Todes. Das Besondere ist vielmehr die Gesinnung Christi, die diesen Opfertod über jedes menschliche Opfertum hinaushebt: Es ist ein ewiges göttliches Wollen, das hinter diesem Ereignis steht, eine ewige Entscheidung des Sohnes, diese Form der Sühne zu wirken: »Darum spricht Christus bei seinem Eintritt in die Welt: Schlacht und Speiseopfer hast du nicht gefordert, doch einen Leib hast du mir geschaffen; an Brand und Sündopfern hast du kein Gefallen. Da sagte ich: Ja, ich komme – so steht es über mich in der Schriftrolle –, um deinen Willen, Gott, zu tun« (Hebr 5,5–7). Aufgrund dieses ewigen »Willens« (Hebr 5,10) ist das Kreuz Christi das endzeitliche Opfer schlechthin, das Entsühnung in einer neuen Dimension bewirkt. Die Tieropfer und Sühnewerke konnten die Sünden nicht vollständig tilgen, Christi willentliches Selbstopfer hingegen schon.

Da Christus »sich selbst kraft ewigen Geistes Gott als makelloses Opfer dargebracht hat« (Hebr 9,14), ist jede von Menschen selbstmächtig arrangierte kultische Opferhandlung aufgehoben. Aufgehoben sind damit alle Opfer, die dem Unterhalt der Gottheit dienen sollen oder die einen unberechenbaren Gott freundlich stimmen sollen. Opfern kann forthin kein Eigenhandeln mehr sein, denn es ist Gott, der versöhnt (vgl. 2 Kor 5,19). Aufgehoben sind alle Ersatzopfer, in denen der Mensch anderes als sich selbst opfert, bis hin zum Menschenopfer. Aufgehoben ist aber auch alles Opfern, das meint, Gott auch oder nur dann wohlgefällig zu sein, wenn man jede Beziehung zur Welt verweigert, also »verweigerte Nächstenliebe als Gottesliebe tarnt«.[3] Was freilich bleibt, ist der Gottesdienst, das Gotteslob, das von den durch Christi Opfer Erlösten mit freiem Herzen fortan dargebracht werden kann: »Durch ihn also lasst uns Gott allezeit das Opfer des Lobes darbringen, nämlich die *Frucht der Lippen*, die seinen Namen preisen« (Ps 50,14.23; Hos 14,3).

Fassen wir zusammen: Für die junge Kirche war mit Christus, der in seiner Person die »Sühneplatte« darstellt (Röm 3,25), das Ende des Sühne- und Opferkultes gekommen. Christus, das ewige Wort Gottes, ist »ein einziges Mal erschienen, um durch sein Opfer die Sünde zu tilgen« (Hebr 9,26). Der Kreuzestod Christi ist für die junge Kirche gleichsam die »Aufhebung« aller anderen Opfer, und zwar durchaus in jenem dreifachen Sinn, den Hegel dem Worte »Aufhebung« beigemessen hat: Zum einen sind die anderen Opfer *beendet*, der Tempelkult ist für die junge Gemeinde hinfällig geworden, an seine Stelle tritt »das Lobopfer der Lippen« (Hebr 13,15). Zum Zweiten ist der Opfergedanke aber weiterhin da, indem er auf ein vergeistigtes Niveau *gehoben* wird. Es entsteht eine Spiritualität des Opfergedankens und der Sühne. Alle bisherigen Opfer waren nur »Schatten« (Hebr 10,1; vgl. Hebr 8,5; Kol 2,17), jetzt ist die Erfüllung da. An die Stelle der Opfertat tritt die Opferfrömmigkeit. Und schließlich verstand man, drittens, das eine Sühneopfer Christi durch die Eucharistie in sakramentaler Weise für alle Zeiten *aufbewahrt*.

6.2 Die Trennung der frühen Kirche vom jüdischen Tempelkult

Es ist mit großer Sicherheit anzunehmen, dass das Verständnis des Todes Christi als Sühnetod die Trennung vom Sühnekult des Tempels beschleunigte. »Wie soll man Mk 15,38, das Zerreißen des Tempelvorhanges, der das Allerheiligste verschließt, anders deuten, als dass durch Jesu Sterben der

Weg ins Allerheiligste, den Ort der Sühne für die Sünden Israels und der Gegenwart Gottes, geöffnet und der alte Kult außer Kraft gesetzt sei?«[4] Der Epheserbrief greift offensichtlich auf das in den Evangelien geschilderte Bild vom offenen Allerheiligsten zurück. Dort heißt es, dass es fortan für alle, für die Fernen wie die Nahen, für die Juden wie die Heiden, »durch ihn in dem einen Geist *Zugang* zum Vater« gibt (Eph 2,18). Der Tempel, der ja durch Jahrhunderte der Mittelpunkt des jüdischen Kultes war, weil er als Ort der Versöhnung mit Gott galt, hatte damit seine überragende Bedeutung verloren. Wenn auch die Jünger in der Anfangszeit an den Tempelgottesdiensten teilnahmen (vgl. Apg 21,23–26), so war die Loslösung vom Kultritual doch nur eine Frage der Zeit. Schon bei Paulus finden wir die Tendenz, den Begriff »Tempel« in einem geistigen Sinn zu verwenden.[5] Tempel ist jetzt nicht mehr nur der steinerne Herodianische Tempel, sondern jeder Glaubende selbst, in dem Gottes Geist gegenwärtig ist, ist »Gottes Tempel«: »Wisst ihr nicht, dass ihr Gottes Tempel seid und der Geist Gottes in euch wohnt?« (1 Kor 3,16; 6,19; 2 Kor 6,16; Eph 2,21 f.).

Zwei weitere Umstände kamen hinzu, die den Vorgang der Loslösung beschleunigten: Zum einen wurde der Tempel ja im Jahr 70 tatsächlich zerstört, zum anderen wurden die Christusgläubigen aus der Gottesdienstgemeinschaft ausgeschlossen (vgl. Joh 9,22.34; Mk 13,9), sodass sich auf christlicher Seite zusehends eine offene Abneigung gegen die althergebrachten Gottesdienstformen entwickelte. Schon in den Evangelien findet sich als Reaktion auf den Ausschluss aus dem Tempel die Feststellung, dass dieser ohnehin »von Gott verlassen« sei (Mt 23,38; vgl. Jer 12,7, 22,5, Ps 69,26). Es ist daher kein Zufall, dass die Anklage gegen Stephanus, den ersten Märtyrer, lautete, er habe den »heiligen Ort« angegriffen und das »Gesetz« verletzt (Apg 6,13.20; 7,48). Nach den apokryphen Schriften wurde der Herrenbruder

Jakobus deshalb hingerichtet, weil er »gegen den Tempel, die Opfer und gegen das Altarfeuer« polemisiert haben soll.[6] Wir dürfen in der Loslösung vom Tempel ein entscheidendes Merkmal dafür sehen, dass die Urgemeinde sich nicht nach der Art einer jüdischen Sekte entwickelte, sondern schon sehr bald ihre eigenen Wege ging. Anstelle des Tempelkultes trat jetzt die Anbetung Gottes »im Geist und in der Wahrheit« (Joh 4,24). Und der tatsächliche Gang der Geschichte bestätigt, dass das Bekenntnis zur universalen Versöhnung in Christus die Kraft hatte, eine neue sinnattraktive Religion zu bilden.

Interessant ist, wie sich der Opfergedanke im Judentum weiterentwickelte, da doch nach der Zerstörung Jerusalems im Jahr 70 der Tempelkult erloschen war. Unmittelbar nach der Zerstörung war die Wiedererrichtung des Tempels das erklärte Ziel aller Restaurationsbemühungen, weil sein Opferkult für geradezu unverzichtbar für das Leben Israels gehalten wurde. Wahrscheinlich konnte Simon Bar-Kochba im zweiten jüdischen Aufstand tatsächlich zwischen 132 und 135/136 nach Christus den Opferkult im Tempel wieder einrichten, doch nur kurzfristig, denn dann besiegelte der Sieg der Römer endgültig das Ende der nationalen und kultischen Selbstständigkeit Israels.[7] Von dieser Zeit an wird die Forderung nach der Wiedererrichtung des Opferkultes im Judentum immer leiser. Im Achtzehnbittengebet betet man zwar bis heute um den Wiederaufbau des Tempels, meint damit aber nicht ausdrücklich den Opferkult bzw. macht man sich keine konkreten Vorstellungen darüber. Der Grund dafür liegt in der raschen Vergeistigung des Sühnegedankens, der auch im Judentum aufgrund der geschichtlichen Umstände erfolgen musste: Man sagt nun, dass anstelle des täglichen Tamid-Opfers die geistige Sühne getreten sei. Diese bestehe aus Gebet, Werken der Wohltätigkeit und Fasten, besonders durch die Feier des Versöhnungstages. Tendenzen zur Vergeistigung des Sühnegedankens gab es im Judentum ja schon vor Christus, etwa bei dem jüdischen Philosophen Philo von Alexandrien. Die Rabbinen betonen nach der Tempelzerstörung, dass an die Stelle des Vollzuges der rituellen Vorschriften nun das bloße Studium der Schrift getreten sei.[8] Schließlich ist noch zu erwähnen, dass die Samaritaner, die ja schon vor 70 vom Jerusalemer Tempel getrennt waren und ein eigenes Heiligtum auf dem Berg Garizim hatten (vgl. Joh 4,20), bis zum heutigen Tag den Brauch beibehalten haben, am Paschafest ein Paschalamm zu opfern.

Grundsätzlich hält man also im Judentum am Wert der Sühne fest; wenngleich die realen Opfer schon seit dem mittelalterlichen jüdischen Philosophen Maimonides für eine überwundene Form archaischer Religiosität gehalten werden. Auch die aufgeklärte jüdische Religionsphilosophie versteht die Not, keinen Tempel zu haben, durchaus als Tugend. Man meint dahinter den Willen Gottes zu erkennen, der sein Volk von barbarischen Tieropfern zu einer geistigen Religiosität der Hingabe führen wollte.[9] Diese Sicht erklärt auch, warum der Staat Israel, obwohl er seit 1967 erstmals seit dem Jahre 70 wieder Zugriff auf das Areal des einstigen Tempels hatte, keine Anstrengungen zu dessen Wiedererrichtung unternommen hat. Auch im streng-orthodoxen Judentum sind es nur kleine Splittergruppen, die vehement auf einen Dritten Tempel hinarbeiten mit der Absicht, den Opferkult wieder einzuführen.[10] Wie tief das Opferdenken aber weiterhin zum Wesen des Judentums gehört, zeigt schließlich auch der Umstand, dass man die nationalsozialistische Rassenvernichtung mit dem Begriff »Holocaust« belegte. »Holocaust« stammt ja vom lateinischen *holocaustum* und bedeutet nichts anderes als »Opfer«. Und schließlich gehört auch zur heutigen Gestalt des Judentums der Brauch der rituellen Schlachtung, die von einem eigens dazu bestimmten Schlächter durchgeführt werden muss, damit das Fleisch *koscher*, das heißt »rituell rein« ist. Auch wenn dabei der Opfergedanke heute keine Rolle mehr spielt, so hat diese Gepflogenheit doch ihre Wurzeln im biblischen Opferkult.

6.3 Lieber sterben als den Götzen opfern

Tatsache ist nicht nur, dass die junge Kirche von Anfang an mit dem jüdischen Brauchtum völlig gebrochen hat, sondern auch, dass sie jede Form des blutigen Opferkultes völlig ablehnte. Diese Ablehnung heidnischer Kultopfer ist natürlich kein Spezifikum des Christentums, sondern setzt die Tradition des Alten Testamentes fort, die im Opfer an andere Götter die blasphemischste Form des Götzendienstes sieht: »Mein Volk aber hat mich vergessen; nichtigen Götzen bringt es Opfer dar« (Jer 18,15; vgl. Ez 6,13), klagte schon der Prophet Jeremia. In der jungen Kirche, die ja bald schon inmitten der griechisch-heidnischen Welt missioniert, ist die Abscheu vor den heidnischen Kultopfern besonders ausgeprägt.

Wenn man davon ausgeht, dass in der Antike »ursprünglich jedes Schlachten ein Opfern war«,[11] jedenfalls einen kultisch-religiösen Hintergrund hatte, erklärt sich die hohe Bedeutung, welche das Verbot des Apostelkonzils im Jahr 49 gehabt haben muss, wonach ein Christ kein »Götzenopferfleisch« mehr essen darf (Apg 15,19.29). Von daher erklärt sich dann auch die Schärfe, mit der Paulus im 1. Korintherbrief den »Tisch der Dämonen« dem »Tisch des Herrn« gegenüberstellt: »Haben die, welche von den Opfern essen, nicht teil am Altar? Was meine ich damit? Ist denn Götzenopferfleisch wirklich etwas? Oder ist ein Götze wirklich etwas? Nein, aber was man dort opfert, opfert man nicht Gott, sondern den Dämonen. Ich will jedoch nicht, dass ihr euch mit Dämonen einlasst. Ihr könnt nicht den Kelch des Herrn trinken und den Kelch der Dämonen. Ihr könnt nicht Gäste sein am Tisch des Herrn und am Tisch der Dämonen!« (1 Kor 10,18b–21). Mit Ekel und Verachtung wandte man sich von den heidnischen Götteropfern ab. Epiphanios von Salamis († 402) zitiert das judenchristliche Buch eines gewissen Elsechai, das bei mehreren Sekten in Gebrauch war; nach diesem apokryphen Text soll Jesus die Opfer wortwörtlich verworfen und den alttestamentlichen Kult insgesamt infrage gestellt haben.[12]

Die Weigerung der Christen, fremden Göttern zu opfern, brachte die frühen Christen schon bald in Konflikt mit dem römischen Staat und war einer der Hauptgründe für die Verfolgung der jungen Gemeinde.[13] Den Römern ging es dabei weniger um religiöse Überzeugungen, sondern um die Einhaltung des *cultus,* der den Göttern geschuldeten Verehrung, die das Wohl des Imperiums garantierte. Die Römer hatten das Opferwesen der alten Religionen zum politischen Prinzip gemacht. Es galt: »Die Ordnung der Welt wird durch das Opfer aufrechterhalten.«[14] Die Christen entzogen sich dieser staatstragenden Pflicht gerade aus ihrer religiösen Abscheu vor dem Opfer. »Ihr erweist den Göttern keine Ehre und bringt für die Kaiser keine Opfer dar!«,[15] lautete der Vorwurf der Heiden. Deshalb galten die Christen als *átheoi,* als »gottlos«,[16] und wurden als Feinde des Staates verfolgt. Wie Plinius um 110 in seiner Eingabe an Kaiser Trajan bezeugt, wurde die Beweisführung, ob jemand zu der gefährlichen Sekte der Christen gehört, in folgender Weise gehandhabt: Der Beschuldigte musste ein Opfer vor dem Kaiserbild darbringen, eine Verfluchung aussprechen und die römischen Staatsgötter anrufen.[17] Dass man sich durch ein Opfer vor einem Götter- oder Kaiserbild Straffreiheit verschaffen konnte, dürfte auch im Buch der Offenbarung bezeugt werden.[18] Weil allein das Blut Christi es ist, das reinwaschen kann, ist jede andere Form des kultischen Opfers eine Befleckung (vgl. Offb 3,4; 1 Kor 8,7). Als einzige antike Religion hat das Christentum die Tieropfer radikal verworfen!

6.4 Geistige Opfer anstelle von blutigem Opferkult

Mit Blick auf das Kreuz als das endgültige von Gott bereitete Sühnezeichen trat das Christentum also in die heidnische Welt hinaus. Der alttestamentliche Opferkult war in Christi Tod aufgehoben, die heidnischen Opfer ohnehin ein götzendienerischer Gräuel. Was bleibt dann im Christentum vom Opfergedanken? In dem Maß, in dem die blutigen Opfer abgeschafft sind, tritt eine neue Dimension des Opfers hervor, das geistige Opfer. Der Opferbegriff wird von der jungen Christengemeinde völlig vergeistigt, wie sich an vielen Stellen des Neuen Testamentes feststellen lässt.[19] Der Hebräerbrief etwa lässt seine Darstellung der Abschaffung der Tempelopfer in die Aufforderung gipfeln, dass die Gläubigen »allezeit das *Opfer des Lobes* darbringen sollen, nämlich die Frucht der Lippen, die seinen Namen preisen« (Hebr 13,15; vgl. Ps 50,14.23; Hos 14,3). Der 1. Petrusbrief spricht ausdrücklich von »geistigen Opfern«: »Lasst euch als lebendige Steine zu einem geistigen Haus aufbauen, zu einer heiligen Priesterschaft, um durch Jesus Christus *geistige Opfer* darzubringen, die Gott gefallen« (1 Petr 2,5).

Der Opfergedanke nimmt im Christentum nun eine völlig neue Wendung an: nicht blutige Opfer, sondern geistige Gesinnung. Opferfrömmigkeit statt Opferkult. Der Bezugspunkt freilich bleibt immer das wirkliche Kreuz Christi, die geschichtliche »Stunde« der Selbsthingabe des Sohnes Gottes am Kreuz. So hat die Opferfrömmigkeit der Christen immerdar ihren Grund und ihr Maß in der wirklichen Lebenshingabe Jesu Christi, die er am Kreuz vollzogen hat.

Man muss aber einräumen, dass es schon im alttestamentlichen Opferkult eine Tendenz gab, die Opferhandlung von der Gesinnung des Opfernden her zu bewerten. Ein Ritual, nur um des Rituals willen, ist verwerflich! Tieropfer wirken auf Gott nicht automatisch versöhnend, sondern nur, wenn sie in der rechten Einstellung dargebracht würden. Das hatte die Kritik der Propheten schon vor dem Exil mit eindringlicher Schärfe herausgestrichen: Jeder, der zum Opfer schritt, musste bedenken, dass »das Opfer der Frevler dem Herrn ein Gräuel ist, nur am Gebet der Rechtschaffenen hat er Gefallen« (Spr 15,8; 21.27). Deshalb war schon die alttestamentliche Liturgie ohne innere »Zuwendung zum vergebenden Gott, die sich in der Opfergabe, dem Bekenntnis und in der Wiedergutmachung angerichteten Schadens konkret äußerte«,[20] nicht denkbar. Diese Forderung der vorexilischen Propheten nach Vergeistigung hatte schließlich Jesus selbst übernommen: »Barmherzigkeit will ich, nicht Opfer!« (Mt 9,13; von Hosea 6,6): Die junge Kirche konnte sich also in ihrem geistigen Opferverständnis schon auf die Schriften der Propheten, also das Alte Testament stützen. Vom Sühnetod Christi her sind die Blutopfer aufgehoben. Die Opferkritik der Propheten, die auf gottgefälliges Handeln, reine Gesinnung und sittlichen Lebenswandel abzielte, ist jetzt also nochmals verschärft: Jetzt geht es nicht bloß um die rechte Gesinnung zum äußeren Opfer, sondern das äußere Opfer ist ja völlig weggefallen. Was bleibt, ist die Gesinnung allein, die »opferförmig« sein soll. Die Christen sollen »sich selbst als lebendiges und heiliges Opfer darbringen, das Gott gefällt; das ist [...] der wahre und angemessene Gottesdienst« (Röm 12,1).

Das frühe Christentum schlägt also konsequent die Richtung einer völligen Vergeistigung des Opfergedankens ein.[21] Diese Richtung freilich ist nicht nur durch die Opferkritik der Propheten vorgewiesen, sondern auch noch durch einige interessante Zeugnisse aus dem Spätjudentum. Dort ist nämlich im Zusammenhang mit »inneren Haltungen« nicht nur von »Opfer«, sondern ausdrücklich von Sühne die Rede. Persönliche Frömmigkeitshaltungen haben sühnende Kraft: »Durch Liebe und Treue wird Schuld gesühnt«, heißt es in Spr 16,6, und in Sir 3,30 wird die Mildtätigkeit gepriesen: »Wie Wasser loderndes Feuer löscht, so sühnt Mildtätigkeit Sünde.«

Und schließlich wird man auch eingestehen müssen, dass die junge Kirche bei ihrer Vergeistigung des Opferwesens hin zu einer Frömmigkeit der Sühne auch von der Philosophie maßgeblich beeinflusst wurde. Schon lange vor Christus gab es dort scharfe Opferkritik, da die Philosophie, vor allem Stoa und Platonismus, auf den Begriff der Geistigkeit des göttlichen Wesens gestoßen waren: Ein rein geistiges göttliches Wesen ist mit der Vorstellung, menschlicher Gaben bedürftig zu sein, völlig unvereinbar: Ein transzendentes Geistwesen braucht keine materiellen Opfer. Ein solcher Gott will etwas ganz anderes: nämlich philosophisches Staunen und respektvolle Ehrfurcht. Wir finden diese Auffassungen auch in manchen frühchristlichen Schriften übernommen, wenn es etwa im Klemensbrief heißt: »Brüder, der Herr bedarf nichts von allem; er braucht von niemand etwas, außer dass man ihm ein Bekenntnis ablege.«[22] Eine der Oden Salomos, das sind christliche Gebetsdichtungen aus der zweiten Hälfte des zweiten Jahrhunderts, widmet sich der Frage nach dem rechten Opfer: »Denn nicht ist wie die Welt, auch nicht wie das Fleisch sein [Gottes] Denken, auch nicht wie die, welche fleischlich dienen. Das Opfer des Herrn ist Gerechtigkeit und Reinheit des Herzens und der Lippen.«[23]

Schon lange gab es von der Philosophie her die Forderung nach einer geistigen, vernünftigen, sinnvollen, eben »Logosgemäßen« Gottesverehrung (vgl. Röm 12,1), eine Forderung, die von der jungen Kirche aufgegriffen wurde und in der

Ausgestaltung der Eucharistiefeier verwirklicht werden konnte.[24] In der Folge haben nur häretische Strömungen, etwa die gnostische Sekte des Basilides, das Opferproblem für so unwichtig gehalten, dass man dort bedenkenlos weiterhin an den Götzenopfern teilnahm. Die rechtgläubigen Christen jedoch hatten für die heidnischen Opfer bloß noch Spott und Verachtung. Opfer sind für sie nichts anderes als »Blut, Tod und Gestank«.[25]

Mit dem Tod Christi war das Ende aller Opfer gekommen. Was bleibt? Eigenmächtige Sühnetaten kann es »neben« der Sühnetat Christi keine mehr geben, wohl aber steht die Sühne Christi offen, ja sie lädt zur Teilnahme ein. Diese Teilnahme besteht in einer Frömmigkeit, die sich Christi Gesinnung zu eigen macht. Der Hebräerbrief schließt seine Opfertheologie folglich mit einer eindrucksvollen Aufforderung: Nachdem Christus mit den Sündopfertieren verglichen worden ist, heißt es: »Durch ihn also lasst uns Gott allezeit das Opfer des Lobes darbringen, nämlich die Frucht der Lippen, die seinen Namen preisen. Vergesst nicht, Gutes zu tun und mit anderen zu teilen; denn an solchen Opfern hat Gott Gefallen« (Hebr 13,15–17). Weil die Blutopfer den geistigen Opfern gewichen sind, gibt es weder eine Fixierung auf eine einzige lokale Kultstätte, wie es der Tempel in Jerusalem war, noch ein vererbbares Klassenpriestertum wie das der Leviten. Von jetzt an sind die Gläubigen selbst Tempel und Priesterschaft: »Lasst euch als lebendige Steine zu einem geistigen Haus aufbauen, zu einer heiligen Priesterschaft, um durch Jesus Christus geistige Opfer darzubringen, die Gott gefallen« (1 Petr 2,5).

6.5 Die Eucharistie als Gedächtnis des einmaligen Kreuzesopfers

Kreuz und Auferstehung Christi werden von den ersten Christen so verstanden, dass Gott in diesem einzigartigen Opfer den Sühneopferkult im Tempel zu Jerusalem beendet und alle anderen religiösen Opferkulte als wirkungslose Barbarei, ja als gotteslästerliche Gräuel entlarvt. An ihre Stelle tritt nicht nur ein vergeistigtes Verständnis von Opfer, das »geistige Opfer«, sondern auch ein neues Modell von ritueller Opferhandlung: die Feier der Eucharistie.

Jesus hatte selbst »in der Nacht, bevor er verraten wurde« eine Zeichenhandlung gesetzt, in der er seine realgeschichtliche Lebenshingabe am Kreuz seinen Jüngern für alle Zeiten anvertraut hat: »Tut dies zu meinem Gedächtnis!« Jesus feiert das Abendmahl nicht nur in der Gestalt eines Paschamahles, sondern er bezeichnet Brot und Wein auch mit Begriffen, die der Opfersprache entlehnt sind: Das Brot ist der »hingegebene Leib«, der Kelch ist »Bundeskelch in meinem Blut«.[26] Es ist daher nicht verwunderlich, dass das Herrenmahl von den ersten Anfängen an als das »reine Opfer« begriffen wurde. Paulus stellt im 1. Korintherbrief den »Tisch des Herrn« dem »Tisch der Dämonen« gegenüber (1 Kor 10,14–11,1); Letzteres bezeichnet offensichtlich den Verzehr von Fleisch, das aus heidnischen Opferritualen stammt. Die junge Gemeinde der Christusgläubigen konnte gar nicht anders, sie musste aufgrund all dieser Vorgaben diese von Christus gestiftete Feier in Beziehung mit dem Kreuzesopfer begreifen: Die Eucharistie ist der Inbegriff des »geistigen Opfers«, sie ist die geistige Form des Opfers Christi. Geschichtlich gesehen, steht daher am Anfang des Eucharistieverständnisses das Nachdenken über den Opfercharakter der Eucharistie.[27]

In der Eucharistie erblickten die Kirchenväter das »reine Opfer«, das bereits im Alten Testament in Mal 1,11 vorausverkündigt worden war: »Denn vom Aufgang der Sonne bis zu ihrem Untergang steht mein Name groß da bei den Völkern, und *an jedem Ort* wird meinem Namen ein Rauchopfer dargebracht und eine *reine Opfergabe;* ja, mein Name steht groß da bei den Völkern, spricht der Herr der Heere« (Mal 1,11). Diese Stelle begründet für die Kirchenväter auch den Umstand, dass das Opfer der Eucharistie auf der ganzen Erde auf so *vielen* Altären dargebracht wird.[28] Des Weiteren ist die Eucharistie auch das in Maleachi angekündigte »reine Opfer«.[29] Daraus leitet die junge Kirche ab, dass es zwar für die Menschen im Stand der Sünde dargebracht wird, diesen jedoch nicht zum Verzehr gereicht wird! Hier ist die Unterscheidung zwischen »Buße« – für die eigenen Sünden – und »Sühne« – für die Sünden anderer – von großer Bedeutung: Die Eucharistie wird nicht den Büßern gereicht; das war jener Stand in der frühen Kirche, der nach schwerer Sünde auf die Wiederaufnahme in die kirchliche Gemeinschaft warten musste. Der Empfang der Eucharistie setzt also das eigene Versöhntsein mit Gott voraus. In der Anfangszeit der Kirche wurde dies so rigoros gehandhabt, dass die Büßenden sogar nur am ersten Teil der Messe teilnehmen durften. Nach dem Wortgottesdienst wurden sie aus der Kirche gewiesen, denn sogar die Anwesenheit beim Opfer setzt innere Reinheit voraus: An der Eucharistiefeier »darf nur teilnehmen, wer unsere Lehren für wahr hält, das Bad der Nachlassung der Sünden und der Wiedergeburt empfangen hat [die Taufe] und nach den Weisungen Christi lebt«.[30]

Der frühchristliche Denker Tertullian († nach 220) sieht die Eucharistie auch noch von einer anderen Seite: Für ihn ist sie nicht nur die Vergegenwärtigung des Opfers Christi, sondern eine Einladung an die Gläubigen, sich diesem Opfer einzufügen: Auf die Liebe Christi Antwort zu geben durch die opfernde Selbsthingabe und Vereinigung mit der Liebe Christi. So wird das Opfer Christi gegenwärtig in einer besonderen Weise, es verbindet sich mit dem Mitopfer des Christen. Tertullian sagt: *rursus mactabitur Christus,*[31] das heißt: »Christus wird wiederum geschlachtet«. Er meint damit, dass das Opfer Christi seine versöhnende Kraft für jene entfaltet, die sich mit ihm geistig verbinden.

Aus der starken Betonung des Opfercharakters der Eucharistie in den ersten Jahrhunderten ergaben sich natürlich auch Verständnisschwierigkeiten, die denkerisch gelöst werden mussten. Das Hauptproblem bestand in der theologischen Frage, wie man die *Einmaligkeit* des Opfers Christi am Kreuz denken kann, wenn doch *jede* Eucharistie Opfercharakter hat. Dieses Problem ist dann nochmals in der Reformationszeit aufgetaucht. An sich hatten die Kirchenväter schon eine Lösung für das Verhältnis zwischen einmaligem Kreuzesopfer und vielmaligem Messopfer gefunden. Diese Lösung lautet: Es gibt natürlich nur ein einziges, alles versöhnendes Opfer, das ist das geschichtliche Kreuzesopfer; aber dieses selbst wird in jeder Eucharistiefeier »erinnert« und so durch die Zeiten hindurch vergegenwärtigt, so Irenäus von Lyon († 202).[32] Cyprian von Karthago etwa sagt: »Wir erwähnen das Leiden Christi in allen Opfern, das Leiden *ist* nämlich das Opfer des Herrn, das wir darbringen.«[33] Besondere Bedeutung hat in der Lösung dieser Frage der heilige Johannes Chrysostomus († 407), dem man daher sogar den Beinamen *Doctor Eucharistiae* gegeben hat. Chrysostomus formuliert in einer Predigt zum Hebräerbrief: »Unser Hoherpriester ist jener, der das uns reinigende Opfer am Kreuz dargebracht hat. Jenes bringen wir auch jetzt dar, das einst dargebrachte, das unausschöpfliche Opfer Christi am Kreuz. Das jetzige geschieht nämlich *zum Gedächtnis des einst geschehenen Opfers.* Denn er sagt: ›Tut dies zu meinem Gedächtnis!‹ Nicht ein anderes als der Hohepriester damals, sondern dasselbe bringen wir allezeit dar, oder vielmehr: Wir vollziehen ein Gedächtnis des Opfers!«[34]

Den Kirchenvätern insgesamt ist es ein Anliegen, die Eucharistie nicht als eigenständiges Opfer zu verstehen, sondern als eine Gedächtnisfeier des einen und einzigen Opfers Christi. Nach katholischer Auffassung handelt es sich dabei aber um ein besonderes Gedächtnis, weil die Kraft der Erlösung im Hier und Jetzt gegenwärtig wird. So »nützt« die Kirche in der Feier dieses Sakramentes gleichsam die Versöhnungstat Christi, indem sie ihre Wirkung ins Heute trägt. Für die Gläubigen bedeutet dies, dass sie sich *geistig* mit dieser Versöhnungstat verbinden sollen – eine Verbindung, die im Empfang der Kommunion sichtbar zum Ausdruck kommt. Sie verstehen sich deshalb nicht primär als die Opfernden oder Gebenden, sondern als diejenigen, die durch das Opfer Christi schon alles empfangen haben und jetzt »durch ihn und mit ihm und in ihm« Gott, dem Vater, *Dank sagen*. Von Anfang an heißt deshalb das Herrenmahl *eucharistia*. Das bedeutet: »Ich verhalte mich als Wohlbeschenkter«.[35] Die Eucharistie ist also die Feier des Geschenkes der Versöhnung durch das Kreuzesopfer Christi. Das 2. Vatikanische Konzil drückt das mit den Worten aus: »Sooft das Kreuzesopfer, in dem Christus, unser Osterlamm, dahingegeben wurde (1 Kor 5,7), am Altar gefeiert wird, vollzieht sich das Werk unserer Erlösung.«[36]

7. Die theologische Aufarbeitung des Sühnetodes Jesu

7.1 Die Kritik am Gedanken des Sühnetodes Jesu

Die Antwort auf die Frage, warum der Messias leiden musste (vgl. Apg 3,18; 17,3; Lk 24.26), wird nie in einer mathematisch schlüssigen Formel gegeben werden können. Das Sühneleiden des Sohnes Gottes, das für viele Gläubige – oft rein intuitiv – eine Quelle der Hoffnung und der Erlösung ist, wird für viele immer ein Rätsel bleiben. Ein Rätsel sogar, gegen das man in der Welt des Fortschrittsoptimismus mit aller Kraft protestiert und rebelliert. Aber war es nicht zu allen Zeiten eine »Torheit« und ein »Ärgernis« (1 Kor 1,23), dass Christen im Blick auf das Kreuz einen heilvollen Sinn im Leiden und im Opfer bekannt haben, dass sie die Fülle der Rettung gerade im Zerbrochenen und Geschändeten, im zu kurz Gekommenen und selbstlos Hingegebenen erkennen durften?!

Besonders scharf fiel im vorigen Jahrhundert die Kritik Friedrich Nietzsches an der Vorstellung vom Kreuzestod des Gottessohnes aus. Für Nietzsche stellt sich das Christentum als die Erfindung eines Juden, nämlich des Paulus, dar. Wenn Nietzsche in seinem Buch »Der Antichrist« mit der Gewalt des Wortes gegen das Christentum anrennt, so ist es im Kern auch das »Jüdische«, dem sein Widerspruch gilt. Nach Nietzsche hatte das Judentum nämlich einen rächenden Gott erfunden. Jesus ist ein normaler Mensch, der einen liebenden Gott verkündet und dafür hingerichtet wird. Paulus ist es, der Jesus selbst zu einem Gott machen will. Doch mit der

Vergöttlichung Jesu »tauchte ein absurdes Problem auf«, und zwar das Problem mit dem Kreuzestod. Wenn Jesus der Sohn Gottes sein soll, dann lautet die Frage eben: »Wie *konnte* Gott das zulassen?«, Nietzsche fährt fort: »Darauf fand die gestörte Vernunft der kleinen Gemeinschaft eine geradezu schrecklich absurde Antwort: Gott gab seinen Sohn zur Vergebung der Sünden, als *Opfer*. Wie war es mit einem Male zu Ende mit dem Evangelium! Das *Schuldopfer*, und zwar in seiner widerlichsten, barbarischsten Form, das Opfer des *Unschuldigen* für die Sünden der Schuldigen! Welches schauderhafte Heidentum!«[1]

Weiter führt Nietzsche aus: »Jesus hatte ja den Begriff ›Schuld‹ selbst abgeschafft – er hat jede Kluft zwischen Gott und Mensch geleugnet, er *lebte* diese Einheit von Gott und Mensch als *seine* ›frohe Botschaft‹.«[2] Daher ist der Gedanke eines Sühnetodes des eigenen Sohnes, den der Vater zu seiner Genugtuung fordert, die Aufhebung des Evangeliums selbst. Wenn Jesu Tod als Sühnetod verstanden wird, so hat der grausame Tyrannen-Gott über das von Christus eigentlich Verkündigte gesiegt, dann wird Gott – an Christus vorbei – weiterhin als unerbittlicher »ehrsüchtiger Orientale« vorgestellt. Dieses vernichtende Urteil Nietzsches wurde in unserem Jahrhundert von dem marxistischen Philosophen Ernst Bloch aufgegriffen, der Gott einen »Kannibalen im Himmel« nennt.[3]

Aber nicht nur außerchristliche Denker haben ihre Einwände gegen die Lehre vom bewussten und erlösenden Sühnetod geäußert, sondern auch innerhalb der neueren Theologie begann man, andere theologische Modelle für Heil und Erlösung zu entwickeln. So schreibt der holländische Theologe Edward Schillebeeckx: »Wir sind nicht durch den Tod Jesu versöhnt worden, sondern trotz seines Todes.«[4] Auf die Frage nach dem »Wie« der Erlösung gibt es in den modernen theologischen Richtungen eine Fülle von neuen, oft widersprüchlichen Antworten; in der Ablehnung des Sühnegedankens aber sind sie eins. Freilich wird meist nur abgelehnt, dass Jesu Tod ein *Sühne*tod war, nicht aber, dass er *zu unserem Heil* geschah. Anders ausgedrückt: Das Kreuz begründet zwar unser Heil, aber man muss es heute nicht notwendig als Sühne verstehen.

Was ist von den neuen Erlösungstheologien zu halten? Zum einen gibt es tatsächlich schon im Neuen Testament *andere* Vorstellungen, wie das in Christus geschenkte Heil verstanden werden kann. Hans Urs von Balthasar etwa zählt (mindestens) fünf Modelle auf,[5] und schon Clemens von Alexandrien sagte: »Der Erlöser benutzt viele Sprachen und Formen zur Rettung des Menschen.«[6] Zum anderen lauert in den neuen theologischen Modellen, die die Sühne entschärfen oder ablehnen, die Gefahr, dass das *Handeln Gottes* zu unserer Erlösung verflacht oder gar nicht mehr gesehen wird. Was von Jesus bleibt, ist dann nicht mehr, dass sich hier Gott bis ins Letzte zu unserem Heil engagiert, sondern bloß noch eine ethische Lehre. Das Wichtigste an Jesus ist sein beispielhaftes Vorleben von Toleranz, also seine »Sache«, zu der er unbeirrbar bis zu seinem Tod gestanden ist. Man hat den Eindruck, als stünde das Kreuz nur noch als Symbol für die konsequente Beharrlichkeit, mit der Jesus seine »humanistischen« Ideale vertreten hat. Der innere Bezug zwischen Kreuz und Erlösung durch Gottes Handeln an uns ist verloren. Oft wird dann auch behauptet, dass Jesus auch in anderer Weise hätte sterben können, dass der Kreuzestod nicht wesentlich für unsere Erlösung sei.

Jedenfalls ist der Kern der biblischen Offenbarung dann verfehlt, wenn übersehen wird, dass durch das Kreuz wirklich objektives Heil geschieht.[7] Bei manchen modernen Auffassungen hat man den Verdacht, dass es nicht wirklich Gott ist, der hier von sich her entsühnend und befreiend wirkt, sondern der Mensch sich diese Befreiung selbst bereiten müsse, indem er sich der »Sache Jesu« – freilich im Blick auf seine bis zum Tod durchgehaltene Treue zu sich selbst – annimmt. Heil, Versöhnung, Sühne, Befreiung, Erlösung sind dann keine Gaben Gottes mehr an uns Menschen, die uns vorgegeben sind. Jesus »rettet« nur in dem Sinne, in dem er ein gutes Vorbild – aber könnte dieses nicht auch durch ein anderes ersetzt werden? – abgibt; doch erst *unser* Annehmen seiner Sache bewirkt unsere Erlösung. Letztlich erlösen wir uns also selbst.

Das Neue Testament denkt hier anders. Es sieht das, was wir Erlösung nennen, als ein objektives Handeln Gottes am Menschen, ein Handeln, dessen Kernpunkt der Tod Christi am Kreuz ist.[8] Wir haben bereits gezeigt, dass und wie die junge Gemeinde von Anfang an den Tod Christi als bewusst gegebenes Sühneopfer begriffen hat. Wir haben eigentlich schon vom Glauben der jungen Kirche her eine normative Vorgabe, auf die wir nicht verzichten können. Freilich stellen sich eine Reihe von Fragen: Da ist einmal die Frage nach dem »grausamen« Gott! Ist es wirklich Gott, der Vater, der hier nach der Art eines Schlächters blutrünstig das Opfer seines eigenen Sohnes vollzieht? Und vorausgesetzt, dass sich dieser Tod als in sich »sinnvoll« deuten ließe, als Zeichen göttlicher Liebe, dann bliebe immer noch die Frage, was das »Für uns« bedeutet. Warum und weshalb soll sich dieser Tod auf mein persönliches Verhältnis zu Gott auswirken, warum und wie kann der Tod Jesu Christi – damals – mich heute mit Gott versöhnen? Zwei große Fragen sind also theologisch zu beantworten: Da ist erstens die Frage nach dem Inhalt der Gottesoffenbarung selbst, die durch das Kreuz geschieht: Offenbart sich im Sühnetod des Sohnes Gottes wirklich die von Nietzsche verabscheute Grausamkeit Gottes? Oder vielleicht doch genau das Gegenteil? Die andere Frage, die es zu beantworten gilt, ist die Frage nach der Stellvertretung aller in Christus: Wie kann der Tod des einen allen Menschen zum Heil werden?

7.2 Ist der Kreuzestod Willkür und Zufall?

Ist der Gott der Christen ein rachedurstiger Despot, der sogar nach dem Blut seines eigenen Sohnes verlangt, um sich so gnädig stimmen zu lassen? Um diesen Vorwurf zu entkräften, müssen wir zuerst die schlichte Frage stellen: Wer steht eigentlich hinter dem Kreuzestod des Sohnes Gottes? Wer ist der Urheber des Kreuzestodes Christi? Drei Antworten scheinen möglich: die Menschen, Christus selbst oder der göttliche Vater im Himmel.

Auf den ersten Blick scheint Jesus bloß das Opfer von Menschen zu sein: Menschen, die ihn mit seinen religiösen, ethischen und sozialen Anliegen nicht verstanden hatten. Dann wäre Jesus bloß einer von vielen anderen großen Menschen, dessen Botschaft auf Ablehnung stieß, der in Konflikt mit der herrschenden Kaste geriet, der schließlich vor der Besatzungsmacht der politischen Agitation angeklagt und schließlich ums Leben gebracht wurde. Nun steht außer Zweifel, dass Jesus wirklich das Opfer der Intoleranz und der Eifersucht von Menschen war und deshalb eines, wenn schon für damalige Verhältnisse nicht außergewöhnlichen, so doch besonders grausamen Todes gestorben ist. So ist festzuhalten, dass Paulus im vermutlich ältesten seiner Briefe tatsächlich Menschen, nämlich die Juden, als diejenigen bezeichnet, die »den Herrn Jesus und die Propheten getötet haben« (1 Thess 2,15; vgl. 1 Kor 2,8). Aber zugleich ist dies auch schon die einzige Stelle bei Paulus, wo die Verantwortung für den Tod Jesu *rein menschlicher* Willkür zugeschrieben wird. Denn der Glaube blickt hier tiefer.

Von Anfang an steht hinter den Berichten der Schrift über den Tod Jesu die Überzeugung, dass es im Ersten wie im Letzten eben gerade nicht bloß menschliche Willkür war, die diesen Tod verschuldet hat. Wenn man etwa an die Schrift die Frage stellt, ob Jesus seinem grausamen Tod auch hätte entgehen können, ob er auch friedlich im Bett sterbend der Messias hätte sein können, so ist die Antwort hier eindeutig: Nein, das Todesschicksal Jesu war kein Zufall, war in keinem Augenblick bloß irgendeine Facette eines menschlichen Schicksals, vielmehr steht bei Jesus hinter allem vom Anfang bis zum Ende das unsichtbare Walten Gottes selbst. Wenn im Neuen Testament vom Leiden und Sterben Christi gesprochen wird, dann wird dafür oftmals die geheimnisvolle Formulierung »muss« (griechisch: *dei)* verwendet. So in den Leidensankündigungen: »Dann begann er, sie darüber zu belehren, der Menschensohn [müsse] vieles erleiden und von den Ältesten, den Hohenpriestern und den Schriftgelehrten verworfen werden; er werde getötet, aber nach drei Tagen werde er auferstehen« (Mk 8,31).[9] Hinter diesem »Müssen« stehen im Letzten nicht die Menschen, die Jesus den Tod bereitet haben, sie erscheinen – bei aller Eigenverantwortung für ihr Tun – nur als »Werkzeuge« in einem größeren Ganzen. Der Tod Jesu ist nicht bloß eine von vielen ungerechten Liquidationen aus menschlicher Sünde und Willkür heraus; sein letzter Sinn liegt in den Abgründen der Pläne Gottes. Wenn aber nicht im Letzten Menschen die Verantwortung für Jesu Tod tragen, wer dann?

7.3 Die Sühnetat des ewigen Sohnes

Unsere Frage lautet immer noch: Wer steht hinter dem Kreuzestod Christi, wer handelt hier? Die Antwort muss eindeutig lauten: Es ist Gott selbst, es ist der ewige Vater, der seinen »geliebten Sohn«[10] in den Sühnetod gibt. Die Heilige Schrift versichert uns, dass Jesus zwar durch die »Hand von Gesetzlosen« hingerichtet wurde, dahinter steht aber, dass er »nach Gottes beschlossenem Willen und Vorauswissen hingegeben wurde« (Apg 2,23). Ohne Zweifel ist der eigentlich Handelnde Gott selbst: »Denn Gott hat die Welt so sehr geliebt, dass er seinen einzigen Sohn hingab, damit jeder, der an ihn glaubt, nicht zugrunde geht, sondern das ewige Leben hat« (Joh 3,16).[11] Aber wenn dies nun doch so ist, dass Gott seinen Sohn in den Tod hingab, warum haben die Christen dann nie, wie Nietzsche es tat, diesen Gott als »grausamen Despoten« gefürchtet, sondern ihn, ganz im Gegenteil, als liebenden Vater erkannt?

Die Antwort lautet zunächst: Weil der erste Blick der Glaubenden immer auf die »Sühnetat« des Sohnes[12] gerichtet war, also auf *sein* Verhalten gegenüber dem Vater, das von Liebe und Gehorsam geprägt war. Über das Bewusstsein Jesu um die Notwendigkeit seines Sühnetodes wurde schon gesprochen. Im Hebräerbrief heißt es: »Obwohl er der Sohn war, hat er durch Leiden den Gehorsam gelernt« (Hebr 5,8; vgl. Phil 2,8). Wenn Jesus »mit lautem Schreien und unter Tränen Gebete und Bitten vor den gebracht, der ihn aus dem Tod retten konnte, und er erhört und aus seiner Angst befreit worden« (Hebr 5,7) ist, wie es im selben Atemzug heißt, dann bedeutet das doch, dass Christus in seiner Todesangst bewusst in die letzten Abgründe des Leidens gegangen ist. Auch die Evangelien schildern die Todesnot Christi am Ölberg und schließlich am Kreuz als dramatische Gottesnot, die in dem Schrei der Verlassenheit gipfelt: »*Eloï, Eloï, lema sabachtani?*, das heißt übersetzt: Mein Gott, mein Gott, warum hast du mich verlassen?« (Mk 15,34).[13]

Wir können deshalb sagen: Vonseiten des Sohnes gibt es eine bewusst vollzogene, aktive Hingabe, den freien Willen, sich in die Pläne des Vaters einzufügen, keinesfalls ein Gezwungenwerden. Und diese Freiwilligkeit hält der Sohn bis ins Letzte durch; bis in den Moment, wo auch ihm selbst die Beziehung zu Gott seinem Vater verfinstert erscheint. Die Passion des Sohnes ist eine Tat der freien Hingabe. Paulus formuliert diese tiefe Einsicht in das Kreuz, indem er von einer *aktiven* Todeshingabe Jesu spricht: »Der Sohn Gottes hat mich geliebt und sich für mich *hingegeben*« (Gal 2,20b). Im Epheserbrief hallt diese Aussage nach: »Christus hat uns geliebt und sich für uns hingegeben als Gabe und als Opfer für Gott zum wohlriechenden Duft« (Eph 5,2).[14] Und gerade dort, wo der Hebräerbrief die alttestamentlichen Opfer als Kontrast für die Bedeutung des Opfers Christi nimmt, betont er die Selbstaktivität Christi: Er selbst ist es, der sich »ein für alle Mal zum Opfer darbrachte« (Hebr 7,27). Er ist das »Opfer seiner selbst« (Hebr 9,26).

Wir müssen hier aber festhalten, dass es kein Sich-Hindrängen Christi zur Sühne gibt; diese hat er zwar im Blick, auf seinem Weg nach Jerusalem rechnet er mit dem Schlimmsten. Doch seine Haltung ist eine des Sich-verfügen-Lassens. Der Sohn öffnet sich der Sühne, er ist aktiv in der Passion und passiv in der Aktion. Dem Willen des Vaters in allem gehorsam, lässt er sich von Gott »hinstellen« als »Sühneplatte«, weil er selbst es wollte (Röm 3,25; Joh 6,6). Das lässt sich aber nur verstehen, wenn Christus als der genommen wird, der er ist: der Sohn des Gottes, der die Versöhnung anbietet, und der Mensch, der an sich und durch sich die Versöhnung geschehen lässt, indem er sich vom Vater hingeben lässt »um der Sünde willen« (Rom 8,3). Wir dürfen uns also nicht wundern, wenn in der Heiligen Schrift eine Art Kooperation der Handelnden zum Ausdruck kommt. Der Vater opfert, aber der Sohn opfert sich nicht weniger. Der Sohn gibt, und er lässt sich vom Vater hingeben. Er ist der Dahingegebene (Mt 17,22parr.; 20,18.19parr.) und der Sich-Hingebende in einem. Es ist ein einziges göttliches Handeln. In der offenbaren Grausamkeit dieses Geschehens, das Jesus hier freiwillig an sich erträgt, ist deshalb immer schon der Wille Gottes zum Heil aller anwesend. Gott will, dass »alle Menschen gerettet werden« (1 Tim 2,4), aber diese

Rettung ist kein billiges Unternehmen. Sie erfolgt über das Selbstopfer des Sohnes Gottes am Kreuz.

Der Glaube der Kirche sieht sogar noch tiefer: Nicht nur, dass Jesus in seiner irdischen Existenz sich freiwillig in den Willen des Vaters verfügt, mehr noch: Da er »einer aus der Dreifaltigkeit«[15] ist, war er von Ewigkeit bereit, sich in dieses Wagnis hineinzuwerfen. Darauf bezieht sich die berühmte Stelle im 1. Petrusbrief: »Ihr wisst, dass ihr aus eurer sinnlosen, von den Vätern ererbten Lebensweise nicht um einen vergänglichen Preis losgekauft wurdet, nicht um Silber oder Gold, sondern mit dem kostbaren Blut Christi, des Lammes ohne Fehl und Makel. Er war schon *vor der Erschaffung der Welt* dazu ausersehen, und euretwegen ist er am Ende der Zeiten erschienen« (1 Petr 1,18–20). Die dämonischen Vorstellungen des Heidentums von grausamen und willkürlichen Göttern, die auf die Opfer der Menschen warten, scheint hier schon aufgelöst in einen unvorstellbaren Gedanken: Es ist die Gottheit selbst, die als Opfer antritt, Gott selbst wird zum Opferlamm.

Der neuzeitliche Theologe Hans Urs von Balthasar war vom biblischen Bild des Lammes, das schon »vor der Erschaffung der Welt« zur Sühne ausersehen war (1 Petr 1,19), besonders tief beeindruckt.[16] Er schließt daraus, dass der dreifaltige Gott schon von Ewigkeit her die Welt aus einer solchen Haltung heraus erschaffen hat, dass er bereit war, zu ihrem Heil Mensch zu werden und selbst in die tiefste Tiefe des Menschseins abzusteigen. Von Ewigkeit bietet sich der ewige Sohn dem ewigen Vater als Sühne für die möglichen Sünden der Geschöpfe an. »Gott hat [...] sein Schöpferwerk nur begonnen mit dem Blick auf das geschlachtete Lamm.«[17] Diese Haltung einer ewigen Leidensbereitschaft des Sohnes hat sich am Kreuz »offenbart«, wie es im 1. Petrusbrief heißt. Dann müssen wir aber fragen: Lässt sich eine solche Haltung anders deuten, denn als Liebe? Die Antwort ist ein klares Nein. Gott schafft, weil er liebt, und von Ewigkeit ist er in dieser Liebe bereit, das Leiden des Kreuzes auf sich zu nehmen. Origenes sagt schon im 3. Jahrhundert: »Weißt du nicht, dass Gott, da er sich mit den Menschen einlässt, menschliches Leiden erleidet? [...] Er leidet an der Liebe!«[18]

7.4 Welcher Gott offenbart sich am Kreuz?

Doch auch wenn wir glauben, dass der Sohn sich freiwillig liebend am Kreuz hingibt, so ist dadurch der Vorwurf Nietzsches vom blutrünstigen Gott, der solches will oder zumindest zulässt, immer noch nicht entkräftet. Auch wenn man anerkennt, dass es sich beim Kreuz um die *Selbst*hingabe des Mensch gewordenen Sohnes Gottes handelt, so bleibt doch das Bild des Vaters zweideutig. Denn tatsächlich ist der Vater an der Selbsthingabe des Sohnes nicht unbeteiligt, sondern im Gegenteil: Der Vater ist Mithandelnder, er ist es ja, der seinen Sohn hingibt. »Er hat seinen eigenen Sohn nicht verschont, sondern ihn für uns alle hingegeben!« (Röm 8,32a). Man beachte, dass an jenen Stellen des Neuen Testamentes, wo von einem *passiven* Ausgeliefertwerden Jesu gesprochen wird, Gott der Vater als der eigentlich Handelnde gemeint ist *(Passivum divinum)*. Etwa im Römerbrief, wo es heißt, dass »unser Herr Jesus um unserer Sünden willen ausgeliefert« wurde (Röm 4,25; 1 Kor 11,23). Deshalb hat Irenäus von Lyon durchaus recht, wenn er Ende des 2. Jahrhunderts formuliert: »Gott hat es gefallen, seinen eingeborenen und geliebten Sohn zu unserer Erlösung als Opfer darzubringen.«[19]

Um das Opfern des Vaters zu begreifen, ist es notwendig, weiter auszuholen und beim eigentlichen Tun des Vaters anzusetzen. Dieses liegt im Bund, den er den Menschen vom

Augenblick der Schöpfung an angeboten hat. Gott bringt eine Schöpfung hervor, von der er selbst feststellt, dass sie »sehr gut ist« (Gen 1). Der Gipfelpunkt der guten Schöpfung ist der Mensch in seiner Freiheit zu lieben, die ihn zum Ebenbild Gottes macht. Die Schöpfung hin zur Freiheit entspringt also der Liebe des Vaters, doch eben dieser Liebe verweigert sie sich kraft eben dieser Freiheit! Die Sünde selbst, und vorher noch die Tatsache, dass Gott überhaupt die Möglichkeit einräumt, zu sündigen, ist ein dunkles Geheimnis. Die Theologie spricht vom *mysterium iniquitatis* (»Rätsel der Bosheit«), weil es ja für das natürliche Denken unverständlich ist, warum Gott dem Menschen nicht einfach diese negative Möglichkeit, zu sündigen, entzieht. Warum entmächtigt Gott den Menschen nicht, seine Freiheit zu missbrauchen? Die Antwort gibt die Offenbarung darin, dass sie auf die Treue Gottes verweist: Gott ist seinem ursprünglichen Schöpfungswillen treu; er rückt von seinem Willen, dem Menschen wahre Freiheit zur Liebe zu geben, niemals ab. Um dieser menschlichen Freiheit willen hebt nun schon im Alten Testament ein Ringen Gottes um den Menschen an: Gott möchte, dass die Menschen, die er »mit ewiger Liebe« liebt (Jer 31,3), von innen her sich ihm zuwenden; er möchte die Freiheit, ja Freiwilligkeit ihrer Hingabe. Er spricht den Menschen deshalb in seiner Freiheit an und bietet ihm einen partnerschaftlichen Bund an.

Auf der anderen Seite gibt es tatsächlich den inneren Widerstand des Vaters gegen die Sünde, der trägt in der Offenbarung den Namen »Zorn«. Nun war und ist die Vorstellung zornsüchtiger Götter, die gleichsam heimtückisch darauf warten, es den Menschen heimzuzahlen, sobald diese ihre religiösen Pflichten vernachlässigen, in der heidnischen Welt weit verbreitet. Es ist ja urmenschlich, die Ursache des eigenen Unglücks in der Grausamkeit oder im Zorn einer geheimen göttlichen Macht zu suchen, sie als Strafe Gottes zu betrachten. Aufgrund dieses heidnischen Verständnishintergrundes ist das, was wir Christen unter »Zorn Gottes« verstehen, besonders erklärungsbedürftig. Ihn einfach aus der christlichen Glaubensvorstellung zu streichen, geht schon deshalb nicht, weil er in der biblischen Gotteserfahrung tief verankert ist! Tatsächlich ist der Gott der Bibel ein Gott, welcher der Sünde des Volkes mit seinem Zorn entgegentritt. Die Sünde ist Widerspruch gegen die Heiligkeit Gottes; er kann nicht anders, als gegen die Sünde zu zürnen.[20]

Das Alte Testament endet also in einer harmonielosen Rhythmik: *Hier* die Treue Gottes zu seiner einmal aus Liebe gewährten Freiheit, die sich in die Sünde verlaufen hat; *dort* aber die innere Unvereinbarkeit der Sünde mit Gottes eigener Heiligkeit, die sich im Zorn äußert. Dass auch der zürnende Gott dennoch das von ihm geschaffene »Heiligtum« menschlicher Freiheit nicht antastet, hat sich ja bei der Darstellung des alttestamentlichen Opferwesens gezeigt.[21] Die Lösung – und Er-Lösung –, welche Gott schließlich in Jesus Christus, dem »Mittler des Neuen Bundes« (Hebr 9,15) anbietet, ist aus dieser Rhythmik heraus zu verstehen. Sie ist ganz Liebe zum Freiheitswesen Mensch und zugleich ganz Zorn wider den Missbrauch der Freiheit, wider die Sünde. Diesen Konflikt trägt Gott nun selbst in seinem innersten Wesen aus, im Herzen der Dreifaltigkeit. Vor allem die zeitgenössischen Theologen Hans Urs von Balthasar[22] und Norbert Hoffmann[23] haben in eindringlicher Weise gezeigt, dass die Sühne Christi nur dann begriffen wird, wenn sie von der Dreifaltigkeit Gottes her gedacht wird.

Die Griechen meinten, mit ihren Opfern die unsterblichen Götter *hileo poiein* (»heiter machen«) zu müssen: Das heidnische Opfer ist die Leistung des Menschen an Gott! Jetzt, wo Gottes Sohn das Opfer selbst vollzieht, gibt es kein »Müssen« vonseiten des Menschen mehr; hier engagiert sich der dreifaltige Gott selbst: Gott steht in Christus aufseiten des Menschen und er handelt zur Rettung des Menschen. Wenn es wahr ist, dass der biblische Gott gegen die Sünde des Menschen zürnt, so äußert sich jetzt dieser »Zorn« in der Christusoffenbarung in einer einmaligen, völlig veränderten Weise: Der »treue Hohepriester« (1 Sam 2,35), der die endgültige Sühne vollzieht (Hebr 2,17), ist Gott selbst in Jesus Christus.

Alles, was bisher an Opfer bekannt war, ist jetzt überboten: Die Gottheit ist nicht bloßer Empfänger des Opfers wie bei den Griechen. Die Sühne ist auch nicht mehr, wie im Alten Testament, die von Gott dem Menschen übergebene Möglichkeit, das Menschenmögliche zu tun, um den Bund von sich her wiederherzustellen. Jetzt ist alles überhöht, denn es ist der Mensch gewordene Sohn, der sühnend leidet und stirbt.[24] Wieder kann man hier den großen Theologen Paulus zitieren: Gott sandte »seinen Sohn in der Gestalt des Fleisches, das unter der Macht der Sünde steht, zur Sühne für die Sünde, um an seinem Fleisch die Sünde zu verurteilen« (Röm 8,3). Der Grund unseres Heiles ist das Wirken Gottes, der dreifaltig »die Liebe« ist (1 Joh 4,8.16): Der die uns notwendige Sühne vollzieht, ist der Mensch gewordene *Sohn*; der die Sühne empfängt, ist der in seiner Liebe zu seinem Geschöpf treue *Vater* und Schöpfergott; und wir sind es, die im *Heiligen Geist* durch diese Sühne innerlich zur Liebe befreit werden.

Das Kreuz ist also wirklich Gottes zorniges Gericht über die Sünde. Aber in der Mitte dieses Zornesgerichtes leuchtet eine unendliche Liebe. Eine Liebe, die sich in der unfassbarsten und menschlich nicht erdenkbaren Weise offenbart: Das Lamm Gottes selbst hat »den ganzen Zorn über die Untreue der Welt auf sich abgelenkt«.[25] Gottes zorniger Widerstand gegen die Sünde tobt sich »in sich selbst aus«, nämlich innerhalb der dreifaltigen göttlichen Beziehungen von Vater, Sohn und Geist. Der Sohn selbst erlebt die Gottferne des

Sünders, er lässt den Zorn dessen, der die Sünde immerdar hassen muss, auf sich selbst prallen. Gott vollzieht das Gericht über die Sünde innerhalb seines eigenen dreifaltigen Lebens.[26] Und doch bleibt der Sohn gerade in dieser äußersten Ferne geliebter und liebender Sohn. Viele heutige Theologen warnen hier ausdrücklich davor, sich Gott, den Vater, als unberührt vom Leiden des Sohnes vorzustellen. Im Gegenteil, die Passion betrifft die ganze Dreifaltigkeit: »Den Sohn leiden zu lassen, ist zugleich die Passion des Vaters.«[27]

Die Theologie nimmt die Vorwürfe des neuzeitlichen Denkens gegen das Gottesbild, das hinter der Rede von der Sühne Christi steht, durchaus ernst. Sie kann aber doch, wenn man sich auf ein offenbarungsgemäßes Denken einlässt, erklären, warum die Christen das Zeichen des Kreuzes nie als Grausamkeit Gottes, sondern im Gegenteil als höchste Offenbarung göttlicher Liebe begriffen haben. Gerade der Blick auf das Kreuz begründet den Satz, dass »Gott die Liebe ist« (1 Joh 4,8.16). Die Sünde wird in ihrem bösen Gewicht nicht geleugnet. Sie wiegt so schwer, dass Gottes Sohn in die Finsternis der Gottverlassenheit absteigen muss, um sie durch das Licht seiner Gottheit zu besiegen. Das Kreuz zeigt: Der Zorn Gottes wider die Sünde ist kein Gegensatz zu seiner Liebe, denn es ist die Liebe zum Menschen, die hier gegen die Lieblosigkeit des Menschen zürnt, um sie durch leidende Liebe zu besiegen. Der Zorn Gottes offenbart sich als Liebe und verliert dabei doch nicht seine Wucht gegen die Sünde![28] Und alles ist hier Werk des dreifaltigen Gottes: »Darin zeigt sich die Liebe: Nicht wir haben Gott geliebt, sondern er hat uns geliebt und seinen Sohn als Sühnopfer für unsere Sünden gesandt« (1 Joh 4,10).

Alle menschlichen und menschenförmigen Bemühungen zur Selbsterlösung, seien es Kulte, Opfer, Rituale, Kasteiungen und Askese, stehen ab jetzt unter dem Vorzeichen der Erlösungstat Gottes: »Gott hat seine Liebe zu uns darin erwiesen, dass Christus für uns gestorben ist, als wir noch Sünder waren« (Röm 5,8; vgl. Joh 3,16; 1 Joh 4,10). Die junge Kirche hat in Dankbarkeit diese Wahrheit von der endgültigen Erlösung angenommen: Der ausblutende Leib auf Golgotha ist das Sühnopfer, das Gott dem Menschen vor Augen stellt, um ihn von der Not, sich selbst erlösen zu müssen, zu befreien. Welcher Gott also offenbart sich in der Dahingabe des Sohnes am Kreuz? Die Antwort, die der Glaube gibt, lautet: Ein Gott, der wahrhaft absolut die Liebe ist. Aus der Gottesoffenbarung des Kreuzes schöpft der Glaubende Trost, Stärke und Zuversicht: »Gott hat seinen eigenen Sohn nicht verschont, sondern ihn für uns alle hingegeben – wie sollte er uns mit ihm nicht alles schenken?« (Röm 8,32).

Die Logik des Kreuzes offenbart also, dass Gott eine geradezu »törichte« Liebe zum Menschen hat. Die »Weisheit der Welt« kann die »Torheit Gottes« nicht begreifen, der sich selbst weggibt, um die Sünder zu retten (1 Kor 1,18–31). Im Exsultet der Osternacht wird diese Torheit Gottes auf die Spitze gebracht, wenn es heißt: »Um den Knecht zu erlösen, gabst Du den Sohn dahin!« Paulus spielt auf die Gottesoffenbarung auch dort an, wo er von Christus als *hilastérion*, als »Sühneplatte«, spricht (Röm 3,25a). Nicht, um seine Allmacht, seine Willkür oder gar im Sinne Nietzsches seine Grausamkeit zu demonstrieren, stellt Gott seinen Sohn am Kreuz als »Sühneplatte« auf, sondern im Gegenteil: »So erweist Gott seine Gerechtigkeit durch die Vergebung der Sünden, die früher, in der Zeit seiner Geduld, begangen wurden; er erweist seine Gerechtigkeit in der gegenwärtigen Zeit, um zu zeigen, dass *er gerecht ist* und den gerecht macht, der an Jesus glaubt« (Röm 3,25b–26).

7.5 Die »Stellvertretung« Christi

Der Gedanke der Stellvertretung der Sünder »in Christus« ist bei Paulus formuliert: »Einer ist für alle gestorben« (2 Kor 5,14). Stellvertretung bedeutet, dass der Sühnetod Christi das Gottesverhältnis aller Menschen – »*alle* hatten gesündigt und die Herrlichkeit Gottes verloren« (Röm 3,23) – umwandelt. Im Opferritual des Alten Testamentes tötete man das Opfertier stellvertretend für die Sünde des Opfernden, der Sippe oder des Volkes. Diese Vorstellung vom »Sündenbock« ist, wie Réné Girard gezeigt hat, allgemein-menschlich verbreitet; sie findet sich nicht nur im religiösen Bereich.[29] Wie schnell sucht man in Unglücksfällen oft »Schuldige«, denen man die Verantwortung für das Übel aufladen kann. Hier geht es freilich meist nur um eine psychologische Entlastung.

Ein Sterben »für andere« gibt es aber auch in der Weltgeschichte immer wieder. Schon die Römer kannten den Spruch: *Dulce et decorum est pro patria mori!* (»Schön und wunderbar ist es, für die Heimat zu sterben!«).[30] Das Besondere am Tode Christi aber ist, dass er die umfassende Versöhnung des Menschen mit Gott schafft. Von Gott her sind durch diesen Tod *alle* versöhnt. Wir stehen hier vor einem Paradox: Die Parole »Einer für alle« klingt zwar eindrucksvoll, doch wie lässt sich dies denken? Was soll der Tod eines Einzelnen den anderen, noch dazu der ganzen Menschheit, an Nutzen bringen? Oder noch pointierter gefragt: Was habe ich in meiner Lebens- und Gottesnot davon, dass es Jesus damals am Kreuz so schlecht ging? Sinnvoll und heilsam wird der Tod des einen, der Tod Jesu Christi, ja wirklich nur, wenn er sich auf alle auswirkt.

Dass es sich hier um ein wirkliches theologisches Problem handelt, zeigt sich auch darin, dass noch im Alten Testament an einigen Stellen ein »Sterben für andere« abgelehnt wird:

»Jeder soll nur für seine eigene Sünde sterben!« (Dtn 24,16).[31] Gott lehnt etwa das Angebot Moses, für die Schuld des Volkes zu sühnen, ausdrücklich ab: »Ich streiche nur den aus meinem Buch, der wider mich gesündigt hat« (Ex 32,33). Und in den Psalmen heißt es: »Loskaufen kann doch keiner den andern, noch an Gott für ihn ein Sühnegeld zahlen – für das Leben ist jeder Kaufpreis zu hoch; für immer muss man davon abstehn« (Ps 49,8 f.).

Allerdings gibt es im Alten Testament auch eine berühmte Bezugsstelle für die Stellvertretung, nämlich das Lied vom leidenden Gottesknecht in Jesaja 53. Das ist auch jener Text, der für die junge Kirche maßgeblich wurde, um die Kreuzigung ihres Herrn und Meisters begreifen zu können. Wenn Paulus etwa in Röm 4,25 eine alte Formel wiedergibt, so mit eindeutigem Bezug auf Jes 53: »Er wurde dahingegeben wegen unserer Übertretungen und auferweckt wegen unserer Rechtfertigung.« In Jes 53,6.12 findet sich dreimal das Wort »dahingegeben«, davon bezieht es sich zweimal auf »unsere Sünden«. Bei Paulus ist das »Für uns« dann zur Formel geworden, um die Stellvertretung unseres Sünderseins durch Christus auszudrücken. Durch diesen Tod hat sich etwas an unserem Verhältnis zu Gott geändert. Durch diesen Tod des einen ist uns allen geschenkt, dass wir »für die Sünde tot sind, aber für Gott leben in Christus Jesus« (Röm 6,14).

Ausführlich stellt Paulus den Stellvertretungsgedanken im 5. Kapitel des Römerbriefes dar: Adam ist der »eine« Mensch, durch den Sünde und Tod in die Welt gekommen ist. Die Rettung ist deshalb auch durch nur »einen« gekommen, nämlich durch »die Gnadentat des einen Menschen Jesus Christus« (Röm 5,15). Die Vorstellung ist die, dass die Sünde aller Menschen in Jesus stellvertretend ausgelitten wurde, sodass »durch den Gehorsam des einen« (Röm 5,19) alle mit Gott versöhnt worden sind. Paulus kann es auch so ausdrücken, dass der »alte Mensch mitgekreuzigt« wurde, der Sünde »gestorben« ist, um »für Gott zu leben« (Röm 6,6–12). Die eindrucksvollste Stelle bei Paulus dazu lautet: »Die Liebe Christi drängt uns, da wir erkannt haben: Er ist für alle gestorben, also sind wir alle gestorben. Er ist aber für alle gestorben, damit die Lebenden nicht mehr für sich selber leben, sondern für den, der für sie starb und auferweckt wurde« (2 Kor 5,14 f.; vgl. Joh 15,13).

Das Neue Testament versteht die Stellvertretung aller eindeutig vom Opferdenken des Alten Testamentes her, und zwar darin, dass in Christus das qualitativ wertvollste Opfer dargebracht wurde. Nur das reine Tier hat nach der Vorstellungswelt des Alten Testamentes die Kraft, im Opfer die Sünden durch seine Lebensvernichtung zu tilgen, da es ja um einen Wechsel vom schuldhaften Leben zum unschuldigen Leben geht. Je wertvoller das Opfer, desto größer die Sühne. Deshalb spricht der 1. Petrusbrief vom »kostbaren Blute Jesu Christi als des unschuldigen und fleckenlosen Lammes« (1 Petr 1,18). Das Gesetz verlangte auch ausdrücklich nur gesunde Opfertiere. Nun übertrifft die Qualität des Kreuzesopfers aber alles andere, weil es das »unschuldige und fleckenlose Lamm« ist, das hier hingegeben wurde. Das wertvollste Opfertier wirkt die wertvollste Entsühnung. Josef Blank meint in diesem Zusammenhang, dass es auch an jener Stelle im Johannesevangelium, wo Pilatus feststellt: »Ich finde keine Schuld an ihm!« (Joh 19,4.6), nicht nur um einen juristischen und moralischen Tatbestand geht, »sondern auch um den Gedanken einer ›kultischen Integrität‹. So wie beim kultischen Sühneopfer das Opfertier keinen Fehler und Makel haben darf, sondern den rituellen Vorschriften genau entsprechen muss, so ist auch die ›Unschuld Jesu‹ die notwendige Vorbedingung, damit er die Funktion des ›Opferlammes‹ erfüllen« kann.[32] Weil Christus also der Unschuldigste und Heiligste von allen ist, hat sein Tod auch die größtmögliche Heilswirkung: Der Tod des einen ist die Rettung *für alle.*[33]

Theologisch ist Stellvertretung wieder nur denkbar von der Dreifaltigkeit Gottes her. Der ewige Sohn, der sich schon durch die Menschwerdung »gewissermaßen mit jedem Menschen vereinigt hat«,[34] nimmt jetzt am Kreuz aktiv den Bruch der gesamten Menschheit mit Gott in sein ewiges Verhältnis zum Vater hinein. Man mag das darin angedeutet sehen, dass alle drei »Weltstände« – Christen, Juden und Heiden – sich konkret und unmittelbar gegen Christus versündigen, als wollten sie ihre Schuld demonstrativ auf ihn abladen: Die *Juden* sind sich ihres Gottes so sicher, dass sie Christus als religiösen Aufrührer beseitigen wollen; die *Heiden*, vertreten durch die römische Besatzungsmacht, wollen in ihrer Suche nach Wahrheit in der Schwebe bleiben und sich nicht festlegen: »Was ist Wahrheit?« (Joh 18,38); schließlich die *Christen*, also die Jünger Christi, die ihren Herrn und Meister verraten (Judas) und verleugnen (Petrus). So soll in der konkreten Leidensgeschichte Christi offenbar werden, was Paulus in dem Satz zusammenfasst: »*Alle* haben gesündigt und die Herrlichkeit Gottes verloren« (Röm 3,23).[35] Alle laden konkret ihre Sünden auf Christus ab; dieser wird ganz real zum Sündenbock, indem er die Sünde nicht nur menschlich trägt, sondern sie in sein ewiges Verhältnis zum Vater einlässt. So verlagert er des Sünders Fernsein von Gott in die ewige Beziehung des Sohnes zum Vater. Und da diese Beziehung nur Liebe sein kann, wird sie dort überwunden.

Man kann hier das Wort Martin Luthers vom »fröhlichen Wechsel« anwenden, denn darin, dass der Sohn an die Stelle des Sünders tritt, wechselt der Sünder in einen anderen »Stand«. Von da an hat auch der Sünder Platz in der Beziehung zwischen Vater und Sohn; er muss sich nicht mehr ausgeschlossen fühlen von der Liebe Gottes, sondern darf sich hineingenommen glauben in die ewige Einheit von Vater und Sohn. Christus ist »für uns zur Sünde gemacht« worden, damit »wir in ihm Gerechtigkeit Gottes würden« (2 Kor 5,21).

Der Kerker, in den die Sünde die Freiheit des Menschen versetzte, ist aufgebrochen: Der Sünder ist objektiv mit Gott versöhnt, weil der Sohn ihm einen Platz in der dreifaltigen Liebe eröffnet hat.

Was bedeutet es, dass der Sünder durch den Tod Christi »einen Platz in der dreifaltigen Liebe« Gottes hat? Das sind abstrakte Worte, die jedoch sehr reale Bezüge zur Lebenserfahrung haben. Wenn ein Mensch mit Problemen oder gar mit Leiden konfrontiert ist, neigt er dazu, den Grund dafür bei Gott zu suchen. Auch heute ist es keineswegs selten, dass man solche Widrigkeiten als Prüfung oder Strafe Gottes interpretiert. Daraus folgt oft der Hader gegen Gott, die Anklage Gottes. Schon der heilige Thomas sagt, dass der Mensch alles Übel entweder als Strafe oder als Schuld interpretiert.[36] Der Blick auf den Kreuzestod Jesu gibt nun die Möglichkeit, Leiden auch anders zu verstehen, nämlich als Mitleiden mit Christus. Das Leiden des Herrn befreit den Menschen davon, am Rätsel des Leidens zu zerbrechen; es befreit ihn davon, gegen Gott rebellieren zu müssen. Indem der Sohn Gottes selbst körperliche und seelische Leiden ausgetragen hat, ermöglicht er dem niedergedrückten Menschen, ihm die Worte nachzusprechen: »Dein Wille geschehe!« (Mt 26,43par.) und so mitten im Leid einzutreten in die ewige Liebe, die zwischen dem Vater und dem Sohn herrscht.

7.6 *Die Versöhnung Christi muss angenommen werden*

Wir haben gesagt: Der Sünder ist durch die stellvertretende Sühne Christi mit Gott versöhnt. Aber das ist nicht in der Weise zu verstehen, als müsste jetzt der Mensch nichts mehr zu seinem Heil beitragen. Das wäre ein grobes Missverständnis von Erlösung. Gott hat von sich her die Versöhnung objektiv vollzogen und somit jedem, auch dem größten Sünder, einen Platz in seiner dreifaltigen Liebe bereitet. Das ist die »objektive Erlösung«, die ausnahmslos »für alle« gilt, da Gott das Heil aller Menschen will (1 Tim 2,4; vgl. 2 Kor 5,14 f.; Röm 6,3 f.). Entsprechend dem Wollen und Handeln Gottes in Jesus Christus sind also schon alle Menschen als Kinder Gottes anerkannt (Eph 1,5). Aber der Mensch muss diese Versöhnung auch konkret annehmen; er muss seiner Gemeinschaft mit Gott auch persönlich zustimmen. Und dies geschieht, indem er die Haltung Christi gegenüber dem Vater annimmt. Er darf »Sohn im Sohn« sein und wie Christus zu Gott »Vater« sagen (Mt 6,9par.). Die Ermächtigung dazu gibt der Heilige Geist: »Weil ihr aber Söhne seid, sandte Gott den Geist seines Sohnes in unser Herz, den Geist, der ruft: Abba, Vater« (Gal 4,6; vgl. 3,26; Röm 8,15).

Warum aber muss der Mensch auch nach der objektiven Versöhnung durch Christus an seiner eigenen Versöhnung mitwirken? Das ergibt sich aus dem Charakter der Stellvertretung, denn der sühnende Christus ist zwar »Stellvertreter, nicht aber Ersatzmann«.[37] Wieder zeigt sich, wie sehr Gott die Freiheitswürde des Menschen achtet: Gott lässt den Sünder auch in der Vergebung der Sünden freier Partner sein. Der Respekt, den Gott in seinem Erlösungshandeln bleibend vor der Freiheit des Menschen zeigt, entspricht dem Bund, der »Communio«[38], die er von Anfang der Schöpfung an wollte. Der Schöpfer bleibt sich in der Erlösung treu. So bestätigt Gott dem Menschen, dass er sein Vater ist, indem er seine Freiheit weiterhin auch dort respektiert, wo sie sich gegen ihn wendet. Freilich hat sich durch Christi Kreuz etwas geändert, denn wo die menschliche Freiheit meinte, sich endgültig in sich selbst versperren zu müssen, da hat Gott sie durch die freie Hingabe des Sohnes von innen her aufgesprengt. Und mehr noch: Durch die Versöhnung in Christus sind wir Menschen begabt, in Freiheit an der Vergebung der Sünden mitzuwirken. »Zur Freiheit hat uns Christus befreit!«

(Gal 5,1), schreibt Paulus. Da die Sinnspitze der erlösten Freiheit aber nun gerade in der freien Annahme der Erlösung liegt, mahnt derselbe Paulus: »Müht euch mit Furcht und Zittern um euer Heil!« (Phil 2,12).

Für menschliches Denken mag dies kompliziert klingen, aber es entspricht der Logik des Heils: Auf der einen Seite sind wir – und nicht nur wir, sondern schlechthin »alle« – schon objektiv durch Christus ganz erlöst, auf der anderen Seite wirkt sich diese Erlösung nur dann aus, wenn wir sie im Glauben annehmen und in einem gottgefälligen Leben verwirklichen. Zur Umsetzung der Erlösung gehört es auch, selbst in Christus »erlösend« für diese Welt zu wirken.

8. Unsere Teilnahme an der Sühne Christi

8.1 Sühne als sinnvolle Lebenshaltung

Zuerst muss gesagt werden: Leiden und Sterben »für jemanden« ist keine Erfindung der Christen, sondern einfach ein gesamtmenschliches Phänomen. Die Weltliteratur ist voll von der Verherrlichung der Freundschaftsliebe oder der Liebe zum Vaterland, die auch den Tod nicht scheut. Es scheint alles so klar: Freundschaft ist das Dasein füreinander, die Hingabe aneinander. Wie könnte eine Haltung des Füreinanders sich tiefer ausdrücken als in der Bereitschaft, für den Freund zu sterben? Je berechnungsloser die Liebe zum anderen ist, desto radikaler wird sie in der Hingabehaltung zum anderen sein. Natürlich kann man einwenden, dass wir in einer Zeit zunehmender Egozentrik leben, wo sich auch im Verhältnis zum anderen, sogar im Verhalten gegenüber geliebten Menschen, immer stärker das Berechnende einstellt: »Was habe *ich* davon?«

Auf der anderen Seite gibt es neue Formen des Altruismus, des Eintretens für andere, bis dahin, dass man körperliches Leid für den anderen auf sich nimmt. Wenn Hans Urs von Balthasar meint, dass Stellvertretung »das Alltäglichste«[1] sei, so klingt dies vielleicht übertrieben. Dennoch gibt es dieses Phänomen auch heute: Es gibt den Hungerstreik »für die anderen«; ein Schüler nimmt die Strafe für einen Freund auf sich; Eltern mühen sich bis zur Erschöpfung für ihre Kinder ab; jemand nimmt das finanzielle Risiko einer Bürgschaft für einen anderen auf sich. Und im kirchlichen Leben ist es selbstverständlich, dass Eltern und Paten stellvertretend für ihre unmündigen Kinder den Glauben bekennen.

Einen hohen Stellenwert hatte das »Für andere« vor allem in der griechischen Tragödie. Zahllos sind die Helden, die sich für ihre Lieben oder ihr Heimatland aufopfern. Aristoteles hat das Ideal der Selbstaufopferung formuliert: »Wahr ist aber, was man über den Edlen sagt: Dass er um der Freunde und des Vaterlandes willen vieles tut und, wenn es notwendig ist, dafür stirbt.«[2] Auch für Seneca besteht der Höhepunkt der Freundesliebe in der Bereitschaft, für den anderen zu sterben.[3] Und die berühmte »Bürgschaft« von Friedrich Schiller ist ein einziges Loblied auf das Ideal des Einstehens für einen anderen.

Die Idee des Opfertodes für andere findet sich in vielen Religionen.[4] Offensichtlich gehört der Gedanke des stellvertretenden Eintretens für andere zur Natur des Menschen. Im Christentum scheint er aber eine Tiefe zu erreichen, die alles, was im natürlichen Bereich an Sinnhaftigkeit erahnt werden kann, übertrifft: Zum einen, weil die Liebe Christi jede Form von rein menschlicher Liebe, die ja immer wählerisch und begrenzt bleibt, übertrifft;[5] zum anderen, weil die christliche Botschaft vom erlösenden Opfertod die Frage beantwortet, ob solches Eintreten für andere, ob stellvertretendes Leiden und Sterben nicht vielleicht doch im Letzten sinnlos sein könnte! Im rein menschlichen Bereich bleibt ja immer die Frage offen: »Was bringt es dem anderen, wenn ich für ihn leide oder gar sterbe?« Uns Christen zeigt der Blick auf das Fürleiden Christi nun eine hohe und höchste Sinnhaftigkeit: In diesem stellvertretenden Tod schenkt Gott Versöhnung, Freiheit, ewiges Leben und Hoffnung. Welche Kühnheit, wenn Paulus an die Judenchristen in Galatien schreibt, dass er sich »allein des Kreuzes Jesu Christi, unseres Herrn, rühmen« will (Gal 6,14). Die Liturgie hat dieses kühne Wort noch gesteigert, indem sie den Gekreuzigten als den Ursprung von »Leben, Hoffnung und Auferstehung« besingt. Jedenfalls liegt der Kern der christlichen Botschaft darin, dass durch Christus nunmehr Leiden und Tod »für andere« tatsächlich Sinn haben. Sie sind zur »Erlösungstat« geworden, weil der Sohn Gottes sie »für uns« auf sich genommen hat. Die Kirche hat daraus von Anfang an gefolgert, dass das »Für andere« eine Grundbestimmung des Jüngerseins ist.[6] Jünger des Herrn Jesus Christus ist man dann, wenn man frei an seiner Gesinnung teilnimmt, bis ins Letzte »für andere« da zu sein.

8.2 Die Leiden Christi »ergänzen«? (Kol 1,24)

Damit sind wir wieder bei jener berühmten Stelle aus dem Kolosserbrief, über die wir schon am Anfang nachgedacht haben. Paulus, bzw. der pseudonyme Autor dieses ihm zugerechneten Briefes, formuliert: »Jetzt freue ich mich in den Leiden, die ich für euch ertrage. Für den Leib Christi, die Kirche, ergänze ich in meinem irdischen Leben das, was an den Leiden Christi noch fehlt« (Kol 1,24; vgl. Eph 3,1.13; 1 Joh 3,16). Wörtlich ist im zweiten Teil des Verses die Rede vom *Ergänzen des Fehlenden an den Bedrängnissen Christi.* Es darf nicht verwundern, dass diese Schriftstelle, die so zentral für die christliche Spiritualität ist, heute auf sehr unterschiedliche Weise interpretiert wird.[7] Wie die Gläubigen die »Bedrängnisse Christi ergänzen« können, hat aber schon von frühesten Zeiten an die Kirchenväter und Theologen, die geistlichen Schriftsteller und Lehrer beschäftigt; und auch hier sind die Auslegungen sehr unterschiedlich ausgefallen.[8]

Zunächst ist festzuhalten, dass Christus »für alle« gestorben ist[9] und sein Tod in vollständiger Weise die Erlösung gewirkt hat. Es ist eine unumstößliche Glaubenswahrheit, dass die objektive Erlösung endgültig und allumfassend ist! Wenn es ein christliches Dogma gibt, das von allen Konfessionen mit Einmütigkeit verteidigt wird, dann ist es dieses, dass an der Erlösung *nichts fehlt*. Der heilige Thomas von Aquin warnt beispielsweise vor dem Missverständnis, ja der Häresie, wenn man meinte, Christi Leiden zur Erlösung sei unvollständig. Er verweist auf die Worte von 1 Joh 2,2: »Er ist die Sühne für unsere Sünden, aber nicht nur für unsere Sünden, sondern für die der ganzen Welt« (1 Joh 2,2 und 4,10) und erweitert diesen Gedanken: »Das Leiden Christi genügt zur Erlösung *selbst vieler Welten*!«[10]

Jesus Christus hat ein für alle Mal die Sühne für alle Sünden vollzogen. Das bedeutet auch, dass es keine Heilsvermittlung mehr neben oder außer Christus geben kann. Für die Glaubenden steht fest, dass Christus allein der einzige Mittler des Heiles ist: »Einer ist Gott, einer auch Mittler zwischen Gott und den Menschen: der Mensch Christus Jesus [...]« (1 Tim 2,5; vgl. Hebr 8,6; 9,15; 12,24). Immer wieder hat es Menschen oder Bewegungen gegeben, die gleichsam ein »Mehr« an Erlösung versprochen haben. Die Kirche hat solche Ansprüche und Anmaßungen seit apostolischen Zeiten immer vehement zurückgewiesen. »In keinem anderen ist Heil!« (Apg 4,12), zitiert das Missionsdekret des 2. Vatikanischen Konzils das Neue Testament.[11] Und dasselbe Konzil sagt: »Christus allein ist Mittler und Weg zum Heil, der in seinem Leib, der Kirche, uns gegenwärtig wird.«[12] Was die Kirche *nach außen* vertritt, das gilt ebenso *nach innen*: Auch innerhalb der Kirche kann es niemanden und nichts geben, was der von Christus gestifteten Versöhnung auch nur ein Jota hinzufügt. Paulus erhofft von der Sühne Christi sogar die Gerecht-Sprechung »aller Menschen« (Röm 5,18).

Doch zurück zum Kolosserbrief. Was bedeutet nun das »Ergänzen des Fehlenden an den Bedrängnissen Christi«?

Offensichtlich versteht Paulus ja doch die Leiden, die er in Ausübung seines Amtes zu ertragen hat, im Blick auf den Tod Jesu als stellvertretenden Dienst für die Kirche. Was wird hier »ergänzt«, wenn das Sühneleiden Christi definitionsgemäß keiner Ergänzung bedarf? Wir sind wieder auf den griechischen Urtext verwiesen: Paulus spricht zuerst von der Freude »in den Leiden für euch« (griechisch: *pathemata*) und dann vom »Ergänzen des Fehlenden an den Leiden Christi« (griechisch: *thlipseis*, wörtlich: Bedrängnisse). Im Griechischen finden sich zwei unterschiedliche Begriffe für das, was die Einheitsübersetzung beide Male undifferenziert als »Leiden« übersetzt: *pathemata,* das im eigentlichen Sinn »Leiden« heißt, und *thlipseis,* das man besser mit »Bedrängnissen« übersetzen sollte. Paulus freut sich also auf der einen Seite »im Leiden für euch«, aber ergänzen möchte er »die Bedrängnisse Christi«.

Daraus ergibt sich zunächst eine eher »nüchterne« Auslegung, die auf den heiligen Johannes Chrysostomus zurückgeht.[13] Mit »Bedrängnissen Christi« meint Paulus die Mühsale, die Jesus in seiner irdischen Lebenszeit auf sich genommen hat, um das Evangelium zu verkünden. Gemeint ist also die Predigt- und Lehrtätigkeit Jesu auf Erden, die natürlich ergänzungsbedürftig ist: »Wie sollen sie [die Heiden] nun den anrufen, an den sie nicht glauben? Wie sollen sie an den glauben, von dem sie nichts gehört haben? Wie sollen sie hören, wenn niemand verkündigt?« (Röm 10,14). Paulus sieht seine Berufung ja darin, die zeitliche Sendung Jesu fortzusetzen; er sieht sich als »Apostel an Christi statt«, der die Verkündigung Christi in die Geschichte hineinträgt: »Wir sind also Gesandte an Christi statt, und Gott ist es, der durch uns mahnt. Wir bitten an Christi statt: Lasst euch mit Gott versöhnen!« (2 Kor 5,20). Es gehört zur Natur der Sache, dass der »Dienst der Versöhnung« (2 Kor 5,18) mit Leiden verbunden ist. »An die Stelle des nicht mehr leidensfähigen erhöhten Christus ist der leidende Apostel getreten.«[14]

Dass diese Interpretation etwas sehr Wichtiges zum Vorschein bringt, ergibt sich auch aus den nachfolgenden Worten: Paulus will das Fehlende an den Bedrängnissen Christi ergänzen »in meinem Fleisch für seinen Leib, der die Kirche ist«. Was Paulus »in seinem Fleisch«, also an körperlichen Belastungen, für die Verkündigung ertragen musste, hat er in der sogenannten »Narrenrede« im 2. Korintherbrief ausführlich geschildert.[15] Doch ohne die Mühe und Trübsale jener, die von Christus ganz in den Dienst genommen wurden, ja die von Amts wegen an seiner Stelle stehen,[16] und jene Bedrängnisse, die Jesus selbst zur Zeit seines irdischen Wirkens ertrug, und diese durch die Zeiten hindurch gegenwärtig zu machen, würde die Kirche unter den Völkern nicht auferbaut werden. 150 Jahre später, als eine Welle der Christenverfolgung nach der anderen über die junge Kirche im römischen Kaiserreich hinwegrollt, wird Tertullian diese Erfahrung in die berühmten Worte fassen: »Ein Same ist das Blut der Christen!«[17]

8.3 Leiden ergänzen »für den Leib, der die Kirche ist«?

Es gibt noch eine tiefere Auslegung des »Ergänzens der Bedrängnisse« Christi im Kolosserbrief. Erstmals wurde diese Deutung ausführlich von Augustinus († 430) dargelegt; von heutigen Theologen wird sie durchaus geschätzt.[18] Grundlage dieser Deutung von Kol 1,24 ist der Ausdruck »für seinen Leib, der die Kirche ist«. Paulus gibt also gleichsam einen Adressaten an, für den er die Bedrängnisse Christi ergänzt: die Kirche. Denn damit verweist Paulus eindeutig auf die für ihn so wichtige Lehre, wonach die Kirche eine Gemeinschaft nach der Art eines »Leibes« ist. Die Kirche ist der »mystische Leib Christi«. Christus, der nach seiner Auferstehung und Himmelfahrt in der Herrlichkeit des Vaters ist, lebt in diesem umfassenden Leib durch die Geschichte hindurch fort.

Entscheidend ist nun, dass schon die Schrift Christus in einer Art Doppelfunktion versteht: Zum einen ist Christus aber der Leib der Kirche selbst. Dieser Gedanke findet sich in den Briefen, die direkt von Paulus stammen, vor allem im Römerbrief und im 1. Korintherbrief: Die Gläubigen sind in der Kirche, weil sie »in Christus« sind; deshalb gehören sie zu seinem Leib. Paulus schreibt folgende Worte an die Korinther: »Ihr aber seid der Leib Christi, und jeder Einzelne ist ein Glied an ihm« (1 Kor 12,27; Röm 12,5). Zum anderen ist Christus auch das Haupt der Kirche, weil er das Haupt des Leibes ist. Dieser Gedanke findet sich vor allem im Epheser- und Kolosserbrief:[19] »Er ist das Haupt des Leibes, der Leib aber ist die Kirche« (Kol 1,18).

Die Kirchenväter haben beide Aspekte zusammen gelesen: Bezeichnet Christus also sowohl das Haupt als auch den Leib der Kirche, dann folgt daraus, dass es auch zwei Sichtweisen des Sühneleidens Christi gibt: Als Haupt der Kirche ist Christus siegreich in der Vollendung; in seinem irdischen Leben hat der Mensch gewordene Sohn Gottes alle Versöhnung vollzogen. Das ist die Sühne, die wir als endgültig und umfassend bezeichnet haben, die objektiv vollzogene Erlösung. Der heilige Augustinus meint nun, dass Paulus, wenn er von den »Bedrängnissen Christi« spricht, die er ergänzen möchte, den »mystischen Leib«, die Kirche, meint. Wenngleich das objektive Leiden Christi vollendet ist, das Leiden seines fortlebenden Leibes ist es nicht! Es ist einfach eine Tatsache, dass das von Christus gewirkte Heil erst noch angenommen werden muss; die »Erfüllung« ist noch ausständig. Keiner, nicht einmal der Apostel selbst, kann sagen, dass er es »schon erreicht hätte« oder dass er »schon vollendet wäre«

(Phil 3,12). Es ist eine bleibende Aufgabe eines jeden Gliedes am Leibe Christi, »zum vollkommenen Menschen zu werden und Christus in seiner vollendeten Gestalt darzustellen« (Eph 4,13).

Was aber ist die »vollendete Gestalt Christi«? Wie und wodurch wird die Kirche als »mystischer Leib Christi« zur »vollendeten Gestalt Christi« geformt? Augustinus denkt hier theologisch: Da Christus als Haupt durch das Leiden vollendet wurde, so muss auch die Kirche durch das Leiden vollendet werden. Da Christus Leiden und Tod als Sühne angenommen hat, so müssen auch die Glieder am Leibe Christi durch Mitleiden vollendet werden. Augustinus spricht von einer *universa passio* (»einem allumfassenden Leiden«),[20] durch das die durch die Zeiten pilgernde Kirche noch gereinigt werden müsse. Was er hier meint, ist letztlich die Notwendigkeit der freien Mitarbeit an der Erlösung, die, wie schon dargelegt, bleibend zur Logik der Erlösung gehört: »Wenn Gott den Sünder nicht entmündigen, ersetzen oder vernichten, sondern zu sich selbst befreien will, kann er nur *mit* ihm […] handeln.«[21] Wo ein Christ sein Leiden als ein Leiden mit Christus annimmt, bekommt sein menschliches Kreuz auch Anteil am Sinn des Erlösungsleidens. Es trägt damit seinen Teil bei zur Vollendung des unvollendeten Kirchenleibes. Augustinus drückt es so aus, dass jeder in seinem irdischen Leben, wie der Apostel Paulus, *pro portione sua* (»für seinen Teil«)[22] die Bedrängnisse Christi erfüllen kann.

Es geht also beim »Ergänzen des Fehlenden an den Bedrängnissen Christi« um eine Handlungs- und Gesinnungsgemeinschaft mit Christus, der dem Haupte nach schon alle Leiden getragen hat, dem Leibe nach aber diese Leiden noch für die Einzelnen in der pilgernden Kirche fruchtbar machen möchte. Die Gläubigen wissen deshalb, dass ihre Sühne immer nur bruchstückhafte Teilhabe an etwas ist, das ganz allein Sache Christi ist. Unter den gegenwärtigen Theologen hat vor allem Gisbert Greshake diese augustinische Auslegung von Kol 1,24 übernommen, wenn er darauf hinweist, dass Christus zwar als Haupt der Kirche vollendet ist, nicht aber der Leib Christi, die Kirche. Er fragt sogar noch weiter: Kann das Haupt in letzter Weise selig sein, wenn die Glieder noch nicht vollendet sind? Origenes hatte schon gesagt, dass Christus keine vollkommene Freude hat, solange er noch immer Glieder seines Leibes entbehrt. Christus selbst will, so Origenes, »nicht ohne dich seine volle Herrlichkeit empfangen, das heißt, nicht ohne sein Volk, das ›sein Leib‹ ist und ›seine Glieder‹«.[23] Daraus ergibt sich der freilich gewagte Gedanke, den Blaise Pascal († 1662) formuliert hat: »Jesus ist im Todeskampf bis zum Ende der Welt: Man darf während dieser Zeit nicht schlafen!«[24]

Man kann zusammenfassend sagen: Die Sühne Christi ist zwar etwas, das objektiv in Leiden, Tod und Auferstehung Christi vollendet ist, so, wie Christus als Haupt der Kirche in der Herrlichkeit des Vaters vollendet ist. Die Glieder des Leibes Christi, die Gläubigen, empfangen die Auswirkungen dieses einmaligen Fürleidens Christi aber so, dass sie bereit werden, auch selbst Christus-förmig daran teilzunehmen. Die Haltung des Christen ist die Nachahmung der Haltung Christi, der sich aus Liebe hingegeben hat. Auf diese Weise wirken wir mittelbar mit am Heilswerk Christi »für seinen Leib, der die Kirche ist« (Kol 1,24). Daraus ergeben sich einige Schlussfolgerungen für eine Spiritualität der Sühne.

8.4 Was bewirkt unsere Sühne?

Unter einer Haltung der Sühne verstehen wir die Bereitschaft, sich geistig mit dem Opfer Christi zu verbinden und so die Sünden der anderen stellvertretend zu tragen. Ein

Christ nimmt Sühne auf sich, indem er für die Gottferne und Verlorenheit der anderen durch Gebet und Opfer vor Gott eintritt. Er nimmt die eigenen Leiden und Gebrechen, Entbehrungen und Entehrungen bewusst auf sich als Fürbitte für jene, die der Barmherzigkeit Gottes mehr und am meisten bedürfen.

Will Gott unsere Sühne? Will Gott, dass wir Christen eine Gesinnung der Sühne haben, wie wir sie eben beschrieben haben. Die Offenbarung antwortet mit Ja! Da Gott die Freiheit des Menschen nicht überspielt, sehr wohl aber die Gestalt seines Sohnes in den Herzen jedes Menschen ausprägen möchte, steht der Christ vor der Aufgabe, sich die Haltung Christi anzueignen. Die Haltung Christi aber ist die der Selbsthingabe zur Erlösung der Welt. Augustinus schreibt: »Wir sind nicht bloß *Christen*, sondern *Christus* geworden.«[25] Wenn einer wirklich »Christ« ist, dann wird er auch an dieser Gesinnung Christi teilhaben wollen. Wer sein Christsein in der Tiefe begreift, der wird *wie Christus* und *in Christus* an der Versöhnung jener mitwirken wollen, die noch in der Sünde verhaftet sind. Ein wahrer Christ ist der, der weiß, dass er im Letzten deshalb in Christus erlöst ist, um nun selbst an der Vollendung der Erlösung mitwirken zu können.

Es ist aber wichtig zu begreifen, dass Christus schon »ein für alle Mal« die Welt mit Gott versöhnt hat. Das Tun Christi liegt allem Sühnetun von uns Christen voraus. Das muss hier nochmals festgehalten werden. Wenn wir Christen von »unserer Sühne« reden, wollen wir dadurch nicht verdunkeln, dass wir schon die Gewissheit haben, dass »Gott in Christus die Welt mit sich versöhnt hat« (2 Kor 5,19). Die Erlösung ist nicht unser Werk, sondern das Werk Gottes; sie ist zuerst Gabe Gottes an uns Menschen und nicht unser eigenes Tun. Die Initiative zur Erlösung ist bleibend Gottes Sache. Wir können am Heil immer nur mit Christus mitarbeiten; niemals können wir es uns selbst erwirken. Alles ist Gnade.

Daraus folgt etwas Wichtiges, das auch noch einmal betont werden muss: Da der absolute Heilswille in Christi Tod und Auferstehung schon ein für alle Mal offenbar ist, bedeutet Sühne im christlichen Verständnis auf keinen Fall mehr, dass man Gott erst umstimmen müsste. Der Sinn christlicher Sühne liegt nicht darin, selbstmächtig und selbsterlöserisch durch das eigene Opfer und Gebet einen zornigen Gott bezwingen zu wollen. »Das Herz des Erlösers steht offen für alle, damit sie freudig schöpfen aus der Quelle des Heiles«, heißt es in der Herz-Jesu-Präfation der heiligen Messe. Gott hat in Christus sein Herz geöffnet, aus dem durchbohrten Herzen trifft uns nicht ein rächender Blitzstrahl göttlichen Zornes, sondern aus diesem Herzen strömen Vergebung, Barmherzigkeit und Liebe. Die Offenbarung der unendlichen Barmherzigkeit Gottes ist die objektive Vorgabe, der sich jeder Christ bewusst sein muss, der Sühne auf sich nimmt.

Es kristallisiert sich damit heraus, dass das Entscheidende an einer christlichen Haltung der Sühne die Gesinnung der Annahme der Liebe Christi ist. Wer als Christ »sühnen« will, der muss immer zuerst vom Anblick des Gekreuzigten getroffen sein; der muss die Abgründe der göttlichen Liebe, die sich im Fürleiden Christi zeigen, erahnen. Und mehr noch: Sühne ist dann richtig, wenn man unter dem Blick der Liebe Jesu sein eigenes Lebensschicksal mit dem Kreuzesleiden Christi verbindet und sich wie Christus Gott hinschenkt zum Heil der Menschen. Richtig verstanden, bedeuten Sühne, Leiden, Schwierigkeiten und Widrigkeiten im Leben, ein von »Gott bereitetes Mittun-Dürfen«[26] an der Erlösung Christi anzunehmen. Für Christen kann und darf Sühne also nie eigene Leistung »neben« der Sühne Christi sein. Sühne ist Teil-habe, weil ihr die Teil-gabe Gottes vorausliegt.[27]

Wenn wir so sehr betonen, dass alles Heil gleichsam ausschließlich durch die Sühne Christi gewirkt ist, dann drängt sich die Frage auf: Was bringt dann unsere Sühne? Was bewirkt sie? Hat unser sühnendes Beten, Fasten, Opfern und Leiden überhaupt noch eine Wirkung? »Braucht« Gott unser Opfer und Gebet, um die Menschen zu erlösen? Kann er sein Heil nicht auch ohne unser Mitwirken schenken?

Die Antwort auf diese Frage hat sich schon im Alten Testament abgezeichnet, wo Gott dem untreuen Volk ein Mittel in die Hand geben wollte, damit es selbst seine Sünden abarbeiten konnte: die Opfer, insbesondere die Sühnopfer des Tempelkultes. Gott tastete die Freiheit und Würde des Bundesvolkes nicht an, aber er schenkte ihm die Möglichkeit, durch Opfer die Vergehen einzusehen, den Kreislauf des Bundesbruches selbst zu durchbrechen und Genugtuung dafür zu leisten. Israel hat die Sühne als ein Geschenk des gütigen Gottes begriffen: Gott will die freie Liebe des Menschen, deshalb will er seine freie Mitarbeit – auch und gerade im Angesicht der Sünde. Der Entschluss Gottes, die Freiheit des Menschen ewig zu respektieren, wird durch die allumfassende Sühne Christi nicht aufgehoben, im Gegenteil: Mit dem Tod Christi am Kreuz ist zwar ein endgültiger, ein »Neuer Bund« zwischen Gott und Mensch geschlossen, weil Gott die Sünde in seiner dreifaltigen Liebe ausgelitten hat, aber durch das Kreuz wird der Mensch nicht seiner Freiheit beraubt, er wird nicht zur Gotteskindschaft gezwungen, sondern er bleibt weiter frei. Die Sühne Christi bewirkt aber, dass er jetzt zur letzten und tiefsten Form der freien Mitarbeit ermächtigt wird, zum Mitleiden aus Liebe.

Die Sühne Christi ist einmalig, sie braucht keine Ergänzung, denn sie ist der absolute Ausdruck der Liebe. Aber sie ist eben gerade in dem Sinn einmalig, dass sie schon alle künftige Liebeshingabe ermöglicht und umfasst. Niemand kann *mehr* lieben als Christus, niemand kann *tiefer* lieben als Christus. In Christus gibt Gott dem Menschen die Chance, selbst mit letzter Liebe an der Vollendung der Welt mitzuarbeiten. Daher sind die Christen eingeladen, in die Haltung Christi *einzutreten,* eben der Gesinnung nach ein »zweiter Christus« zu werden. Die höchste Form, in Christus zu sein, ist, wie Christus zu lieben. Die höchste Weise, wie Christus liebt, ist die Sühneliebe. Wenn jemand daher wirklich »in Christus« ist und »in Christus« liebt, dann hat er auch Anteil an den Wirkungen, welche die Sühneliebe Christi hervorbringt. Er »ergänzt«, was an den Leiden Christi fehlt. Wenn die Christen aufhörten, zu beten und zu opfern, weil Christi Sühne ohnehin alles Heil gewirkt hat, dann unterlägen sie einem Missverständnis. Christus wollte in dem Sinn die endgültige Erlösung bringen, dass er allen Menschen die Fähigkeit gibt, an deren Vollendung mitzuarbeiten.

Nur wenn man rein abstrakt denkt, wird man behaupten, dass Gott uns Menschen nicht »braucht«, um die Rettung der Welt zu wirken. Christlich darf man tiefer blicken: Natürlich »braucht« er uns nicht, aber die konkrete Offenbarung bezeugt von den ersten Seiten der Bibel an, dass Gott uns Menschen ganz einfach »brauchen *will*«*!* Von Ewigkeit her will der Vater den Menschen als freien und bewussten Mitarbeiter. In der Sühne nun können wir in der tiefsten und schönsten Weise die Mitarbeit ergreifen, da wir in die Lebenshaltung und Liebesgesinnung des Sohnes treten, der von sich sagen kann: »Ich gebe mein Leben hin für die Schafe!« (Joh 10,15). Die Theologie wagt es daher zu behaupten, dass die Sühne von Christen nicht nur sinnvoll, sondern sogar *wirkungsvoll* ist.

Worin besteht nun konkret diese Wirkung der Sühne? Drei Aspekte lassen sich unterscheiden, wobei der dritte der entscheidende, zugleich jedoch der geheimnisvollste ist.

Zum einen liegt die Wirkung schon *im Sühnenden selbst*, der durch sein Opfern in sich selbst die Macht des Bösen besiegt und Christus gleichförmig wird. Dass dies einen inneren Kampf bedeutet, zeigt sich an Christus selbst, dessen menschlicher Wille sich in der Ölbergstunde gleichsam »Blut schwitzend« dem göttlichen Willen angleichen muss. Sühne und Opfer sind daher immer von einem inneren Willenskampf begleitet. Es bedeutet einen *Sieg* über die Abgründe des eigenen Herzens, wenn jemand freimütig Ja zum Opfer sagen kann: »Dein Wille geschehe!« (Mk 14,36). Das ist der Grund, warum die frühe Kirche die Märtyrer so hoch verehrt hat: weil sie in ihnen das Ebenbild Christi erkannte. »Sie haben ihn [Satan, den Ankläger der Brüder] besiegt durch das Blut des Lammes und durch ihr Wort und Zeugnis; sie hielten ihr Leben nicht fest, bis hinein in den Tod« (Offb 12,11).

Zum anderen wirken Christen, die in bewusster Duldung Leiden und Mühen ertragen, auch schon durch ihr *Vorbild und Zeugnis:* Sie beeindrucken! Auch Menschen außerhalb der Kirche, die den christlichen Gedanken der Sühne nicht akzeptieren, sind betroffen, wenn Christen mit Gelassenheit Widerwärtigkeiten und Schmähungen ertragen oder bewusst Opfer auf sich nehmen. Ein solches Verhalten fällt aus der Ordnung und es wird durchaus als Protest gegen die Ungeister der Zeit wahrgenommen. Der opferbereite und sühnende Mensch gleicht einer lebendigen Ikone, in der sich das Antlitz Christi ausdrückt, in der das Mysterium des Kreuzes wie aus einer anderen Welt herüberleuchtet. Natürlich wecken solche Menschen daher nicht nur Respekt und Bewunderung, sondern stoßen oft auf Unverständnis und Widerspruch, weil das Kreuz Christi immer auch »Torheit« und »Ärgernis« ist (1 Kor 1,23).

Und schließlich dürfen wir auch sagen, dass die Sühne *für jene etwas bewirkt,* denen man sie zuwendet. Die Theologie betrachtet die Sühne als ein »Verdienst«,[28] darunter versteht man eine gute Tat, der von Gott Lohn verheißen ist. Der Lohn der Sühne ist die Rettung des Sünders. Aber mehr noch: Der Sühnende tritt ja an die Stelle derer, die fern sind von Gott. Er erfährt daher stellvertretend ihre Gottesferne, er erduldet sie in der Gestalt des Leidens und des Opfers. Indem er in der Gesinnung der Liebe Christi an den Ort des Sünders tritt, bringt er diesen schon geheimnisvoll in die Nähe Gottes. Sein stellvertretendes Gebet, Opfer und Leiden erwirkt die Rettung derer, die fern sind von Gott. Natürlich stehen wir hier vor einem unfasslichen Mysterium. Unsere stellvertretende Sühne ist gleichsam von Ewigkeit in die einmalige Sühne Christi eingerechnet und schöpft von ihr her eine wirkliche und wirksame Kraft, die den anderen zum Heil wird.

Freilich lässt sich das geleistete Opfer niemals in Gnade umrechnen. Sühne und Berechnung widersprechen einander. Wer sühnt, will aber gar nicht berechnen; er will einfach lieben, wie Christus geliebt hat. Und sollte es ihm vergönnt sein, die gute Wirkung seines Opferns zu sehen, so wird er diesen sichtbaren Erfolg nicht sich, sondern allein Christus zuschreiben. Würde er auf sein eigenes Tun stolz sein, so hätte er nicht begriffen, was Jesus sagt: »Wie die Rebe aus sich keine Frucht bringen kann, sondern nur, wenn sie am Weinstock bleibt, so könnt auch ihr keine Frucht bringen, wenn ihr nicht in mir bleibt [...], denn getrennt von mir könnt ihr nichts vollbringen« (Joh 15,4 f.).

Nach unserem Verständnis gibt es also eine tatsächliche Möglichkeit, durch die Sühne an der konkreten Erlösung anderer mitzuwirken. Mit Hans Urs von Balthasar können wir also den Kritikern des Sühnegedankens entgegengehalten, »dass alle Geheimnisse des Lebens und Wirkens Christi in irgendeiner Weise an die Christen verschenkt sind. Sie haben an allen seinen Schätzen und Privilegien Anteil. Sie können Sünden vergeben, mitgekreuzigt werden, mitauferstehen, am Jüngsten Tage mitrichten (1 Kor 6,2), der ewigen Seligkeit des Sohnes mitteilhaft werden (Joh 17,24). Wie sollten sie also nicht teilhaben am Hauptakt der Erlösung, an der Möglichkeit, die Sünder stellzuvertreten? Ist das nicht überhaupt der zentrale Sinn der Kirche in der Welt?«[29]

8.5 Die Kirche braucht eine Spiritualität der Sühne

Die ganze Kirche besteht nur, »um das rettende Werk der Erlösung fortzuführen«,[30] so hat es das 1. Vatikanische Konzil 1870 ausgedrückt. Das 2. Vatikanische Konzil von 1962 bis 1965 hat diese Sicht der Kirche vertieft: Christus hat nach seiner Auferstehung die Kirche durch die Sendung des Heiligen Geistes zum »allumfassenden Heilssakrament«[31] gemacht. In dieser Kirche sind die Menschen nun selbst bleibend der Sünde unterworfen und werden deshalb beständig den Weg der Buße gehen müssen, um Gott Genugtuung für die eigenen Sünden zu tun. Je tiefer sie erkennen, wie groß die Liebe ist, die Gott ihnen geschenkt hat in seinem Sohn, wie teuer der Preis der Erlösung ist, den Gott in der Dahingabe seines Sohnes selbst bezahlen wollte, umso mehr werden sie unter ihrer eigenen Sünde und Unvollkommenheit leiden. Doch mehr noch: Die Nähe zur Liebe Christi macht auch sensibel für die Sünde der anderen, also für jene Sünden, für die der Jünger Christi nicht unmittelbar die Verantwortung trägt. Was bleibt, als für diese Sünder zu »ergänzen, was an den Leiden Christi fehlt« (Kol 1,24), sich selbst »für die anderen« in die Waagschale zu werfen! Die Liebe zu Christus, der in der unvollendeten Weltzeit weiter für die Sünder leidet, drängt dann den Gläubigen, nicht allein für sich selber zu leben (vgl. 2 Kor 5,14 f.). Denn er weiß, dass er der Liebe Christi entsprechen muss: »Daran haben wir die Liebe erkannt, dass er sein Leben für uns hingegeben hat. So müssen auch wir für die Brüder das Leben hingeben« (1 Joh 3,16).

Entscheidend ist dabei für den Christen die Gesinnung der Liebe. Die Kirche steht ja unter dem Gesetz der Liebe; sie ist auf dem Liebesgebot Christi gegründet: Das Dasein füreinander, das Ertragen und Tragen des anderen ist unverzichtbar: »Einer trage des anderen Last, so werdet ihr das Gesetz Christi erfüllen« (Gal 6,2; vgl. Kol 3,13; Röm 8,2; 1 Kor 9,21). Das »Gesetz Christi«, wie Paulus es ausdrückt, ist »Glaube, der in der Liebe wirksam ist« (Röm 5,6). Das Johannesevangelium spricht hier vom »neuen Gebot« (Joh 13,34), das der Herr seinen Jüngern übergeben hat: »Ein neues Gebot gebe ich euch: Liebt einander! Wie ich euch geliebt habe, so sollt auch ihr einander lieben« (Joh 13,34; 15,12.17). Dieses Gebot ist keine leere, nur pathetische Forderung, sondern Jesus hat sie durch sein persönliches Lebenszeugnis begründet. Er kann deshalb fordern, dass wir lieben sollen »wie er«. Der höchste Ausdruck der Liebeshaltung Christi aber ist seine Opferhingabe. Die Forderung nach christlicher Liebe gipfelt deshalb in der Forderung nach einer Haltung der Opfergesinnung: »Liebt einander, weil auch Christus uns geliebt und sich für uns hingegeben hat als Gabe und als Opfer, das Gott gefällt« (Eph 5,2). In einer Verteidigungsschrift für das Christentum berichtet Tertullian, wie die Heiden auf die frühe Kirche schauten und voll Neid über die Christen sagten: »Seht, wie sie einander lieben und füreinander zu sterben bereit sind!«[32] Zu allen Zeiten hat die Kirche ihre Lebenskraft vor allem durch jene ihrer Glieder erhalten, die in heiliger Radikalität diese Hingabeliebe gelebt haben.

Sühnegesinnung ist also der Gleichklang mit der Gesinnung der Kirche, die alle retten will. Die rechte Gesinnung besteht darin, die Bekehrung der Sünder von Gott zu erbitten und ihm dafür das eigene Opfer anzubieten. Es ist klar, dass es eine übernatürliche Weite in der Liebe braucht, um die Kraft zu haben, Übungen wie Gebet, Almosengeben und Fasten (vgl. Mt 6,1–8) auf sich zu nehmen oder Verzicht auf Annehmlichkeiten zu üben, die eigenen Wünsche und Launen abzutöten, Krankheiten und Leiden zu ertragen oder vielleicht sogar das eigene Leben Gott hinzuschenken. Die richtige Sühnegesinnung kommt aus der Liebe und sagt *frei und bewusst*: »Ich will das auf mich nehmen für die Bekehrung der Sünder!« Ausschlaggebend für die Wirkung ist die Gesinnung. Um dies mit einem Beispiel zu veranschaulichen: Fasten kann man aus rein gesundheitlichen Gründen oder sogar aus einer egoistischen Gesinnung, weil man einem übertriebenen Körperkult huldigt. Wenn man jedoch mit der Absicht fastet, den Verzicht aus Liebe zu Gott heraus zu leisten, um ihn so um eine Bekehrung oder Ähnliches zu bitten, dann macht diese Gesinnung das Fasten zu einem wertvollen Sühnewerk.

Sühne braucht also immer das freie Einfügen des Sühnenden in die Gesinnung Christi, denn Sühne heißt ja einzutreten in die unendliche Liebe dessen, der für alle gestorben ist. Thomas von Aquin lehrt deshalb, dass *die freie und rechte Gesinnung* der Liebe von größerer Bedeutung ist als das Opfer selbst.[33] Thomas betont damit die Geistigkeit des Opfers, die schon in der frühen Kirche im Mittelpunkt stand: Gott will nicht materielle Opfer, sondern geistige. Um beim Gleichnis des Evangeliums zu bleiben: Der Groschen der Witwe ist Gott mehr wert als das Gold der Reichen (vgl. Mk 12,41–44; Lk 21,1–4). Die gute Absicht ist das Entscheidende. Daraus folgt dann aber auch, dass eine Gesinnung der Sühne sich auch schon im Kleinen und Alltäglichen entwickeln und bewähren kann.[34] Zum Beispiel kann ein Blatt Papier, das man in der rechten Gesinnung der Liebe vom Boden aufhebt, vor Gott mehr wert sein, als harte Übungen der Abtötung und Selbstkasteiung.

Die Gesinnung der Sühne ist keine verschrobene Sonderform christlicher Frömmigkeit, die man heute oder morgen weglassen oder abschaffen könnte. Ein *Blick auf Paulus* zeigt klar, dass die frühen Christen ganz von Opfer- und Sühnebereitschaft geprägt waren. Der Apostel, der auf seinen Reisen große Bedrängnisse erleben musste (vgl. 2 Kor 11,23–27), versteht seinen Lebenseinsatz wie selbstverständlich als eine Opfergabe: »Wenn ich auch als Trankopfer hingegeben werde, neben dem Opfer und Gottesdienst eures Glaubens, so freue ich mich doch [...]« (Phil 2,17). Paulus will deshalb das Evangelium »wie ein Priester verwalten«, damit die Heiden »eine Gott wohlgefällige Opfergabe« würden (Röm 15,16). Es ist daher kein Zufall, dass gerade jener Apostel und Theologe, der im Sühnetod Christi den Angelpunkt des umfassenden Heiles sieht, auch bis ins Letzte begreift, dass es für den Christen eine Teilnahme am Leiden und Tode Christi gibt: »Wohin wir auch gehen, immer tragen wir das Todesleiden Jesu an unserem Leib, damit auch das Leben Jesu an unserem Leib sichtbar wird« (2 Kor 4,10). Paulus kann, nachdem er die Mühen und Bedrängnisse geschildert hat, die er bei der Verkündigung für die Gemeinden durchzustehen hatte, fragen: »Wer leidet, ohne dass ich mit ihm leide?« (2 Kor 11,23–30). Und im Blick auf sein eigenes Volk, das sich Christus nicht öffnet, sagt er: »Ich bin voll Trauer, unablässig leidet mein Herz. Ich möchte am liebsten selber verflucht und von Christus getrennt sein, um meine Brüder zu retten, die dem Fleisch nach zu meinem Volk gehören« (Röm 9,2 f.).

Das apostolische Zeugnis des Paulus, das sich durch das Zeugnis vieler Märtyrer erweitern ließe, bedeutet doch eine Mahnung: Die Kirche, die ja im mystischen Sinne »Leib Christi« ist, kann auf eine Gesinnung der Sühne und des Opfers nicht verzichten, im Gegenteil, sie muss sich bemühen, eine solche Gesinnung zu fördern. Die Kirche hat die erste

Aufgabe, im Verweis auf das Kreuz und durch ihre Sakramente die Gläubigen innerlich zur Liebe bereit zu machen: »Bleibt niemand etwas schuldig; nur die Liebe schuldet ihr einander immer. Wer den andern liebt, hat das Gesetz erfüllt« (Röm 13,8). Die Fesseln des Egoismus müssen gesprengt werden, damit jeder mit Paulus sagen kann: »Keiner von uns lebt sich selber und keiner stirbt sich selber« (Röm 14,7; vgl. 2 Kor 5,15; Gal 2,19). Wer nicht mehr für sich selber lebt, sondern für Christus, der wird bereit sein, mit Christus »alles zu erdulden um der Auserwählten willen, damit auch sie das Heil in Christus Jesus und die ewige Herrlichkeit erlangen« (1 Tim 2,10). Das Urbild einer solchen Christus-förmigen Spiritualität, die »alles erdulden will«, um alle zu retten, erkennt die Kirche in der Gottesmutter Maria.

8.6 Maria und die Rettung aller Menschen

Wenn es eine Teilhabe an der Sühne Christi gibt, die allen Gliedern seines Leibes zukommt, dann ist es klar, dass gerade jene Frau, die Christus am tiefsten geliebt hat, weil sie ihm wie niemand anderer nahegestanden ist, ihren besonderen Anteil an der Sühneteilhabe hat. Die Kirchenväter haben die Rolle Mariens als Mitleidende unter dem Kreuz, wie sie in Joh 19 geschildert wird, immer auch als Teilhabe am Erlösungswerk betrachtet. Jesus vollzieht *allein* die Selbsthingabe; er ist der einzige Mittler im Vollsinn des Wortes (1 Tim 2,5), das steht für alle Christen außer Zweifel. *In dieser Mittlerschaft eingeschlossen* handelt der Mensch Maria. Der christliche Glaube, der in der katholischen Kirche ebenso wie in den vorreformatorischen Kirchen ungebrochen erhalten ist, erkennt anhand der Rolle Mariens gleichsam die »Ehrfurcht« Gottes vor der Freiheit des Menschen. Maria nämlich hat aus freiem Willen Anteil genommen am Leben, Leiden und Sterben Christi; Gott zeigt durch sie – und zwar gerade deshalb, weil sie ganz der geschöpflichen Ordnung angehört – gleichsam in exemplarischer Weise, dass er eine »Mitwirkung«[35] an der einzigen Mittlerschaft des Erlösers wünscht!

Das 2. Vatikanische Konzil drückt es so aus: »Indem sie Christus empfing, gebar und nährte, im Tempel dem Vater darstellte und mit ihrem am Kreuz sterbenden Sohn litt, hat sie beim Werk des Erlösers in durchaus einzigartiger Weise in Gehorsam, Glaube, Hoffnung und brennender Liebe mitgewirkt zur Wiederherstellung des übernatürlichen Lebens der Seelen. Deshalb ist sie uns in der Ordnung der Gnade Mutter.«[36] Ihre Freiwilligkeit ging so weit, *dass sie sich ausdrücklich mit der Opfergesinnung Christi vereinigte.* Mit Bezug auf die Anwesenheit Mariens unter dem Kreuz sagt das Konzil: »Ihre Vereinigung mit dem Sohn hielt sie in Treue bis zum Kreuz, wo sie nicht ohne göttliche Absicht stand, heftig mit ihrem Eingeborenen litt und sich mit seinem Opfer in mütterlichem Geist verband, indem sie der Darbringung des Schlachtopfers, das sie geboren hatte, liebevoll zustimmte.«[37] In keiner Weise wird hier das Lebensopfer Christi als ergänzungsbedürftig oder unvollständig dargestellt, so, als müsste es durch Maria oder andere Menschen noch verbessert oder vervollständigt werden. Wenn die Kirche Maria – als »Fürsprecherin«, »Helferin«, »Beistand« oder »Mittlerin« anruft, so ist dies so zu verstehen, »dass es der Würde und Wirksamkeit Christi, des einzigen Mittlers, nichts abträgt und nichts hinzufügt«.[38]

Maria ist nach dem Zeugnis der Offenbarung, wie die katholische Kirche es immer verstanden hat, gleichsam in Person die Einladung an alle Glaubenden, am Erlösungswerk teilzunehmen, sich die Gesinnung Christi zu eigen zu machen. Wenn Maria in vielen sogenannten »Privatoffenbarungen« zu

Gebet, Umkehr, Werken der Buße und Abtötung aufruft, damit die Sünder gerettet werden, so ist dies nichts Neues gegenüber dem, was die Schrift ohnehin lehrt! Da Maria selbst der Gesinnung Christi anschauliche Gestalt gegeben hat, so will sie auch, dass sich diese Haltung in unserem Leben ausprägt, und zwar ebenso konkret wie bei ihr. Am Beginn des öffentlichen Wirkens Jesu steht das Wort Mariens »Was er euch sagt, das tut!« (Joh 2,5). Am Ende des Lebens Jesu finden wir die Mutter unter dem Kreuz, als sollte die Anwesenheit der »Schmerzensreichen« neuerlich eine Einladung sein: *Was er erträgt, das ertragt mit ihm!* Auf jeden Fall kann man sagen, dass der offene Blick auf die Weise, wie Maria – biblisch – handelt, für die Gläubigen eine von Gott selbst geschenkte Hilfe ist, sich mit dem Willen Christi, des Erlösers, noch tiefer zu verbinden.

8.7 Eucharistie und Herz-Jesu-Verehrung

Es gibt für den Christen nicht nur die große Herausforderung, sich geistig mit der Hingabehaltung Christi zu verbinden und so das Heil, das er am Kreuz allen eröffnet hat, für jene wirkmächtig zu machen, die dessen hier und jetzt vielleicht am meisten bedürfen. Christus hat uns zur Stärkung dieser Haltung sogar ein eigenes Sakrament geschenkt, nämlich die Eucharistie. Das 2. Vatikanische Konzil lehrt, dass Christus das eucharistische Opfer seines Leibes und Blutes eingesetzt hat, »damit dadurch das Opfer des Kreuzes durch die Zeiten hindurch fortdauere«.[39] Die Eucharistie ist nach dem Glauben der Kirche »wahrhaft ein Sühnopfer«,[40] weil hier »Leib« und »Blut« des Herrn in der Form eines geistigen Opfers gegenwärtig werden.

Die Eucharistie ist also die große Einübung in das Erlösungsopfer; sie hilft uns sakramental, uns mit dem

Erlösungsleiden Christi zu vereinigen. Bei der heiligen Messe wird Christus als »das Lamm Gottes« gefeiert, das durch sein Blut »die Sünden der Welt hinwegträgt« (Joh 1,29). In jeder Messe ist der Gedanke an die Sühne Christi, die im unblutigen Mysterium gefeiert wird, von entscheidender Bedeutung. Deshalb wird die heilige Messe nach altem Brauch immer in einer bestimmten Absicht (»Intention«) dargebracht: für Lebende und Verstorbene, als Dank oder Bitte. Eine solche Messintention (Stipendium) bedeutet aber nicht, dass die Gnadenwirkung der Messe etwa ausschließlich dem Anliegen zugutekommt, für das die Messe aufgeopfert wird. Da es ja das eine Opfer Christi ist, das in der Messe gefeiert wird, hat jede Messe auch eine wahrhaft umfassende Wirkung: Jede Eucharistie dient der Erlösung *aller.* Der Sinn der Messintention liegt aber im Besonderen darin, dass hier ein bestimmtes Anliegen besonders hervorgehoben wird und deshalb ein bewussteres Gebet des Priesters und der Gläubigen möglich ist. Schließlich handelt es sich um ein gutes Werk, etwa um den Liebesdienst für einen Verstorbenen oder den Dank an Gott für eine empfangene Gnade. Vor Gott ist solch ein Dienst schon aus der guten Absicht heraus wertvoll; noch mehr deshalb, weil jene, die um eine Messintention bitten, ja dadurch ihre Ehrfurcht vor dem Wert des erlösenden Kreuzesopfers Christi bezeugen.

Vom Messopfer ist der Kommunionempfang zu unterscheiden. Die Messe hat immer sühnende Wirkung. Der Sinn des Kommunionempfanges ist aber an sich nicht die Sühne, sondern die liebende *Vereinigung* mit dem Herrn, wie schon der heilige Thomas lehrt.[41] Dennoch ist die heilige Kommunion hilfreich für eine Gesinnung der Sühne; sie hilft zu einem Lebens- und Leidenseinsatz »für das Heil der Welt«. Denn wer den Leib und das Blut des Herrn so annimmt, wie Christus sie uns schenken wollte, nämlich als Gabe »zur Vergebung der Sünden«, der wird im Empfangen selbst bereit werden, sich zur Vergebung der Sünden und zum Heil der Welt zu verschenken. Jede Tätigkeit, in der sich ein Christ im missionarischen, apostolischen oder karitativen Dienst an die Welt verschenkt, hat in der Eucharistie ihren Ursprung und den Grund ihrer Fruchtbarkeit.

Um die Eucharistie in dieser wesensmäßigen Tiefe feiern zu können, wird es deshalb notwendig sein, dass man sich immer wieder den hingegebenen Leib und das vergossene Blut Christi auch bildhaft vor Augen hält. Die Liturgie der Kirche kennt aus diesem Grund die Anweisung, dass neben oder auf dem Altar ein Kreuz oder Kreuzesbild zu stehen hat. Ein besonderes Symbol der sühnenden Liebe ist das am Kreuz geöffnete Herz. In der Sichtbarkeit der Verwundungen Christi, so Bonaventura, »schauen wir die unsichtbare Wunde der Liebe an«,[42] die Gott für uns trägt. Die Herz-Jesu-Verehrung hat ihre Ursprünge in der frühen Kirche; im Mittelalter erhielt sie durch die Leidensmystik der Zisterzienser wichtige Impulse.[43] Die Visionen von Margareta Maria Alacoque im 17. Jahrhundert führen schließlich zu einer Blüte der Herz-Jesu-Verehrung.

Man kann sagen, dass der Kern der Herz-Jesu-Verehrung die Übernahme der Liebeshaltung ist, die Jesus zu uns Menschen hat. Diese Liebe will die Rettung aller und geht deshalb sühnend in den Tod am Kreuz. Das am Kreuz aufgestoßene Herz des Erlösers, das durchbohrte Herz dessen, der sich aus Liebe für uns hingegeben hat (Gal 2,20), ist nicht nur Symbol der Liebe, sondern zugleich *Appell zur Liebe*. Das verwundete und in Sehnsucht brennende Herz Jesu ist eine bildhafte Einladung, dass wir uns dieselbe »göttliche« Sühnegesinnung aneignen: Wer anbetend auf Jesu Herz blickt, der übernimmt die Liebe des Gekreuzigten zu den Verlorenen und Gottfernen.[44] In der Herz-Jesu-Verehrung geht es also nicht um die Verehrung einer »Superreliquie«, wie Lothar Lies es ausgedrückt hat, sondern um das

Umleiden der Gottferne in Liebe.[45] Wie der Blick auf Maria, die ihr Leben in den Dienst der Erlösung stellte, hilft die Herz-Jesu-Verehrung zu einer Spiritualität der Sühne,[46] denn sie stellt uns im Symbol des Herzens die Sühnegesinnung Christi vor Augen.

8.8 Was ist die rechte Gesinnung der Sühne?

Es lässt sich also aufzeigen, dass eine Gesinnung der Sühne nicht nur nicht abwegig ist, sondern sogar höchst positiv die tiefste Nachahmung der Liebe Christi darstellt. Bei der Teilnahme an der Sühne des Herrn geht es nicht um einen dunklen Rest mittelalterlicher Frömmigkeit, sondern um eine von der Bibel geforderte Gesinnungsgemeinschaft mit Christus. Übertreibungen und Verirrungen – man denke etwa an die Geißlerbewegungen im Spätmittelalter oder in unserer Zeit an die ekstatischen Passionsspiele auf den Philippinen, wo sich der Jesusdarsteller dann tatsächlich ans Kreuz schlagen lässt – sind abzulehnen. Sie treffen auch nicht die Sache selbst. Wahre Sühne ist meist unspektakulär. Denn alles, was Sühne in rechter Weise ist, lässt sich von Christus ablesen. Nachfolgend möchte ich sechs Hinweise zu einer rechten Haltung der Sühne geben:

1. Sühne sollen wir nicht suchen, aber bereit sein, sie anzunehmen. Sühne, gemeint ist hier die echte Leidenssühne, gibt man sich nicht, in solche Sühne muss man sich verfügen lassen. Der Sinn der Sühne geht sogar schlechterdings verloren, wenn man sich *nach eigenem Wollen und Für-gut-Halten* Sühneübungen auferlegt. Man muss hier auch daran erinnern, dass schon die frühe Kirche jene nicht als Märtyrer verehrt hat, die sich aus eigenem Wollen zum Martyrium gedrängt haben. Die geistlichen Schriftsteller lehren deshalb streng und eindringlich, dass man sich Werke der

Sühne nur unter Anleitung eines Seelenführers auferlegen darf. Entscheidend für den Wert der Sühne ist nämlich die Haltung der Verfügbarkeit. Wie Christus sich vom Vater ans Kreuz verfügen ließ, so muss auch die sühnende Nachfolge Christi von einer Haltung geprägt sein, die zu sagen bereit ist: »Nicht mein Wille, sondern dein Wille geschehe!« (Lk 22,42). Allerdings muss man die Bereitschaft in sich entwickeln und pflegen. Und dazu sind die »kleinen« Abtötungen, Gebete und Opfer eine wertvolle Hilfe.

2. *Abtötung und kleine Opfer sind eine gute Einübung in die Haltung der Sühne.* Abtötung (lateinisch: *mortificatio*) bedeutet wörtlich, sich bewusst der Todesgestalt Christi anzugleichen. Die Abtötung ist eine freiwillige Einübung in kleinen Opfern in die völlige Verfügbarkeit gegenüber Gott: durch Verzicht auf Annehmlichkeiten, Fasten, Nicht-Annahme von menschlichen Ehrungen usw. Es gibt viele kleine und große Möglichkeiten zur Abtötung, die je nach Veranlagung und Neigung verschieden sind. Was dem einen eine Freude ist, kann dem anderen ein Opfer sein. Der Eigenwille soll auf diese Weise eingedämmt werden, was oft schmerzhaft sein kann. Auch hier ist die Gesinnung das Wichtigste: »Deine gute Tat soll nicht erzwungen, sondern freiwillig sein« (Phlm 1,14).

3. *Die Gebrechen des Leibes und der Seele sollen als wirksame Sühne angenommen werden.* Zur Sühne gehört ganz wesentlich das Annehmen und Aufopfern der eigenen körperlichen Gebrechen und der Hilfsbedürftigkeit. Hans Urs von Balthasar schreibt: »Der dem Körper gesetzte Tod selbst kann, obschon physisches Ereignis, vorweg in vielerlei Weise zu dem geprägt werden, was er als geistiges Ereignis sein soll: Rückgabe der Körperlichkeit an den Geber, der den Erdenstaub zum menschlichen Werkzeug geformt hat (Gen 2,7).«[47] Wenn das Leiden als Sühne getragen wird, ist es ein Werkzeug der Gnade. Hier ist an die »Freude« des

Paulus über seine Leiden zu erinnern (Kol 1,24; vgl. 1 Petr 1,6). Wenn jemand mit Christus verbunden ist, kann er sich sogar seines Kreuzes »rühmen« (Gal 6,14). Gott hat das Leiden nicht abgeschafft; nach seiner Weisheit wollte er daraus Besseres machen, nämlich ein Instrument der Gnade! »Ohne Blutvergießen gibt es keine Vergebung« (Hebr 9,22), zitiert der Hebräerbrief einen Grundsatz des Alten Bundes. Da von Christus gilt: »Durch seine Wunden wurdet ihr geheilt« (1 Petr 2,24), so gilt auch von uns Christen, dass unsere Gebrechen an Leib und Seele zur Quelle der Heilung für andere werden können. Die Kirche lebt daher nicht nur aus den Taten der Gesunden und Vitalen, sondern noch viel mehr aus dem hingeschenkten Leiden und Verzagen der Kranken und Sterbenden. Der leidende Christ hat daher nicht nur eine eigene Würde und einen unverzichtbaren Wert, er kann selbst in der größten Passivität (etwa des Todesleidens) durch seine Sühnegesinnung noch Großes für die Kirche und die Welt tun.

4. *Wir können und dürfen die Wirkung unserer Sühne nicht berechnen.* Bei christlicher Sühne geht es in keiner Weise um einen Gnadenhandel mit Gott! Die Gnade, die Gott schenkt, lässt sich nicht berechnen. Und sie lässt sich nicht einfordern. Natürlich weiß der Christ, dass seine Sühne tatsächlich ihre geheimnisvolle Fruchtbarkeit »für den Leib, der die Kirche ist« (Kol 1,24), hat. Und wir dürfen sicher sein, dass durch die Sühne der Welt sehr große Gnaden geschenkt werden. Doch niemals darf ein Christ Leiden, Gebetsübungen, Werke der Nächstenliebe, Fasten usw. aus einer Haltung auf sich nehmen, als wollte er von Gott eine sichtbare Gegenleistung erzwingen. Man sühnt, weil man wie Christus lieben will. Natürlich erbittet man von Gott durch seine Sühne etwas für andere. Jedoch wäre es falsch, immer schon nach den Früchten Ausschau zu halten. Deshalb hat Gott es so eingerichtet, dass sich für den Opfernden die Fruchtbarkeit

seiner Sühne oft verbirgt. Viele Heilige hatten das Gefühl völliger Erfolglosigkeit und totalen Versagens. Wirkliche Christus-förmige Sühne bedeutet eben Teilhabe an seiner Nacht des Kreuzes: in nacktem Vertrauen, ohne äußeren Trost alles zu geben. Man kann sogar folgern, dass die höchste Form der Sühne in der Trostlosigkeit selbst liegt, die aus einer (scheinbaren) Fruchtlosigkeit kommt.

5. *Die scheinbare Fruchtlosigkeit ist ein Element der wahren Sühne.* Hans Urs von Balthasar hat in seiner Interpretation der Kreuzigungsszene in Joh 19,25–28 darauf hingewiesen, dass Jesus gerade deshalb Maria »weggeben« habe, weil er in ihr die »erhabenste Frucht seiner Erlösung« erblickt hat. Die unbefleckte Frau unter dem Kreuz versichert ihm gleichsam, dass sein Tod sinnhaft ist. Er übergibt also seine Mutter deshalb an den Jünger, um so den letzten und schmerzhaftesten Verzicht zu leisten; dann geht er in die Dunkelheit des erlösenden Todes.[48] Mit der Hingabe der Mutter nimmt Jesus bewusst die scheinbare Fruchtlosigkeit, das scheinbare Versagen an. In einem Gleichniswort hat Jesus schon angedeutet, was er jetzt in seinem Sterben selbst tut: Das Weizenkorn bringt gerade nur dann Frucht, wenn es in die Erde fällt und stirbt (vgl. Joh 12,24); und es ist für den in der Dunkelheit Versenkten nicht abzusehen, dass gerade aus diesem einsamen Sterben in Wahrheit die hundertfache Frucht kommt (Mk 4,20parr.). Der Sühnende, auch wenn er noch so ideal gesinnt ist, wird irgendwann sein Beten und Opfern als sinnlos erfahren – doch gerade in dieser Trockenheit liegt der größte Segen. Gerade in solchen trüben Augenblicken hat er Anteil an der Dunkelheit, die Christus am Kreuz erfahren hat, und die doch gerade der entscheidende Punkt der Erlösung ist: »Und das Licht leuchtet in der Finsternis und die Finsternis hat es nicht erfasst« (Joh 1,5).

6. *Durch die scheinbare Vergeblichkeit unserer Sühne bewahrt uns Gott vor Tugendstolz.* Gott lässt aber aus einem

weiteren Grund nicht zu, dass der Sühnende die Folgen seiner Sühne überblickt, und zwar, um keine Form des Hochmutes und Tugendstolzes aufkommen zu lassen. Man darf sich nur des Kreuzes *Christi* rühmen (Gal 6,14), allenfalls auch noch seiner eigenen Schwachheit (vgl. 2 Kor 11,30; 12,5.9), aber auf keinen Fall darf man sich der *eigenen* Leiden rühmen! Der Sühnende darf zwar grundsätzlich wissen, dass »im Herrn die Mühe nicht vergeblich ist« (1 Kor 15,58), es ist ihm aber nicht gestattet, seinen eigenen »Anteil« zu ermessen. Im Gegenteil: Je tiefer er in das Geheimnis der Sühne eintaucht, desto mehr wird er darum wissen, dass Christus allein und einzig die Quelle der Versöhnung ist: »Umsonst habt ihr empfangen, umsonst – ohne jede Berechnung der eigenen Tugendhaftigkeit – sollt ihr geben!« (Mt 10,8). Der Anschein der Vergeblichkeit ist also eigentlich eine Gabe Gottes, »damit kein Mensch sich rühmen kann vor Gott« (1 Kor 1,29).

8.9 Ein Übermaß an Herrlichkeit

Wir haben einen weiten Weg hinter uns. Ausgehend vom Unverständnis unserer Zeit haben wir die Entwicklung des Opfer- und Sühnegedankens von ihren Ursprüngen her skizziert. Wichtig war vor allem der Hintergrund des Ersten Bundes, der Sühnekult des Tempels in Israel. Jesus erleidet am Kreuz den Tod als einen einmaligen Sühnetod, der den alten Tempelkult auflöst und ablöst. Nach der Auferstehung begreifen die Jünger sofort, dass das Kreuz Christi eine einzigartige Blutsühne ist, durch die der Mensch endgültig mit Gott versöhnt wurde. Gott selbst hat seinen Zorn innerhalb seiner dreifaltigen Lebendigkeit »gelöscht«, weil der Sohn sich »für uns« hingegeben hat. Im Kreuz hat Gott ein solches »Sühnemal« (Röm 3,25) aufgerichtet, damit nicht nur die Opfer der Heiden als Gräuel entlarvt sind, sondern auch der alttestamentliche Tempelkult »ein für alle Mal« abgeschafft ist.

»Opfer« gibt es für die Kirche von Anfang an nur noch ein einziges, nämlich das Kreuz Christi; dieses freilich wird in der Eucharistie gegenwärtig und entfaltet so seine versöhnende Wirkung durch die Zeit: Da die Hindernisse zwischen Gott und Mensch ausgeräumt sind, ist wahre »Kommunion«, Liebesgemeinschaft, möglich. Schließlich lag es auf der Hand, die Liebesgesinnung Christi, der sein Leben leidend zur Rettung aller hingab, als das Ideal zu erkennen, dem der Christ nacheifern muss: durch eine Gesinnung der Sühne. In Freude, weil schon erlöst, darf der Jünger Christi teilnehmen an den Bedrängnissen Christi. So »ergänzt« er an den Bedrängnissen Christi, was noch fehlt zur vollen Durchsetzung der Erlösung in den Herzen aller Menschen.

Und am Schluss von alledem steht die große Hoffnung auf Auferstehung, auf Ewigkeit, auf unverlierbare Gemeinschaft mit Gott. Christus selbst hat aus Liebe zu uns sein Leben gering geachtet, ja war bereit, es zu verlieren (Mk 8,35parr.). In seiner siegreichen Auferstehung hat er nicht nur sein Leben, sondern unser aller Leben für Gott gewonnen. So gibt es also inmitten des Leidens, der Abtötung und des Opfers den Trost, dass jeder, der dem Herrn in einer Gesinnung der liebenden Sühne folgt, »mit ihm leidet, *um mit ihm auch verherrlicht zu werden*« (Röm 8,17). Eine Gesinnung der Sühne scheint auf den ersten Blick unattraktiv, ein törichter Verzicht auf »Lebensqualität«. Der Blick des Glaubens, der sein Maß an Jesus Christus nimmt, lässt uns das Licht sehen, das aus den geheimnisvollen und oft wirklich dunklen Abgründen der Sühne hervorleuchtet: »Denn die kleine Last unserer gegenwärtigen Not schafft uns in maßlosem Übermaß ein ewiges Gewicht an Herrlichkeit« (2 Kor 4,17).

9. Das Geheimnis der Sühne im Leben der Heiligen

Das letzte Wort in diesem Buch sollen einige von denen haben, die das Wort Gottes nicht nur mit dem Mund, sondern mit ihrem ganzen Leben verkündet haben: Die Heiligen bezeugen, dass Sühne – trotz aller klugen Überlegungen – nur eine Motivation hat: so zu lieben, wie Christus geliebt hat; selbst zum Abbild Christi zu werden. Ihr Zeugnis erhellt, was Worte nicht auszudrücken vermögen.

9.1 *Franz von Assisi*

Der Sohn des reichen Großhändlers lebte nach seiner Bekehrung die radikale evangelische Armut: im Angesicht seiner Vaterstadt und der damals größtenteils verweltlichten Kirchenführer – ohne jede Spur von überheblicher Anklage. So bildete er wortwörtlich das Leben des Herrn in Knechtsgestalt nach: büßend, betend, verkündigend und preisend, leidend – zum Wiederaufbau der zerfallenen Kirche. Das »Christussymbol des Mittelalters« (Walter Nigg) brachte für die Kirche eine ungeahnte geistliche Erneuerung.

9.2 *Katharina von Siena*

Die Mystikerin und Prophetin, die Papst Paul VI. zusammen mit Teresa von Avila als erste Frauen zu Kirchenlehrerinnen erklärte, verbrauchte die ganze Kraft ihrer 33 Lebensjahre für den Frieden in der Kirche. Das Gebet, das ihr Leben charakterisierte: »Ewiger Vater, nimm das Opfer meines Lebens! Ich kann dir nur geben, was ich von dir habe.«

9.3 Johannes Maria Vianney, Pfarrer von Ars

Die Lösung für die rätselhafte Umwandlung von Ars muss anderswo gesucht werden. Was die wenigsten Menschen in ihrem Leben auch nur annähernd begreifen, hat merkwürdigerweise dieser einfältige Tropf restlos verstanden: dass man immer bei sich selbst anfangen muss und dass auch die religiöse Wiedergeburt einer Gemeinde nur auf dem Weg über die eigene Erneuerung zu erreichen ist. Man darf von den Menschen nichts verlangen, was man nicht selbst in seinem Leben verkörpert.

Der Pfarrer von Ars befolgte ein starkes Fasten. Da ihm diese Kasteiung noch zu wenig war, ließ er sich ein Bußhemd anfertigen, das er auf der bloßen Haut trug und das infolge der unerträglichen Reibung bald bräunlich-rot gefärbt war. Meistens schlief er nur auf einer Matratze, wenn er sich nicht im Keller unten auf Reisigbündel niederlegte. Der Höhepunkt dieser asketischen Bemühung vollzog sich in Vianneys armseliger Schlafkammer, in die einzutreten man sich beinahe scheut. Und doch lässt der Anblick dieses öden Zimmers den Pfarrer von Ars in seiner ganzen Tiefe verstehen. Von seinem geistlichen Vater, Pfarrer Balley, hatte er auf dessen Sterbebett noch die Bußgerätschaften erhalten – welche Erbschaft! –, die beim Pfarrer von Ars nicht unbenutzt liegen blieben.

Vianney geißelte sich nicht zum Selbstvergnügen; er wollte Buße tun für die Schuldigen. Seine Askese war Sühneleistung für die anderen. »Mein Freund, hier mein Mittel: Ich gebe Ihnen eine kleine Buße, den Rest leiste ich selber für Sie«, sagte der Pfarrer von Ars. Die Sühne für seine Gemeinde ist der tiefste Sinn seiner schrecklichen Selbstgeißelung. Es liegt ihr jener unvernünftige Stellvertretungsgedanke zugrunde, wie er im Lied vom leidenden Gottesknecht im Deuterojesaja seinen unvergänglichen Ausdruck gefunden hat. Wer die blutbefleckten Wände in Vianneys Schlafkammer lange betrachtet und sie immer wieder anschaut, der begreift plötzlich, dass in den fantastischen Bußkämpfen, die sich in diesem denkwürdigen Raum abgespielt haben, die Lösung für das Rätsel der Umwandlung von Ars endgültig zu finden ist. Was in dieser Kammer vor sich gegangen ist, hat die Erneuerung bewirkt, doch kann man diesen Vorgang nicht verständlich machen. Er ist und bleibt ein Geheimnis, das jener Region angehört, von der es heißt: Wer es fassen kann, der fasse es.[1]

9.4 Therese von Lisieux

Nach der Heilung von der Krankheit der Skrupeln bestimmte die 14-jährige Therese das Verlangen, sich für andere einzusetzen. Jetzt ging es nicht mehr um das Mitgefühl eines Kinderherzens, sondern um einen Auftrag, der ihr vom Geist Gottes gegeben war. Sie wollte etwas tun, für die anderen da sein, »den Durst Jesu am Kreuz stillen«, wie sie es nannte. Dies alles war Erkenntnis der Liebe, die nach Gleichgestaltung mit dem Herrn verlangte. Hierher gehört ihr Ringen um den Mörder Pranzini. Aus dem leidenschaftlichen Tun »für«, bei dem sie noch die Gebende war, um »Jesus zu trösten«, wurde im Karmel ein Entblößtwerden von allem, ein Armwerden mit dem Gekreuzigten, ein Machtloswerden im durchgetragenen Leid, ein Einswerden mit Christus in seiner Stellvertretung für die Sünder.[2]

9.5 Maximilian Kolbe

Am 31. Juli 1941 wurden im KZ Auschwitz zehn Häftlinge ausgesondert, die – nach der Flucht eines Häftlings – im Hungerbunker sterben sollten. Franciszek Gajowniczek, die »Nummer 5659«, der als Zehnter aus dem Glied vortreten musste, berichtet: »Einige Sekunden vergingen – alles schien zu Ende. Da trat plötzlich die Nummer 16670 aus der Reihe. ›Was will dieses Polenschwein?‹, sagte der Kommandant. ›Ich bin katholischer Priester‹, antwortete Pater Kolbe, ›und ich bin ziemlich alt. Ich möchte seinen Platz einnehmen, er hat Frau und Kinder.‹ Der Kommandant antwortete nur: ›Akzeptiert!‹«

Die zehn Todeskandidaten wurden in eine unterirdische Todeszelle gepfercht. Sie erhielten nichts mehr zu essen und zu trinken. Aus der Zelle hörte man täglich laut gesprochene Gebete, den Rosenkranz, religiöse Lieder. Am 14. August lebten noch vier. Sie erhielten die tödliche Spritze, weil man die Zelle brauchte. Maximilian Kolbe starb als Letzter – siebenundvierzigjährig.

9.6 Edith Stein

Als die Karmelitin Teresia Benedicta a Cruce zusammen mit ihrer Schwester, die ebenfalls im Karmel lebte, von der Gestapo »abgeholt« wurde, sagte sie zu ihrer Schwester: »Komm, wir gehen für unser Volk!« Im KZ Auschwitz wurden sie ermordet.

9.7 *Jakob Kern*

Ein eindrucksvolles Beispiel der Sühnegesinnung »für die anderen« ist der weniger bekannte, erst 1998 seliggesprochene österreichische Prämonstratenserpriester Jakob Franz Kern. Anhand seiner Lebensgeschichte wird besonders anschaulich, was Sühne bedeuten kann: Franz Kern war im 1. Weltkrieg Leutnant gewesen, durch einen Lungenschuss war er lebensgefährlich verwundet worden. Er schrieb es der Hilfe Gottes zu, dass ihm das Leben nach langer Genesungszeit wunderbar erhalten worden war. Als Franz Kern, er ist gerade 23 Jahre alt, 1920 erfährt, dass sich der Prämonstratenserpriester Bohumil Zahradnik aus Strahov in Prag mit 140 Priestern von der römisch-katholischen Kirche getrennt hat, um eine eigene »tschechoslowakische« Nationalkirche zu gründen, beschließt er, den Gelübdebruch des Prager Prämonstratensers zu sühnen. Seinen Entschluss konkretisiert er, indem er auch symbolisch an die Stelle des abgefallenen Prämonstratensers tritt: Er bittet um Aufnahme im am nächsten liegenden Prämonstratenserkloster, im Stift Geras, wo er den Ordensnamen Jakob erhält. Trotz seines angegriffenen Gesundheitszustandes wird Jakob Kern 1922 zum Priester geweiht. Es folgen Monate der berauschenden Freude über das Priestertum, gefolgt von unendlichem Leid: Die Kriegswunde bricht auf, man entfernt Rippe um Rippe, das Rippenfell verfault förmlich in seiner Brust. Gott nimmt schließlich am 20. Oktober 1924 das Opfer des 27-Jährigen an, der sein Leben als Sühne für die Sünde eines anderen Gott schenken wollte.[3] Jakob Kern wurde am 21. Juni 1998 von Papst Johannes Paul II. auf dem Heldenplatz in Wien seliggesprochen.

9.8 Ein Wort von Papst Johannes XXIII.

»Mein Leben muss ganz Liebe zu Christus und zugleich ganz ausstrahlende Liebe und Hingabe für die einzelnen Menschen und für die ganze Welt sein. Jesus selbst verkündet es dem Petrus: ›Amen, Amen, ich sage dir: Als du jung warst, hast du dich selbst gegürtet und konntest gehen, wohin du wolltest. Wenn du aber alt geworden bist, wirst du deine Hände ausstrecken, und ein anderer wird dich gürten und führen, wohin du nicht willst.‹ Durch die Gnade Gottes bin ich noch nicht in das ›Wenn du alt wirst‹ eingetreten. Aber mit meinen 80 Jahren stehe ich an der Schwelle. Also muss ich mich für diesen letzten Lebensabschnitt bereithalten, in dem mich Behinderungen und Opfer erwarten, bis zum Opfer meines leiblichen und zum Aufgang des ewigen Lebens. Jesus, siehe, ich bin bereit, meine bereits zitternden und schwachen Hände auszustrecken, damit ein anderer mich gürte und mich auf den Weg führe. Du, Jesus, hast mir den Weg gezeigt, ich werde dir folgen, wohin immer du gehst: in das Opfer, in den Verzicht und in den Tod.«

Anmerkungen

Vorwort

1 J. Ratzinger / Benedikt XVI., Jesus von Nazareth. Zweiter Teil: Vom Einzug in Jerusalem bis zur Auferstehung, Freiburg i. Br. 2010.
2 A. Angenendt, Die Revolution des geistigen Opfers. Blut – Sündenbock – Eucharistie, Freiburg im Breisgau 2011.
3 B. Schmitz, Vom Tempelkult zur Eucharistiefeier. Die Transformation eines Zentralsymbols aus religionswissenschaftlicher Sicht, Berlin 2006.

1. Kreuz? Leiden? Sühne? – Fragen über Fragen

1 Iosephus Flavius, De Bello Iudaico V/11/1 berichtet, dass täglich 500 gefangen wurden, die aus der Stadt zu fliehen versuchten: »Sie wurden zunächst gegeißelt und allen möglichen Foltern unterworfen, schließlich angesichts der Mauer gekreuzigt und getötet … Die Soldaten nagelten in ihrer Erbitterung die Gefangenen in den verschiedenen Körperlagen an, und da ihrer so viele waren, fehlte es bald an Raum für die Kreuze und an Kreuzen für die Leiber.«
2 Eine Zusammenfassung all dieser Schwierigkeiten findet sich bei: O. Knoch, Schwierigkeiten des heutigen Menschen [mit dem Sühnetod Jesu], 11–214.
3 DH 150.
4 Zur Rehabilitierung Anselms: G. Greshake, Erlösung und Freiheit, 323–345; ders., Gottes Heil – Glück des Menschen, 80–104; G. Gäde, Eine andere Barmherzigkeit; H. Steindl, Genugtuung; H. Kessler, Die theologische Bedeutung des Todes Jesu, 83–116; K. Kienzler, Glauben und Denken bei Anselm von Canterbury, 198–219; G. Wenz, Geschichte der Versöhnungslehre in der evangelischen Theologie der Neuzeit 1, 42–44; W. L. Gombocz, Anselm von Canterbury, 134.
5 J. Ratzinger, Einführung in das Christentum, 231 f.
6 Vgl. G. Greshake, Der Mensch und das Heil Gottes, 273–304.
7 H. U. v. Balthasar, Theologie und Heiligkeit, 195–225.
8 P. Eder, Sühne, 101.
9 Pius XI., Enzyklika Miserentissimus Redemptor 1928; Ders., Enzyklika *Caritate Christi compulsi* 1932; Pius XII., Enzyklika *Haurietis aquas* 1956.

10 Vgl. H. Petri, Marienerscheinungen, 31–59.
11 Zitiert nach: H. Petri, Marienerscheinungen, 41.

2. Eine erste Annäherung an den christlichen Begriff von Sühne

1 J. Gnilka, Der Kolosserbrief, 98.
2 J. Kremer, Was an den Leiden Christi noch mangelt, 123–126.
3 1 Kor 4,9–13; 2 Kor 6,4–10; 11,16–33; 12,1–10 usw.
4 Johannes Paul II., Apostolisches Schreiben *Salvifici doloris,* 1984.
5 Vgl. R. J. Schreiter, Im Wasser und im Blut, 126–137.

3. Opfer in der nichtchristlichen Welt

1 Religionsgeschichtlicher Überblick bei: P. Gerlitz, Art. Opfer I. Religionsgeschichte, in: TRE 25, 253–258.
2 A. Schimmel, Art. Opfer I. Religionsgeschichtlich, in: RGG ^{3}4, 1637–1640, hier: 1639. Im Koran findet sich auch Kritik an einem veräußerlichten Opferkult. So sagt Mohammed von den Opferkamelen: »Weder ihr Fleisch noch ihr Blut gelangt zu Gott, wohl aber die Gottesfurcht eurerseits.« (Sure 22,37; vgl. 37,99–113) – Freilich spielen die Opfer im islamischen Gottesdienst sonst keine Rolle.
3 H.-G. Link, Art. Versöhnung, 1310.
4 H. Küng, Christ sein, 415 f.: »Die für die Judenchristen damals so verständliche Vorstellung vom Kreuzestod als einem Sühnopfer ist nur eines und keineswegs das zentrale Interpretationsmodell des Kreuzestodes.«
5 Homer, Ilias 1, 458–568; Odyssee 3, 445–463; 14, 413–438.
6 Sokrates, Phäd 66 (118A).
7 W. Burkert, Die griechische Religion der archaischen und klassischen Epoche, 103.
8 Homer, Odyssee 14, 413–438.
9 Plato, Leg X 910a (zitiert nach ThWNT 3, 300).
10 J. Haeckel / V. Hamp, Art. Menschenopfer, in: LThK^{2} 7, 294–297.
11 H.-J. Klauck, Die religiöse Umwelt des Urchristentums I, 44. Vgl. W. Burkert, Homo Necans, 9.
12 H.-J. Klauck, Die religiöse Umwelt des Urchristentums I, 31, zitiert die spöttische Opferkritik Lukians (De sacrificiis 9): »Sie schauen auf die Erde herab und blicken allenthalben aufmerksam umher, ob sie irgendwo ein angezündetes Feuer oder Wolken emporsteigen sehen, die ihnen den Opfergeruch zuführen, der ihren Nasen so angenehm ist. Opfert ihnen nun jemand, so betrachten sie es als ein herrliches Traktament, das ihnen gegeben werde, sperren alle die Mäuler so weit auf als sie können, um den stinkenden Rauch als etwas Deliziöses einzuschlürfen, und lecken, wie

naschhafte Fliegen, das über die Altäre hingegossene Blut; essen sie aber zu Hause, so besteht ihre Mahlzeit in Nektar und Ambrosia.«

13 Siehe dazu die Textbelege bei: P. GERLITZ, Art. Opfer I. Religionsgeschichte, in: TRE 25, 253.

14 J. BLANK, Zum Begriff des Opfers nach Röm 12,1–2, 177 f.

4. Opfer und Sühne im Judentum

1 KATECHISMUS DER KATHOLISCHEN KIRCHE, Nr. 121.

2 Z. B. die Berufungserfahrungen eines Mose (Ex 2,23–4,17), Jesaja (Jes 6,1–13), Jeremia (Jer 1,4–10), Ezechiel (Ez 1,1–3,27), Samuel (1 Sam 3,1–21) usw.

3 H. U. v. BALTHASAR, Wie Gott verzeiht, 204–217.

4 H. MERKLEIN, Paulus und die Sünde, 123–162.

5 N. HOFFMANN, Sühne, 35.

6 Die Bibelwissenschaft unterscheidet heute drei literarische Quellen, aus denen die ersten vier Bücher des Mose (Gen, Ex, Lev, Num) hervorgegangen sind: 1. Die *jahwistische Quelle* hat eine Vorliebe für den Gottesnamen »Jahwe«, sie wurde um 900 v. Chr. niedergeschrieben. 2. Die *elohistische Quelle* datiert man auf 720 v. Chr., sie nennt Gott vorwiegend »Elohim«. Die 3. und jüngste Quelle ist die Priesterschrift; sie wird so genannt, weil sie von Priestern in der Zeit des babylonischen Exils um 550 v. Chr. niedergeschrieben worden ist.

7 Belegstellen: Gen 31,54; 46,1; Jos 8,31; Ri 2,5; 6,25; 13,16; 1 Sam 1,4.24; 2,19; 6,14; 7,9; 13,12; 14,32–35; 16,5; 20,6.29; 2 Sam 6,13.17; 24,25; 1 Kön 1,9; 3,2; 9,25; 18,31–39.

8 Ex 34,14 f.; Lev 20,2; Dtn 12,29–31; 13,11; 17,2–7.

9 Vgl. die Typologie der Opfer bei: H. SEEBASS, Art. Opfer II. Altes Testament, in: TRE 25, 258–267, hier: 259–261.

10 H. GUNKEL, Die Urgeschichte und die Patriarchen, 70.

11 2 Kön 22,1–23,30; Dtn 12,1–7.

12 1 Kön 9,25; 2 Chron 5,6.

13 Die wichtigsten kultkritischen Stellen sind: Jes, 1,11–15.; Hos 6,6; Jer 7,21–28; Am 5,22.25; 1 Sam 15,22 f.

14 Vgl. Spr 16,6; Sir 35,1–5; Ps 66,13–19.

15 Der evangelische Theologe F. MILDENBERGER, Biblische Dogmatik 2, 112: »Dabei muss die traditionelle Abwertung des Kultes bewusst zurückgenommen werden, wenn wir zureichend verstehen wollen« (vgl. ebd. S. 104). Ebenso: H. GESE, Die Sühne, 85–106.

16 K. KOCH, Sühne und Sündenvergebung um die Wende der exilischen zur nachexilischen Zeit, 217–239.

17 Für die kleine samaritanische Gemeinde blieb auch nach dem Exil der Tempel auf dem Berg Garizim das Opfer- und Kultzentrum (vgl. Dtn 11,29; 27,4–12; Jos 8,33; Ri 9,7; 1 Makk 16; 2 Makk 5,23; 6,2; vgl. Joh 4,20).

18 1 Makk 4,36–59; 2 Makk 10,5–8; JOSEPHUS FLAVIUS, Antiquitates XII, 8, 6–7.
19 Mk 14,58par; Joh 2,19; Apg 6,14.
20 JOSEPHUS FLAVIUS, Antiquitates XV, 11; De Bello Judaico V, 5, 1–7. Das Standardwerk über Jerusalem in der Zeit des Herodes ist: J. JEREMIAS, Jerusalem zur Zeit Jesu, Göttingen ³1963.
21 Vgl. H. SCHLIER, Der Römerbrief, 109–114.
22 Die Einheitsübersetzung formuliert Vers 25a: »Ihn hat Gott dazu bestimmt, Sühne zu leisten mit seinem Blut, Sühne wirksam durch Glauben.«
23 An vier Stellen: Röm 3,25; Hebr 2,17; 1 Joh 2,2 und 4,10.
24 Ex 25,17–22; 37,6–9; Num 7,89; Lev 16,2.13. Dazu: J. HERRMANN / F. BÜCHSEL, Art. »hilasterion«, in: ThWNT 3,319–324; B. JANOWSKI, Sühne als Heilsgeschehen, 350; DERS., Auslösung des verwirkten Lebens, 25–59.
25 B. JANOWSKI, Sühne und Heilsgeschehen, bes. 277–354: »Das Problem der kaporeth in traditionsgeschichtlicher Sicht«.
26 H. GESE, Sühne, 104, hält die Sühneplatte für eine imaginäre Größe. Durch die absichtliche Fiktion einer »gegenständlichen« Gegenwart Gottes, die aber doch bloß Fiktion ist, soll die Transzendenz Gottes geschützt werden. Vgl. F. MILDENBERGER, Biblische Dogmatik 2, 115. – Tatsache ist, dass JOSEPHUS FLAVIUS bei seiner Beschreibung der Bundeslade (Antiquitates III, 6, 5) nicht von *hilastérion* spricht, sondern von einem »Deckel« *(epithema)* mit Cherubim. Wo er die Liturgie des *Jom Kippur* beschreibt, erwähnt er die Bundeslade überhaupt nicht (Antiquitates III, 10, 3).
27 J. BLANK, Weißt du, was Versöhnung heißt?, 48.
28 JOSEPHUS FLAVIUS, Antiquitates III, 10, 3; vgl. Lev 16,34.
29 Ex 29,12; Lev 1,5; 4,7.25 ff., 17,3 ff., 4,5; 16,14.
30 So J. BLANK, Weißt du, was Versöhnung heißt?, 53, unter Berufung auf den Midrasch-Traktat M Joma IV, 2 (66a).
31 B. JANOWSKI, Sühne, 215–221.
32 J. H. WASZINK, Artikel: Blut, in: Reallexikon für Antike und Christentum 2, 459–473.
33 Dtn 12,23; vgl. Gen 9,4; Lev 17,4; Dtn 12,23.
34 Dtn 12,23; 15,23; Gen 9,4; Lev 3,17; 7,27; 12,16.23; 17,10; 1 Sam 14,33.
35 Lev 17,13; 19,26; Dtn 15,23.
36 J. HERRMANN, Art. hilaskomai / hilasmos, in: ThWNT 3, 31.
37 H. SEEBASS, Art. Opfer II. Altes Testament, in: TRE 25, 264.
38 A. SCHENKER, Das Zeichen des Blutes, 203; Ebenso: E. LOHSE, Märtyrer und Gottesknecht, 21.
39 So in den beiden Studien von B. JANOWSKI, Sühne als Heilsgeschehen, und H. GESE, Sühne. Aus der protestantischen Perspektive des »Sola gratia« ist die Handlungssouveränität Gottes von so großer Bedeutung, dass hier manchmal überinterpretiert wird und das Mittun des Menschen bei der Sühne zu kurz kommt.
40 K. KOCH, Art. Versöhnung, in: RGG VI (1962), 1367–1379, hier: 1370.

41 A. Schenker, Versöhnung und Sühne, 81–119. So auch: J. Herrmann, Art. hilaskomai / hilasmos, in: ThWNT 3, 310: »Jahwe selbst hat durch kultische Gebote die Möglichkeit *gegeben*, *geschenkt*, alles der Sühne Bedürftige zu sühnen.« Vgl. R. Schwager, Versöhnung und Sühne, 217–225.

42 B. Janowski, Sühne, 361. Für diese Ansicht: O. Hofius, Sühne und Versöhnung. Zum paulinischen Verständnis des Kreuzestodes Jesu, in: W. Maas (Hrsg.), Versuche, das Leiden und Sterben Jesu zu verstehen, Freiburg 1983, 25–46. Gegen diese Ansicht: I. U. Dalferth, Art. Opfer VI. Dogmatik, in: TRE 25, 286–293, hier: 287.

43 Zitiert nach A. Wünsche / J. Fürst / O. Straschun. Der Midrasch Schemot Rabba. Das ist die allegorische Auslegung des zweiten Buches Mose, Neudruck Hildesheim 1967, Par III zu Ex 3,12–14, S. 14. Vgl. J. Blank, Weißt du, was Versöhnung heißt?, 53.

44 Der Priester bringt die Gaben auf dem Altar dar, verneigt sich danach und betet (meist) still: »Herr, wir kommen zu dir mit reumütigem Herzen und mit demütigem Sinn. Nimm uns an und gib, dass unser Opfer dir gefalle.«

45 Strack-Billerbeck 2, 275 ff. Vgl. 2 Makk 7,37; 4 Mak 17,21 f.

46 Belege bei M. Hengel, Der stellvertretende Sühnetod, 139–140.

5. Das urkirchliche Verständnis vom Tod Christi

1 Strack-Billerbeck 2, 247, Fußnote 1; dort weitere Belege.

2 Art. Tamid, in: Jüdisches Lexikon IV/2, 862; zitiert nach J. Blank, Weißt du, was Versöhnung heißt?, 42.

3 Josephus Flavius, De Bello Judaico I, 7, 4–5.

4 J. Blank, Weißt du, was Versöhnung heißt?, 41.

5 Gal 3,13: Dtn 21,23; vgl. Röm 8,3; 2 Kor 5,21.

6 Apg 5,30; 10,39.

7 Origenes, Kata Kelson 2,33–37.

8 Der römische Schriftsteller und Historiker Tacitus (55–120 n. Chr.) hat ein Zeugnis solchen verständnislosen Staunens über den »abscheulichen Aberglauben« an einen Hingerichteten hinterlassen. Er beschreibt in seinen Annalen die Christenverfolgung unter Nero um 64 in Rom, wobei er auch erklärt, woher der Name »Christen« kommt: »Dieser Name stammt von Christus, den der Prokurator Pontius Pilatus unter der Herrschaft des Tiberius zum Tod verurteilt hatte. Dieser *abscheuliche Aberglaube*, der eine Weile verdrängt worden war, verbreitete sich von Neuem nicht nur in Judäa, wo das Übel begonnen hatte, sondern auch in Rom, wo alles, was es auf der Welt Schreckliches und Schändliches gibt, zusammenströmt und zahlreiche Anhänger findet (eigentlich: »gefeiert wird«) (Tacitus, Annales XV, 44).

9 Internationale Theologische Kommission, Gott der Erlöser, 35.

10 J. Jeremias, Abba, 199–224.

11 *Hyper hemon*: Röm 8,32; 1 Thess 5,10; 1 Kor 1,13 (Variante: *peri hemon*); 5,7; Tit 2,14; Eph 5,2.25; *Hyper auton:* 2 Kor 5,15; *hyper panton:* 2 Kor 5,14 f.; 1 Tim 2,6; *hyper hemon panton*: Röm 8,32; *hyper asebon:* Röm 5,6; *hyper emou:* Gal 2,20; vgl. Röm 14,15; 1 Kor 8,11; außerpaulinisch *hyper adikon:* 1 Petr 3,18.

12 ThWNT 8, 514.

13 M. HENGEL, Der stellvertretende Sühnetod Jesu, 19; ist die Aussage in 2 Kor 5,21, dass Christus als der Sündlose von Gott »für uns zur Sünde gemacht« wurde, »in dem Sinne zu verstehen, dass Christus uns zugute als vollkommenes Sündopfer dahingegeben wurde«. Schon die 11. SYNODE VON TOLEDO 675 wird 2 Kor 5,21 zitieren und korrekt interpretieren: *peccatum est factus, id est, sacrificium pro peccatis nostris* (DH 539). Diese Interpretation »ein Sündopfer uns zugute« ist heute allgemein akzeptiert. Vgl. F. M. YOUNG, Art. Opfer IV. Neues Testament und Alte Kirche, in: TRE 25, 271–278, hier: 272.

14 Hebr 6,20; 10,18; vgl. 7,27; 9,7; 10,12.

15 R. SCHNACKENBURG, Ist der Gedanke des Sühnetodes Jesu der einzige Zugang zum Verständnis unserer Erlösung durch Jesus Christus?, 211.

16 Es handelte sich bei dem Opfer, von dem in Apg 21,26 und 24,17 f. die Rede ist, um das Opfer anlässlich des Nasiräergelübdes, bei dem man nach Num 6,1–20 zwei Turteltauben, ein Lamm und einen Widder sowie etliche andere Speisen darbringen musste.

17 Der Parallelismus wird herausgestrichen bei W. KRAUS, Der Tod Jesu als Heiligtumsweihe, 45–59.

18 Vgl. die Besprechung dieser Schriftstellen bei: H. KÜNG, Rechtfertigung, 130 ff.

19 J. JEREMIAS, Abendmahlsworte, 215; Vgl. J. BETZ, HDog IV/4a, 8.

20 F. NIKOLASCH, Das Lamm als Christussymbol in den Schriften der Väter; D. de. CHAPEAUROUGE, Einführung in die Geschichte der christlichen Symbole, 68–71.

21 Vgl. 2. VATIKANISCHES KONZIL, Gaudium et Spes 22: »Als unschuldiges Opferlamm hat er [Christus] freiwillig sein Blut vergossen und uns Leben erworben.«

22 F. M. YOUNG, Art. Opfer IV. Neues Testament und Alte Kirche, in: TRE 25, 271–278, hier: 272. – Diese Parallelisierung von dem zwar nicht sühnenden Paschalamm mit dem Lamm aus Jes 53, das sehr wohl zum Bild für den sühnenden Gottesknecht wird, könnte man auch aus Lk 22,37; 24,25 und Apg 8,32–35 entnehmen.

23 Vgl. Ex 12,15.19.21.

24 J. BLINZLER, Der Prozess Jesu, 104–107. STRACK-BILLERBECK 2, 812–853. Der Bezug zu Ex 12,23 ist aber unsicher, vielleicht ist auch Ps 33,21 LXX gemeint oder Sach 12,10.

25 JOSEPHUS FLAVIUS, De Bello Iudaico VI, 9, 3.

26 G. MARTELET, »Das Lamm, erwählt vor Grundlegung der Welt«, 36–44.

27 Nach Offb 19,13 tritt im Endkampf der siegreiche Christus auf: Sein Name ist »das Wort Gottes«, und er trägt ein »blutgetränktes Gewand«.

Dieses ist aber wegen des Bezuges zu Jes 63,2 f. eher als Hinweis auf die im Endkampf getöteten Feinde Gottes zu deuten.

28 R. BULTMANN, Kerygma und Mythos, 1, 20.

29 R. BULTMANN, Neues Testament und Mythologie, 16.

30 Mk 8,31–33; 9,31; 10,32–34; Mt 16,21–23; 17,22; Mt 20,17–19; Lk 9,22; 9,44; 18,31–33.

31 R. BULTMANN, Das Verhältnis der urchristlichen Christusbotschaft zum historischen Jesus, 11 f.

32 H. SCHÜRMANN, Jesu ureigener Tod; DERS, Gottes Reich – Jesu Geschick; DERS., Jesus – Gestalt und Geheimnis. Vgl. INTERNATIONALE THEOLOGENKOMISSION, Jesu Selbst- und Sendungsbewusstsein, 38–49.

33 Vgl. H. KESSLER, Christologie, 280–282. Dass die historisch-kritische Exegese innerhalb ihrer eigenen Vorgaben zu keinem »Ergebnis« kommen kann (und will), zeigt die Darstellung der gegenwärtigen Diskussion durch A. VÖGTLE, Todesankündigung und Todesverständnis Jesu, 51–113.

34 G. L. MÜLLER, Christologie, 121.

35 M. HENGEL, Der stellvertretende Sühnetod, 5 f.

36 Nach Schürmann wird dies vor allem durch jenes Abendmahlswort belegt, das auch historisch-kritisch unzweifelhaft als echtes Jesus-Wort gilt: Nachdem Jesus in den Zeichen von Brot und Wein seinen am Kreuz dahingegebenen Leib und den Kelch als Blut des Neuen Bundes gereicht hat, fügt er hinzu: »Amen, ich sage euch: Ich werde von der Frucht des Weinstocks nicht mehr trinken bis zu dem Tag, an dem ich von Neuem davon trinken werde im Reiche Gottes« (Mk 14,25parr). Doch auch andere »Jesus-echte« Worte haben in der heutigen Theologie wieder die Überzeugung gefestigt, dass Jesus um seinen Tod wusste, ja bewusst nach Jerusalem ging. Mit Sicherheit hat Jesus das Schicksal der Propheten und Märtyrer sowie das Schicksal Johannes des Täufers (Mk 6,14–19; 9,13; vgl. Mt 11,12) vor Augen gehabt. So lässt er Herodes in einem wohl authentischen Logion ausrichten: »Geht und sagt diesem Fuchs: Ich treibe Dämonen aus und heile Kranke, heute und morgen und am folgenden Tag muss ich weiterwandern; denn ein Prophet darf nirgendwo anders als in Jerusalem umkommen« (Lk 13,32 f.).

37 J. BLANK, Weißt du, was Versöhnung heißt?, 76 f.

38 J. BLANK, Weißt du, was Versöhnung heißt?, 71.

39 J. BLANK, Weißt du, was Versöhnung heißt?, 73.

40 J. BLINZLER, Der Prozess Jesu, 118.

41 Jer 26,1–19; JOSEPHUS FLAVIUS, Antiquitates X, 6, 2.

42 G. LOHFINK, Braucht Gott die Kirche?, 241; zum Ganzen vgl. das Kapitel »Der Tod Jesu: Sterben für das Gottesvolk«, ebd., 230–249.

6. Das Opfer Christi als Ende aller Opfer in der frühen Kirche

1 *Hapax*: Hebr 6,4; 9,26.27.28; 10,2; 12,26.27; *eph'hapax*: 7,27; 9,12; 10,10.

2 Die Einzigkeit des Opfers Christi führt im Hebräerbrief sogar zu einem moralischen Rigorismus: »Denn wenn wir vorsätzlich sündigen, nachdem wir die Erkenntnis der Wahrheit empfangen haben, gibt es für *diese Sünden kein Opfer* mehr« (Hebr. 10,26).

3 J. SINGER, Art. »Opfer«, 770.

4 M. HENGEL, Der stellvertretende Sühnetod Jesu, 16.

5 Vgl. G. HAGENOW, Der Tempel der Christen.

6 EPIPHANIUS pan. 30,16,7; vgl. 16,5; 19,3.6; zitiert nach M. HENGEL, Der stellvertretende Sühnetod, 135.

7 C.-H. HUNZINGER, Art. Simon I. ben Kosiba, in: RGG [3]6, 37–38.

8 Belege bei: G. STEMBERGER, Art. Opfer III. Judentum, in: TRE 25, 267–270; hier: 269.

9 D. ELLENSON, Opfer und Versöhnung in der Liturgie der deutsch-jüdischen Orthodoxie, 117–132.

10 Diese Gruppen veröffentlichen seit 1980 die hebräischsprachige Zeitschrift »Techumim«, in der sie tatsächlich die Restauration des Tempelkultes fordern.

11 H.-J. KLAUCK, Die religiöse Umwelt des Urchristentums I, 48.

12 EPIPHANIOS von Salamis, haer. 19,3,6 (Hennecke-Schneemelcher [3]Band 2, 531): »Er verwirft Opfer und priesterliche Handlungen, da sie Gott zuwider und den Vätern und dem Gesetz zufolge ihm überhaupt niemals dargebracht worden seien.«

13 Bezeugt wird dies in der ausdrücklichen Anweisung Kaiser TRAJANS an Plinius (Briefe X, 97,2): »Aufspüren soll man sie nicht. Werden sie angezeigt und überführt, sind sie zu bestrafen. Doch gilt: Wer bestreitet, Christ zu sein, und dies durch die Tat bezeugt, nämlich durch Gebet zu unseren Göttern, soll aufgrund seiner Reue auch dann begnadigt werden, wenn seine Vergangenheit verdächtig ist. Anonym eingereichte Klageschriften dürfen für ein Verfahren nicht berücksichtigt werden. Das gäbe ein sehr schlechtes Beispiel und entspricht nicht dem Geist unserer Zeit« (Übersetzt: H. CONZELMANN, Geschichte des Urchristentums, Göttingen 1969, 150).

14 H. RINGGREN, Die Religionen des Alten Orients, 38.

15 TERTULLIAN, Apologeticum 10,1 (ed. C. Becker 1952, 94).

16 Der Apologet JUSTINUS erwiderte diesen Vorwürfen: »Wir gestehen gerne ein, dass wir in Bezug auf solche (heidnischen) Götter Atheisten sind, aber nicht hinsichtlich des wahren Gottes« (Justinus, Apologia I, 1, 6). Vgl. N. BROX, Zum Vorwurf des Atheismus gegen die Alte Kirche, 274–282.

17 PLINIUS, Briefe X 96, 5.

18 Offb 20,4: »Dann sah ich Throne; und denen, die darauf Platz nahmen, wurde das Gericht übertragen. Ich sah die Seelen aller, die enthauptet

worden waren, weil sie an dem Zeugnis Jesu und am Wort Gottes festgehalten hatten. *Sie hatten das Tier und sein Standbild nicht angebetet*, und sie hatten das Kennzeichen nicht auf ihrer Stirn und auf ihrer Hand anbringen lassen. Sie gelangten zum Leben und zur Herrschaft mit Christus für tausend Jahre.«

19 Joh 4,24; Röm 12,1; 15,16; Phil 2,17; 4,18; 2 Tim 4,6; Hebr 13,15 f.; 1 Petr 2,5; Offb 6,9; 8,3 f.

20 A. Schenker, Das Zeichen des Blutes, 206.

21 Belege s. J. Behm, uyv in: ThWNT 3, 186–189. Die Pointe des christlichen Denkens liegt aber nicht, wie die protestantische Interpretation lautet, in der »Zerbrechung der Opfervorstellung als soteriologische Kategorie« (I. U. Dalferth, Art. Opfer VI. Dogmatik, in: TRE 25, 286–293, hier: 291), sondern in deren Überhöhung.

22 Klemens-Brief 50,1 (ed. J. A. Fischer, Darmstadt 1986, 89).

23 Ode 20,3 f. (Hennecke-Schneemelcher ³Band 2, 600 f.).

24 O. Casel, Die logike thysia der antiken Mystik, 37–47; J. Betz, Eucharistie, 26–31; L. Lies, Wort und Eucharistie bei Origenes.

25 Arnobius von Sicca († ca. 327), Adversus nationes 7, 15 (zitiert nach Schneider II, 232).

26 Vgl. J. Ratzinger, Ist die Eucharistie ein Opfer?, 299–304; K. S. Frank, Zum Opferverständnis in der Alten Kirche, 40–50.

27 J. Betz, Eucharistie, 32: »Zunächst rückt der Opfercharakter der Eucharistie in den Vordergrund. Das überrascht«; dazu: A. Deissler, Das Opfer im Alten Testament, 17–39.

28 Vgl. Justinus, Dialogus 117, 2 (Ed. Goodspeed 234) und Dialogus 41, 1 (Goodspeed 138); noch ausdrücklicher: Irenäus von Lyon, Adversus Haereses IV, 17, 5 (SChr 100, 592); IV, 18, 4 (SChr 100, 606).

29 Didache 14.

30 Vgl. Justinus, 1 Apologia, 65–67.

31 Tertullian, De pudicitia 9, 11 (CChr 2, 1298).

32 J. Betz, Eucharistie, 35–38.

33 Cyprian von Karthago, Epistola 63, 17 (CSEL 3, 714): »Passionis eius mentionem in sacrificiis omnibus facimus, passio est enim Domini sacrificium quod offerimus.«

34 Johannes Chrysostomus, Homilia in Hebr. 17, 3, zitiert nach MySal 4/2, 218 f.

35 J. Betz, Eucharistie, 27.

36 2. Vatikanisches Konzil, Lumen Gentium Art. 3.

7. Die theologische Aufarbeitung des Sühnetodes Jesu

1 F. Nietzsche, Der Antichrist Nr. 31, Ed. Linden-Dininger, 3, 382.

2 F. Nietzsche, ebd.

3 Zitiert nach: G. Greshake, Der dreieine Gott, 349.

4 E. Schillebeeckx, Christus und die Christen, 710.

5 H. U. v. BALTHASAR, TD 3, 221–224; übernommen von H. WAGNER, Art. Erlösung III. Dogmen- u. theologiegeschichtlich, in: LThK[3] 3, 806–812, hier: 808.

6 CLEMENS VON ALEXANDRIEN, Protreptikus I, 8, 3; vgl. G. GRESHAKE, Der Wandel der Erlösungsvorstellungen in der Theologiegeschichte, 69–101.

7 Vgl. INTERNATIONALE THEOLOGISCHE KOMMISSION, Gott der Erlöser.

8 Vgl. K. LEHMANN, »Er wurde für uns gekreuzigt«, 313 f.

9 Vgl. Mk 9,31; 10,32–34; Mt 16,21–23; Lk 9,22; 17,25; 24,26 f.; 45 f.; Apg 17,3.

10 Mk 1,11parr.; Mt 17,5; 2 Petr 1,17.

11 Vgl. 1 Joh 4,9 f.; Röm 5,8; 8,32.

12 L. LIES, Gottes Herz, 126.

13 Vgl. Mt 26,37 f.; Mk 14,33 f.

14 Der Ausdruck »zum wohlriechenden Duft« dürfte eine polemische Anspielung auf die Tieropfer sein: An die Stelle des üblen Geruchs verbrannter Haare und Fleischstücke ist bei Jesu Opfer ein »wohlriechender Duft« getreten.

15 »Unus ex trinitate passus est« lautete eine ebenso berühmte wie umstrittene Formulierung in den christologischen Streitigkeiten des 5./6. Jahrhunderts. Papst Johannes II. hat den Ausdruck durch einen Brief im Jahr 534 gerechtfertigt (DH 401).

16 H. U. v. BALTHASAR, Theodramatik 2/1, 253; Theodramatik 3, 310; Theodramatik 4, 221; Herrlichkeit 1, 653–657; Herrlichkeit 3/2/2, 653–657. Vgl. K. J. WALLNER, Gott als Eschaton, 363–373.

17 G. MARTELET, »Das Lamm, erwählt vor Grundlegung der Welt«, 41. Vgl. dazu den Exkurs bei H. KÜNG, Rechtfertigung, 277–288 (»Der Erlöser in Gottes Ewigkeit«); G. GRESHAKE, Der dreieine Gott, 332–335.

18 ORIGENES, Homilia in Ez. 6, 8 (GCS 33, 384 f.) zitiert nach G. Greshake, Dreifaltigkeit 334.

19 IRENÄUS, Adv. Haer. IV, 5, 4 (SChr 100, 434).

20 Z. B. Jos 7; 1 Sam 3; 2 Sam 21; Num 15,30; 35,33 usw. Nach H. U. v. Balthasar ist der Zorn »ein wesentlicher und unaufgebbarer ... Zug auch im neutestamentlichen Gottesbild.« (Theodramatik 3, 317; zum Ganzen: Theodramatik 3, 315–337).

21 Hier wiederholt sich das Paradox, dass »Gottes Schuldvergebung *voraussetzungslos* und *bedingungslos* erfolgt, Israel aber *gleichzeitig* eine Opfergabe darbringen *muss*«. A. SCHENKER, Das Zeichen des Blutes, 203, Anm. 22.

22 H. U. v. BALTHASAR, Theodramatik.

23 N. HOFFMANN, »Stellvertretung«; DERS., Herz-Jesu-Frömmigkeit und Sühne; DERS., Kreuz und Trinität; DERS., Sühne.

24 Opfer »bezeichnet nicht mehr wie im Griechentum das Gnädigstimmen der Gottheit durch Handlungen der Menschen, sondern ein Handeln Gottes durch seinen Hohenpriester Jesus zum Heil der Menschen.« H.-G. LINK, Art. »hilaskomai«, 1306.

25 H. U. v. BALTHASAR, Theodramatik 3, 319.

26 H. U. v. BALTHASAR, Theodramatik 3, 322: »Kann man ernstlich von einer Entladung des Zornes Gottes über den am Ölberg Ringenden, dann Gekreuzigten sprechen? Man muss es ...« Vgl. R. SCHWAGER, Der wunderbare Tausch, 292–295.

27 J. RATZINGER, Schauen auf den Durchbohrten, 49. Literatur dazu bei: G. GRESHAKE, Der dreieine Gott, 345; A. KREINER, Gott im Leid; Vgl. H. U. v. BALTHASAR, Ist der Gekreuzigte »selig«?, 107–109.

28 G. BORNKAMM, Die Offenbarung des Zornes Gottes, 239–362.

29 R. GIRARD, Der Sündenbock. Dazu: R. SCHWAGER, Brauchen wir einen Sündenbock?; vgl. DERS., Jesus im Heilsdrama.

30 HORAZ, Od. 3,2,13. Weitere Zeugnisse aus der Antike bei M. HENGEL, Der stellvertretende Sühnetod, 3–9. Vgl. P. STUHLMACHER, Existenzstellvertretung für die Vielen: Mk 10,45 (Mt 20,28), 27–42; DERS., Jesus als Versöhner, 27–42.

31 Vgl. Jer 38 (31), 30; Ez 3,18 f.; 18,4 ff.

32 J. BLANK, Weiß du, was Versöhnung heißt?, 86. Nach den Studien von Hartmut Gese und seinem Schüler Bernd Janowski ist die Lebenshingabe des Opfertieres, das getötet wird, das Abbild der Lebenshingabe, die der Schuldige selbst vollzieht: H. GESE, Die Sühne, 97–99; B. JANOWSKI, Sühne, 241, 247 u. ö.; B. JANOWSKI, Auslösung des verwirkten Lebens, 25–59. Vgl. die Darstellung bei A. SCHENKER, Das Zeichen des Blutes, 199–201.

33 M. HENGEL, Der stellvertretende Sühnetod Jesu, 23: In Interpretation der biblischen Vorstellungswelt »könnte man sagen, dass die durch Christus gewirkte Sühne unmittelbar im himmlischen Heiligtum und nicht nur auf dem Altar und im irdischen Allerheiligsten ihre rettende Macht entfaltet.«

34 2. VATIKANISCHES KONZIL, Gaudium et Spes Nr. 22.

35 H. U. v. BALTHASAR, Mysterium Paschale, 203–205.

36 THOMAS VON AQUIN, Summa theologiae I, q. 48 a. 5.

37 G. GRESHAKE, Erlöst in einer unerlösten Welt, 104 ff.

38 G. GRESHAKE, Erlöst in einer unerlösten Welt?, 80–121: »Erlösung als neue Communio-Stiftung«.

8. Unsere Teilnahme an der Sühne Christi

1 H. U. v. BALTHASAR, Stellvertretung, 4.

2 ARISTOTELES, Nikomachische Ethik IX, 8, 9 (1169a), zitiert nach: Religionsgeschichtliches Textbuch zum Neuen Testament, hrsg. v. Klaus Berger und Carsten Colpe, Göttingen – Zürich 1987, Nr. 367. Weitere Zeugnisse bei M. HENGEL, Der stellvertretende Sühnetod, 4–9.

3 SENECA, Brief an Lucilius I, 9, 10, zitiert nach Religionsgeschichtliches Textbuch zum Neuen Testament, hrsg. v. Klaus Berger und Carsten Colpe, Göttingen – Zürich 1987, Nr. 367.

4 Eine äußerst negative und brutale Auffassung steckt beispielsweise hinter den Selbstmordanschlägen fundamentalistischer Gruppen des Islams, die dadurch gerechtfertigt werden, dass Mohammed im Blut der Märtyrer die höchste Form des *qurban* (»Opfer«) sieht. Der Prophet meint, »dass das Blut der Märtyrer das rituelle Opfer ersetzt«; S. Balic, Art. Opfer 3. Islamisch, 820.

5 Deutlich macht das Paulus im Römerbrief, wo er die menschliche Freundesliebe der nochmals größeren Liebe Christi gegenüberstellt: »Dabei wird nur schwerlich jemand für einen Gerechten sterben; vielleicht wird er jedoch für einen guten Menschen sein Leben wagen. Gott aber hat seine Liebe zu uns darin erwiesen, dass Christus für uns gestorben ist, als wir noch Sünder waren« (Röm 5,7).

6 ThWNT 8, 514.

7 J. Gnilka, Der Kolosserbrief, 93–99.

8 J. Kremer, Was an den Leiden Christi noch mangelt.

9 2. Vatikanisches Konzil, Gaudium et Spes Nr. 22,5; Lumen Gentium Nr. 16.

10 Thomas von Aquin, Super Epistolas S. Pauli lectura, Ed. R. Cai, Bd. 82, Rom 1953, 137–138. Vgl. J. Kremer, Was an den Leiden Christi noch mangelt, 64. Der Glaube an die umfassende Erlösung ist eindrucksvoll in der Liturgie des Karfreitags ausgedrückt. Dort bekennt die Kirche im Hymnus »Pange lingua«, dass sogar der ganze Kosmos, Himmel, Gestirne und Meere durch das Blut Christi gereinigt wurden: *terra, pontus, astra, mundus, quo lavantur flumine!*

11 2. Vatikanisches Konzil, Ad gentes Nr. 7; vgl. Nostra Aetate Nr. 20.

12 2. Vatikanisches Konzil, Lumen Gentium 14; vgl. Nr. 8; 28; 49; 60; 62.

13 Dies ist das Ergebnis, zu dem J. Kremer kommt: Was an den Leiden Christi noch mangelt, 201 f.

14 J. Gnilka, Der Kolosserbrief, 98.

15 »Sie sind Diener Christi – jetzt rede ich ganz unvernünftig –, ich noch mehr: Ich ertrug mehr Mühsal, war häufiger im Gefängnis, wurde mehr geschlagen, war oft in Todesgefahr. Fünfmal erhielt ich von Juden die neununddreißig Hiebe; dreimal wurde ich ausgepeitscht, einmal gesteinigt, dreimal erlitt ich Schiffbruch, eine Nacht und einen Tag trieb ich auf hoher See. Ich war oft auf Reisen, gefährdet durch Flüsse, gefährdet durch Räuber, gefährdet durch das eigene Volk, gefährdet durch Heiden, gefährdet in der Stadt, gefährdet in der Wüste, gefährdet auf dem Meer, gefährdet durch falsche Brüder. Ich erduldete Mühsal und Plage, durchwachte viele Nächte, ertrug Hunger und Durst, häufiges Fasten, Kälte und Blöße. Um von allem andern zu schweigen, weise ich noch auf den täglichen Andrang zu mir und die Sorge für alle Gemeinden hin. Wer leidet unter seiner Schwachheit, ohne dass ich mit ihm leide? Wer kommt zu Fall, ohne dass ich von Sorge verzehrt werde? Wenn schon geprahlt sein muss, will ich mit meiner Schwachheit prahlen« (2 Kor 11,23–30).

16 J. Kremer, Was an den Leiden Christi noch mangelt, 193, betont das biblische Prinzip der Stellvertretung Christi durch den Propheten oder

Apostel mit Verweis auf Ex 4,15–16; Sach 2,12; Mt 10,40; Mt 25,35–45; Phlm 12.

17 TERTULLIAN, Apologeticum 50,13 (ed. C. Becker 1952, 222).

18 G. GRESHAKE, Der dreifaltige Gott, 363–370.

19 Vgl. Kol 2,19; Eph 1,22 f.; 2,22; 4,16; 5,23.

20 AUGUSTINUS, In Psalmum 61,4; vgl. J. KREMER, Was an den Leiden Christi noch mangelt, 44; 58 f.

21 K. H. MENKE, Einzigkeit, 134.

22 AUGUSTINUS, Tractatus in Ioannem 108, zitiert nach J. KREMER, Was an den Leiden Christi noch mangelt, 45.

23 ORIGENES, Homilia in Lev. 7,2; vgl. G. GRESHAKE, Erlöst in einer unerlösten Welt, 107.

24 B. PASCAL, Pensées: Le mystère de Jésus, Nr. 553.

25 AUGUSTINUS, In Ioannem 21,8: PL 35,1568.

26 G. GRESHAKE, Der dreieine Gott, 356.

27 N. HOFFMANN, Sühne, 65: Gott »ver-gibt die Sünden, indem er dem Sünder gibt, sie zu sühnen, sie dem Sünder zurück-gibt als seine Sühne«.

28 P. EDER, Sühne, 117–120.

29 H. U. v. BALTHASAR, Stellvertretung, 5.

30 1. VATIKANISCHES KONZIL, Pastor Aeternus: DH 3050.

31 2. VATIKANISCHES KONZIL, Lumen Gentium Nr. 48; vgl. Nr. 1.

32 TERTULLIAN, Apologeticum 39,7 (ed. C. Becker 1952, 185).

33 THOMAS VON AQUIN, Summa theologiae III q. 48, a. 2c.

34 Möglichkeiten, fürbittende Opfer für andere darzubringen, indem man sich mit der Liebe Christi verbindet, lassen sich überall finden. Mutter Teresa, die eine Abscheu gegen das Fotografiert-Werden hatte, erklärte, warum sie es doch immer wieder widerspruchslos duldete: »Ich habe mit Jesus ein Abkommen: für jedes Foto eine Seele.«

35 2. VATIKANISCHES KONZIL, Lumen Gentium Nr. 62.

36 2. VATIKANISCHES KONZIL, Lumen Gentium Nr. 61.

37 2. VATIKANISCHES KONZIL, Lumen Gentium Nr. 58.

38 2. VATIKANISCHES KONZIL, Lumen Gentium Nr. 62.

39 2. VATIKANISCHES KONZIL, Sacrosanctum Concilium Nr. 47: DH 4047.

40 DH 1743; 1753.

41 THOMAS VON AQUIN, Summa theologiae III, q. 79 a. 5.

42 BONAVENTURA, Vitis mystica 3,4 (Ed. Quaracchi 8,163).

43 J. STIERLI, Die Herz-Jesu-Verehrung vom Ausgang der Väterzeit bis zur hl. Margareta M. Alacoque, in: DERS. (Hrsg.), Cor Salvatoris. Wege zur Herz-Jesu-Verehrung, Freiburg 1954, 73–136; weitere Literatur: K. J. WALLNER, »Geschmack finden an der Liebe Jesu«. Die Wurzeln der Herz-Jesu-Verehrung in der frühmittelalterlichen Bewegung der Zisterzienser, in: Cistercienser Chronik 103 (1996), 263–276.

44 Vgl. L. SCHEFFCZYK, Herz-Jesu-Frömmigkeit und Sühne. Versuch einer Wesenserhellung im Licht des Prinzips »Stellvertretung«, in: DERS. (Hrsg.), Christusglaube und Christusverehrung. Neue Zugänge zur Christusfrömmigkeit, Aschaffenburg 1982, 176–259, 203.

45 L. LIES, Gottes Herz für die Menschen. Elemente der Herz-Jesu-Frömmigkeit morgen, Innsbruck – Wien 1996, bes. 118–127.

46 K. WITTKEMPER, Marienverehrung und Herz-Jesu-Frömmigkeit, in: H. Petri (Hrsg.), Christsein und marianische Spiritualität, Regensburg 1984.

47 H. U. v. BALTHASAR, Theodramatik 4, 437 f.

48 H. U. v. Balthasar, Theodramatik 3, 332 f.

9. Das Geheimnis der Sühne im Leben der Heiligen

1 Aus: W. NIGG, Große Heilige, Zürich 1946, 428–432.

2 Aus: W. Herbstrith, Stellvertretung und Solidarität bei Therese von Lisieux, in: Geist und Leben 6/1972.

3 Vgl. K. FLEISCHMANN, Diener Gottes Jakob Kern O. Praem., Graz – Wien – Köln 1985.

Theologische Literatur

Angenendt, A.: Die Revolution des geistigen Opfers. Blut – Sündenbock – Eucharistie, Freiburg im Breisgau 2011.

Balic, S.: Art. Opfer 3. Islamisch, in: Lexikon religiöser Grundbegriffe. Judentum, Christentum, Islam, hrsg. v. A. Khoury, Graz – Wien – Köln 1987, 820.

Balthasar, H. U. v.: Theodramatik, 5 Bände, Einsiedeln 1973–1983.

Balthasar, H. U. v.: Wie Gott verzeiht, in: ders., Homo creatus est. Skizzen zur Theologie V, Einsiedeln 1986, 204–217.

Balthasar, H. U. v.: Herrlichkeit. Eine theologische Ästhetik. Band III/2/1: Alter Bund, Einsiedeln 1967, 49–81.

Balthasar, H. U. v.: Ist der Gekreuzigte »selig«?, in: IkaZ Communio 16 (1987), 107–109.

Balthasar, H. U. v.: Mysterium Paschale, in: MySal 3/2 (Einsiedeln 1969), 113–319.

Balthasar, H. U. v.: Stellvertretung. Schlüsselwort christlichen Lebens, hrsg. vom Informationszentrum »Berufe der Kirche«, Freiburg 1976.

Balthasar, H. U., v.: Theologie und Heiligkeit, in: ders, Verbum Caro. Skizzen zur Theologie I, Einsiedeln 1960, 195–225.

Behm, J.: Art. uyv, in: ThWNT 3, 186-189.

Betz, J.: Eucharistie. In der Schrift und Patristik, HDog IV/4a, Freiburg – Basel – Wien 1979.

Blank, J., / Werbick, J., (Hrsg.): Sühne und Versöhnung, Düsseldorf 1986.

Blank, J.: Weißt du, was Versöhnung heißt? Der Kreuzestod Jesu als Sühne und Versöhnung, in: Blank, J., / Werbick, J. (Hrsg.), Sühne und Versöhnung, Düsseldorf 1986, 21–91.

BLANK, J.: Zum Begriff des Opfers nach Röm 12,1–2, in: ders., Paulus – Von Jesus zum Christentum, München 1987, 169–191.

BLINZLER, J.: Der Prozess Jesu, Regensburg [4]1969.

BÖHMER, R.: Victima Christi. Zur Begründung des Sühnegedankens, in: Geist und Leben 22 (1949) 191–203.

BORNKAMM, G.: Die Offenbarung des Zornes Gottes, ZNW 34 (1935) 239–362.

BROX, N.: Zum Vorwurf des Atheismus gegen die Alte Kirche, in: Trierer Theologische Zeitschrift 75 (1966) 274–282.

BULTMANN, R.: Das Verhältnis der urchristlichen Christusbotschaft zum historischen Jesus, Heidelberg [3]1962.

BULTMANN, R.: Kerygma und Mythos, hrsg. von H. W. Bartsch, Band 1: Hamburg 1948.

BULTMANN, R.: Neues Testament und Mythologie, Nachdruck hrsg. von E. Jüngel, München 1988.

BURKERT, W.: Anthropologie des religiösen Opfers. Die Sakralisierung der Gewalt, München 1983.

BURKERT, W.: Die griechische Religion der archaischen und klassischen Epoche, Stuttgart 1977.

BURKERT, W.: Homo necans. Interpretation altgriechischer Opferriten und Mythen, Berlin – New York 1973.

BURKERT, W.: Wilder Ursprung. Opferritual und Mythos bei den Griechen, Berlin 1990.

CASEL, O.: Die logike thysia der antiken Mystik, in: Jahrbuch für Liturgiewissenschaft 4 (1924), 37–47.

CHAPEAUROUGE, D. DE: Einführung in die Geschichte der christlichen Symbole. Darmstadt [2]1987.

DALFERTH, I. U.: Art. Opfer VI. Dogmatik, in: TRE 25, 286–293.

DEISSLER, A.: Das Opfer im Alten Testament, in: K. Lehmann / E. Schlink (Hrsg.), Das Opfer Jesu Christi und seine Gegenwart in der Kirche. Klärungen zum Opfercharakter des Herrenmahls, Freiburg i. Brsg. / Göttingen 1983, 17–39.

EDER, P.: Sühne. Eine theologische Untersuchung, Wien – Freiburg – Basel 1961.

ELLENSON, D.: Opfer und Versöhnung in der Liturgie der deutsch-jüdischen Orthodoxie. Verteidigung einer abgeschafften Institution, in: Versöhnung in der jüdischen und christlichen Liturgie (= QD 124), Freiburg – Basel – Wien 1990, 117–132.

EVANS, G. R.: Art. Opfer V. Mittelalter bis Neuzeit, in: TRE 25, 278–286.

FRANK, K. S.: Zum Opferverständnis in der Alten Kirche, in: K. Lehmann / E. Schlink (Hrsg.), Das Opfer Jesu Christi und seine Gegenwart in der Kirche. Klärungen zum Opfercharakter des Herrenmahls, Freiburg i. Brsg. / Göttingen 1983, 40–50.

FRANKEMÖLLE, H., (HRSG.): Sünde und Erlösung im Neuen Testament (QD 161), Freiburg – Basel – Wien 1996.

GÄDE, G.: Eine andere Barmherzigkeit. Zum Verständnis der Erlösungslehre Anselms von Canterbury, Würzburg 1989.

GERLITZ, P.: Art. Opfer I. Religionsgeschichte, in: TRE 25, 253–258.

GESE, H.: Die Sühne, in: ders., Zur biblischen Theologie. Alttestamentliche Vorträge, München 1977, 85–106.

GESE, H.: Die Sühne, in: Beiträge zur Evangelischen Theologie 78 (1977), 85–106.

GIRARD, R.: Das Heilige und die Gewalt (La Violence et le Sacre, Paris 1972), Zürich 1987.

GIRARD, R.: Der Sündenbock (Le Bouc émissaire, Paris 1982), aus dem Frz. übers. v. Elisabeth Mainberger-Ruh, Zürich 1988.

GNILKA, J.: Der Kolosserbrief (Herders Theologischer Kommentar zum Neuen Testament, Band 10), Freiburg – Basel – Wien 1980.

GOMBOCZ, W. L.: Anselm von Canterbury. Ein Forschungsbericht über die Anselm-Renaissance seit 1960; in: Philosophisches Jahrbuch der Görres-Gesellschaft 87 (1980), 109–134.

GRESHAKE, G.: Der dreieine Gott. Eine trinitarische Theologie, Freiburg – Basel – Wien 1997.

Greshake, G.: Der Mensch und das Heil Gottes, in: Probleme und Perspektiven dogmatischer Theologie, zusammengestellt und herausgegeben von K. H. Neufeld, Düsseldorf 1986, 273–304.

Greshake, G.: Der Wandel der Erlösungsvorstellungen in der Theologiegeschichte, in: L. Scheffczyk (Hrsg.), Erlösung und Emanzipation (QD 61), Freiburg – Basel – Wien 1973, 69–101.

Greshake, G.: Erlösung und Freiheit. Zur Neuinterpretation der Erlösungslehre Anselms von Canterbury, in: Theologische Quartalschrift 153 (1973), 323–345.

Greshake, G.: Gottes Heil – Glück des Menschen. Theologische Perspektiven, Freiburg 1983, 80–104.

Gross W. / Kuschel, K.-J.: Ich schaffe Finsternis und Unheil! Ist Gott verantwortlich für das Übel?, Mainz ^{2}1995.

Gunkel, H.: Die Urgeschichte und die Patriarchen. Die Schriften des Alten Testamentes. Erste Abteilung: Die Sagen des Alten Testamentes, Band 1: Göttingen ^{2}1970.

Gutmann, H.-M.: Art. Opfer VII. Praktische Theologie und Ethik, in: TRE 25, 293–299.

Haeckel, J., / Hamp, V.: Art. Menschenopfer, in: LThK^{2} 7, 294–297.

Hagenow, G.: Der Tempel der Christen. Traditionsgeschichtliche Untersuchungen zur Aufnahme des Tempelkonzepts im frühen Christentum (K. Berger / C. Burchard), Dissertation an der Ruprecht-Karls-Universität Heidelberg 1995/96.

Hengel, M.: Der stellvertretende Sühnetod Jesu. Ein Beitrag zur Entstehung des urchristlichen Kerygmas, in: IkaZ Communio 9 (1980), 1–25 und 135–147.

Herrmann, J. / Büchsel, F.: Art. hilasterion, in: ThWNT 3, 319–324.

Herrmann, J.: Art. hilaskomai / hilasmos, in: ThWNT 3, 302–311.

Hoffmann, N.: »Stellvertretung«, Grundgestalt und Mitte des Mysteriums. Ein Versuch trinitätstheologischer Begründung christlicher Sühne, in: Münchener Theologische Zeitschrift 30 (1979), 161–191.

HOFFMANN, N.: Herz-Jesu-Frömmigkeit und Sühne. Versuch einer Wesenserhellung im Licht des Prinzips »Stellvertretung«, in: Christusglaube und Christusverehrung. Neue Zugänge zur Christusfrömmigkeit, hrsg. v. L. Scheffczyk, Aschaffenburg 1982, 176–259.

HOFFMANN, N.: Kreuz und Trinität. Zur Theologie der Sühne, Einsiedeln 1982.

HOFFMANN, N.: Sühne. Zur Theologie der Stellvertretung, Einsiedeln 1981.

HOFIUS, O.: Sühne und Versöhnung. Zum paulinischen Verständnis des Kreuzestodes Jesu, in: W. Maas (Hrsg.), Versuche, das Leiden und Sterben Jesu zu verstehen, Freiburg 1983.

INTERNATIONALE THEOLOGENKOMISSION: Jesu Selbst- und Sendungsbewusstsein, in: IkaZ Communio 16 (1987), 38–49.

INTERNATIONALE THEOLOGENKOMISSION: Gott, der Erlöser. Zu einigen ausgewählten Fragen, Einsiedeln 1997.

JANOWSKI, B.: Auslösung des verwirkten Lebens. Zur Geschichte und Struktur der biblischen Lösegeldvorstellung, in: Zeitschrift für Theologie und Kirche 79 (1982), 25–59.

JANOWSKI, B.: Sühne als Heilsgeschehen. Studien zur Sühnetheologie der Priesterschrift und zur Wurzel KPR im Alten Orient und im Alten Testament, Neukirchen-Vluyn 1982.

JEREMIAS, J.: Abba. Studien zur neutestamentlichen Theologie und Zeitgeschichte, Göttingen 1966, bes. 199–224.

JEREMIAS, J.: Die Abendmahlsworte Jesu, Göttingen ^{3}1960.

JEREMIAS, J.: Jerusalem zur Zeit Jesu, Göttingen ^{3}1963.

KERTELGE, K. (HRSG.): Der Tod Jesu. Deutungen im Neuen Testament (QD 74), Freiburg – Basel – Wien 1976.

KESSLER, H.: Christologie, in: Handbuch der Dogmatik, hrsg. v. Th. Schneider, Düsseldorf 1992, Band 1, 241–442.

KESSLER, H.: Die theologische Bedeutung des Todes Jesu. Eine traditionsgeschichtliche Untersuchung, Düsseldorf 1970.

KIENZLER, K.: Glauben und Denken bei Anselm von Canterbury, Freiburg 1981, 198–219.

KLAUCK, H.-J.: Die religiöse Umwelt des Urchristentums I, Stuttgart – Berlin – Köln 1995, bes.: Der Opferkult, 27–49.

KNOCH, O.: Schwierigkeiten des heutigen Menschen [mit dem Sühnetod Jesu], in: Kertelge, K. (Hrsg.), Der Tod Jesu. Deutungen im Neuen Testament (QD 74), Freiburg – Basel – Wien 1976, 211–214.

KOCH, K.: Art. Versöhnung, in: RGG VI (1962), 1367–1379, II: im AT, 1370.

KOCH, K.: Die israelitische Sühneanschauung und ihre historischen Wandlungen, Erlangen 1956.

KOCH, K.: Sühne und Sündenvergebung um die Wende der exilischen zur nachexilischen Zeit, in: Evangelische Theologie 26 (1966), 217–239, in: ders., Spuren des hebräischen Denkens, Gesammelte Aufsätze Band 1: Neukirchen-Vluyn 1991, 184–205.

KRAUS, W.: Der Tod Jesu als Heiligtumsweihe. Eine Untersuchung zum Umfeld der Sühnevorstellung in Röm 3,25–26a, Neukirchen 1991.

KREINER, A.: Gott im Leid. Zur Stichhaltigkeit der Theodizee-Argumente, Freiburg – Basel – Wien 1997.

KREMER, J.: Was an den Leiden Christi noch mangelt. Eine interpretationsgeschichtliche und exegetische Untersuchung zu Kol 1,24b, Bonn 1956.

KÜNG, H.: Rechtfertigung, Einsiedeln 1957.

KÜNG, H.: Christ sein, München – Zürich [11]1974.

LAUTER, H.-J.: Brauchen wir ein Sühnopfer?, in: Anzeiger für die katholische Geistlichkeit 89 (1980), 75–77.

LEHMANN, K.: »Er wurde für uns gekreuzigt.« Eine Skizze zur Neubesinnung in der Soteriologie, in: Theologische Quartalschrift 162 (1982), 298–317.

LIES, L.: Gottes Herz für die Menschen: Elemente der Herz-Jesu-Frömmigkeit morgen, Innsbruck – Wien 1996.

LIES, L.: Wort und Eucharistie bei Origenes. Zur Spiritualisierungstendenz des Eucharistieverständnisses, Innsbruck 1978.

LINK, H.-G.: Art. Versöhnung, in: Theologisches Begriffslexikon zum Neuen Testament, hrsg. v. Lothar Coenen, Wuppertal, 1304–1313.

LOHFINK, G.: Braucht Gott die Kirche? Zur Theologie des Volkes Gottes, Freiburg – Basel – Wien, ³1998.

LOHSE, E.: Märtyrer und Gottesknecht. Untersuchungen zu urchristlichen Verkündigung vom Sühnetod Jesu Christi, Göttingen ²1964.

MAIER, J.: Jüdisches Grundempfinden von Sünde und Erlösung in frühjüdischer Zeit, in: Frankemölle, H. (Hrsg.), Sünde und Erlösung im Neuen Testament (QD 161), Freiburg – Basel – Wien 1996, 53–75.

MARTELET, G.: »Das Lamm, erwählt vor Grundlegung der Welt«, in: IkaZ Communio 9 (1980), 36–44.

MENKE, K.-H.: Stellvertretung. Schlüsselbegriff christlichen Lebens und theologische Grundkategorie, Einsiedeln – Freiburg 1991.

MENNEKES, F. / RÖHRIG, J.: Das Kreuz in Geschichte und Gegenwart, in: dies., Crucifixus. Das Kreuz in der Kunst unserer Zeit, Freiburg 1994, 5–11.

MERKLEIN, H.: Paulus und die Sünde, in: Frankemölle, H., (Hrsg.), Sünde und Erlösung im Neuen Testament (QD 161), Freiburg – Basel – Wien 1996, 123–162.

MILDENBERGER, F.: Biblische Dogmatik. Eine Biblische Theologie in dogmatischer Perspektive, 2 Bände, Stuttgart – Berlin – Köln 1992.

MÜLLER, G. L.: Christologie – Die Lehre von Jesus dem Christus, in: Glaubenszugänge. Lehrbuch der Katholischen Dogmatik, hrsg. v. W. Beinert, Paderborn – München – Wien – Zürich 1995, Band 2, 3–297.

NEUENZEIT, P.: Artikel »Sühne«, in: Handbuch Theologischer Grundbegriffe, Band 2, München 1963, 586–596.

NIKOLASCH, F.: Das Lamm als Christussymbol in den Schriften der Väter, Wien 1963.

PETRI, H.: Marienerscheinungen, in: Handbuch der Marienkunde, hrsg. v. W. Beinert / H. Petri, Regensburg ²1997, 31–59.

RAHNER, K.: Herz-Jesu-Verehrung, in: Schriften zur Theologie 3: Einsiedeln – Zürich – Köln ²1960, 379–415.

RAHNER, K.: »Opferbringen« oder alltäglicher Verzicht?, in: Karl Rahner: Chancen des Glaubens. Freiburg – Basel – Wien 1971, 216–218.

RAHNER, K.: Nachfolge des Gekreuzigten, in: Karl Rahner: Schriften zur Theologie. Bd. 13, Zürich 1978.

RATZINGER, J.: Art. »Stellvertretung«, in: Handbuch Theologischer Grundbegriffe, Band 2, München 1963, 566–575.

RATZINGER, J.: Art. Sühne. V. Systematisch, in: LThK ²IX, 1156–1158.

RATZINGER, J.: Einführung in das Christentum. Vorlesungen über das Apostolische Glaubensbekenntnis, München 1968, 231 f.

RATZINGER J. / BENEDIKT XVI.: Jesus von Nazareth. Erster Teil: Von der Taufe im Jordan bis zur Verklärung, Freiburg i. Br. 2007.

RATZINGER, J. / BENEDIKT XVI.: Jesus von Nazareth. Zweiter Teil: Vom Einzug in Jerusalem bis zur Auferstehung, Freiburg i. Br. 2010.

RATZINGER, J.: Ist die Eucharistie ein Opfer?, in: Concilium 3 (1967), 299–304.

RATZINGER, J.: Schauen auf den Durchbohrten, Einsiedeln 1984.

RINGGREN, H.: Die Religionen des Alten Orients, Göttingen 1979.

SCHENKER, A.: Das Zeichen des Blutes und die Gewissheit der Vergebung im Alten Testament, in: Münchener Theologische Zeitschrift 34 (1983), 195–213.

SCHENKER, A.: Sühne statt Strafe und Strafe statt Sühne! Zum biblischen Sühnebegriff, in: Blank, J., / Werbick, J. (Hrsg.), Sühne und Versöhnung, Düsseldorf 1986, 10–20.

SCHENKER, A.: Versöhnung und Sühne. Wege gewaltfreier Konfliktlösung im Alten Testament. Mit einem Ausblick auf das Neue Testament, Fribourg 1981.

SCHILLEBEECKX, E.: Christus und die Christen. Die Geschichte einer neuen Lebenspraxis, Freiburg – Basel – Wien 1977.

SCHIMMEL, A.: Art. Opfer I. Religionsgeschichtlich, in: RGG ³4, 1637–1640, hier: 1639.

SCHLIER, H.: Der Römerbrief (Herders Theologischer Kommentar zum Neuen Testament Bd. 6), Freiburg – Basel – Wien 1977, 109–114.

SCHNACKENBURG, R.: Ist der Gedanke des Sühnetodes Jesu der einzige Zugang zum Verständnis unserer Erlösung durch Jesus Christus?, in: Kertelge, K. (Hrsg.), Der Tod Jesu. Deutungen im Neuen Testament (QD 74), Freiburg – Basel – Wien 1976, 205–225.

SCHREITER, R. J.: Im Wasser und im Blut. Eine Spiritualität der Solidarität und Hoffnung, Paderborn 1990.

SCHÜRMANN, H.: Gottes Reich – Jesu Geschick. Jesu ureigener Tod im Licht seiner Basileia-Verkündigung, Freiburg – Basel – Wien 1983.

SCHÜRMANN, H.: Jesu ureigener Tod. Exegetische Besinnungen und Ausblick, Freiburg – Basel – Wien 1974.

SCHÜRMANN, H.: Jesus – Gestalt und Geheimnis. Gesammelte Beiträge. Hrsg. v. K. Scholtissek, Paderborn 1994.

SCHWAGER, R.: Brauchen wir einen Sündenbock? Gewalt und Erlösung in den biblischen Schriften, München 1978.

SCHWAGER, R.: Der wunderbare Tausch. Zur Geschichte und Deutung der Erlösungslehre, München 1986.

SCHWAGER, R.: Jesus im Heilsdrama. Entwurf einer biblischen Erlösungslehre, Innsbruck 1990.

SCHWAGER, R.: Versöhnung und Sühne. Zur gleichnamigen Studie von Adrian Schenker, in: Theologie und Philosophie 58 (1983) 217–225.

SCHMITZ, B.: Vom Tempelkult zur Eucharistiefeier. Die Transformation eines Zentralsymbols aus religionswissenschaftlicher Sicht, Berlin 2006.

SEEBASS, H.: Art. Opfer II. Altes Testament, in: TRE 25, 258–267.

SINGER, J.: Art. »Opfer«, in: Lexikon der Sekten, Sondergruppen und Weltanschauungen, Freiburg – Basel – Wien ³1991, 768–771 (770).

STEINDL, H.: Genugtuung. Biblisches Versöhnungsdenken – eine Quelle für Anselms Satisfaktionstheorie?, Fribourg 1989.

STEMBERGER, G.: Art. Opfer III. Judentum, in: TRE 25, 267–270.

STUHLMACHER, P.: Existenzstellvertretung für die Vielen: Mk 10,45 (Mt 20,28), in: ders., Versöhnung, Gesetz und Gerechtigkeit, Göttingen 1981, 27–42.

STUHLMACHER, P.: Jesus als Versöhner. Überlegungen zum Problem der Darstellung Jesu im Rahmen einer biblischen Theologie, in: ders., Versöhnung, Gesetz und Gerechtigkeit, Göttingen 1981, 27–42.

VÖGTLE, A.: Todesankündigung und Todesverständnis Jesu, in: Der Tod Jesu. Deutungen im Neuen Testament (QD 74), hrsg. v. K. Kertelge, Freiburg – Basel – Wien 1976, 51–113.

WAGNER, H.: Art. Erlösung IV. Systematisch-theologisch, in: LThK³ Bd. 3, 808–812.

WALLNER, K. J.: Gott als Eschaton. Trinitarische Dramatik als Voraussetzung göttlicher Universalität bei Hans Urs von Balthasar, Heiligenkreuz 1992.

WASZINK, J. H.: Art. Blut, in: Reallexikon für Antike und Christentum 2, 459–473.

WENZ, G.: Geschichte der Versöhnungslehre in der evangelischen Theologie der Neuzeit, Bd. 1, München 1984.

WERBICK, J.: Die biblische Rede von Sünde und Erlösung im Horizont der Grunderfahrung des modernen Menschen, in: Frankemölle, H. (Hrsg.), Sünde und Erlösung im Neuen Testament (QD 161), Freiburg – Basel – Wien 1996, 164–184.

WERBICK, J.: Versöhnung durch Sühne?, in: Blank, J., / Werbick, J. (Hrsg.), Sühne und Versöhnung, Düsseldorf 1986, 92–117.

WITTKEMPER, K.: Marienverehrung und Herz-Jesu-Frömmigkeit, in: H. Petri (Hrsg.), Christsein und marianische Spiritualität, Regensburg 1984.

Young, F. M.: Art. Opfer IV. Neues Testament und Alte Kirche, in: TRE 25, 271–278.

Zager, W.: Wie kam es im Urchristentum zur Deutung des Todes Jesu als Sühnegeschehen?, in: ZNW 87 (1996), 165–186.